广视角 · 全方位 · 多品种

权威 · 前沿 · 原创

皮书系列为
“十二五”国家重点图书出版规划项目

本书得到了中国留学人员回国创业专家指导委员会和中国国际人才专业委员会的大力支持，特此致谢！

中国海归发展报告（2013）

No.2

ANNUAL REPORT ON THE DEVELOPMENT OF CHINESE RETURNEES (2013) No.2

编　著／王辉耀　苗　绿

图书在版编目(CIP)数据

中国海归发展报告. 2013. No. 2/王辉耀，苗绿编著. —北京：社会科学文献出版社，2013. 10
(国际人才蓝皮书)
ISBN 978 - 7 - 5097 - 5119 - 0

Ⅰ. ①中… Ⅱ. ①王… ②苗… Ⅲ. ①留学生 - 人才需求 - 研究报告 - 中国 - 2013 Ⅳ. ①G648. 9 ②C964. 2

中国版本图书馆 CIP 数据核字（2013）第 229304 号

国际人才蓝皮书
中国海归发展报告（2013）No. 2

编　　著 / 王辉耀　苗　绿

出 版 人 / 谢寿光
出 版 者 / 社会科学文献出版社
地　　址 / 北京市西城区北三环中路甲 29 号院 3 号楼华龙大厦
邮政编码 / 100029

责任部门 / 皮书出版中心（010）59367127　　责任编辑 / 陈　帅　桂　芳
电子信箱 / pishubu@ ssap. cn　　责任校对 / 李　敏　秦　晶
项目统筹 / 陈　帅　　责任印制 / 岳　阳
经　　销 / 社会科学文献出版社市场营销中心（010）59367081　59367089
读者服务 / 读者服务中心（010）59367028

印　　装 / 北京季蜂印刷有限公司
开　　本 / 787mm × 1092mm　1/16　　印　　张 / 18. 25
版　　次 / 2013 年 10 月第 1 版　　字　　数 / 294 千字
印　　次 / 2013 年 10 月第 1 次印刷
书　　号 / ISBN 978 - 7 - 5097 - 5119 - 0
定　　价 / 69. 00 元

主要编撰者简介

王辉耀　博士，教授，博士生导师，哈佛大学高级研究员，中国与全球化研究中心主任，南方国际人才研究院院长，中国国际人才专业委员会会长，欧美同学会/中国留学人员联谊会副会长，中国人才研究会副会长，中国国际经济合作学会副会长，国务院侨办海外专家咨询委员会经济组召集人，九三学社中央经济委员会副主任，中国华侨历史学会副会长。先后担任中组部/中央人才工作协调小组国际人才战略专题研究组组长，《国家中长期人才发展规划纲要（2010～2020年）》起草组特聘专家，国家多个部委课题研究组组长和北京市政协港澳台侨工作顾问，北京市政府专家咨询委员会专家以及多家地方政府顾问，向中央和国家有关部委以及地方政府提交多项专题研究和政策性报告。

历任中国经贸部国际经济合作官员，全球最大工程咨询公司之一——SNC-Lavalin国际公司董事经理和世界最大项目管理公司之一——AMEC国际公司副总裁，加拿大魁北克驻香港首席经济商务代表等职。

广州外国语学院英美文学专业本科毕业，在加拿大温莎大学、西安大略大学和英国曼彻斯特大学商学院攻读研究生，获工商管理硕士（MBA）学位和国际管理博士（Ph. D）学位，曾在美国哈佛大学商学院进修，在美国布鲁金斯学会担任访问研究员。先后兼任北京大学、中国政法大学、中国农业大学、西安交通大学、广东外语外贸大学、哈尔滨工业大学、首都经济贸易大学及加拿大西安大略大学等多所大学的客座教授和中国人事科学研究院博士生导师等职务。还担任哈佛大学肯尼迪政府学院高级研究员、加拿大亚太基金会高级研究员、德国劳工研究所（IZA）研究员、国际猎头协会（AESC）顾问委员会成员、国际大都会（Metropolis）理事会理事和加拿大西安大略大学毅伟商学院亚洲董事会董事。

在人才战略、国际人才、华人华侨、中国海归、中国留学生群体和中国国际移民以及中国企业国际化等领域有大量的著作和学术研究，在国内和国外出版相关中英文著作30多部，发表相关专业期刊文章100多篇，包括国内首次出版的“国际人才蓝皮书”系列，即《中国海归创业发展报告》《中国留学发展报告》《中国国际移民报告》和《中国区域人才竞争力报告》等，以及《海归时代》《创业中国》《当代中国海归》《人才战争》《中国留学人才发展报告》《国家战略》《建言中国》《移民潮》《哈佛肯尼迪政府学院精英课》等一批有影响的人才研究著作。

苗　绿　博士，副研究员，中国与全球化研究中心副秘书长，中国国际人才专业委员会副秘书长，北京师范大学国际写作中心副总干事，获北京师范大学中文系当代中国研究博士学位，曾在美国纽约大学中国研究中心和哈佛大学费正清中心做访问学者，参与多项国家部委课题研究，发表有关学术文章多篇。

研究机构简介

中国与全球化研究中心（Center for China & Globalization，www. ccg. org. cn），简称CCG，是由中国欧美同学会建言献策委员会所发起，由中国侨联、国侨办海外专家咨询委员会、中国人才研究会、中国国际经济合作学会、国际人才与合作研究会等单位作为战略合作伙伴的中国国际化智库研究机构。中国与全球化研究中心会聚传播中国及国际精英的优秀思想和理念，致力于国际化、影响力和建设性，为中国在全球化时代提供战略性、独立性和可行性的研究，用全球视野为中国建言，以世界眼光为中国献策。中心通过研究、出版刊物、开办论坛和讲座等一系列方式，研究中国政府与企业在全球化的进程中所面临的机遇和挑战，提出相应的研究和政策对策，为政府、企业和公共机构等有关部门决策提供参考，成为中国与全球化发展进程中高层次的智囊团和思想库。中心重点的研究领域包括国际人才、留学与发展、海归创业、华人华侨、企业国际化、经济全球化和有关国际问题等。

南方国际人才研究院（South China Global Talent Institute，www. scgti. org）是“千人计划”南方创业服务中心的重要组成部分。有关政府部门在《关于推进人才集聚工程的实施意见》中将“南方国际人才研究院列为人才研究和民营智库建设的主要载体，构建市场化、国际化、专业化的人才研究智囊机构”。南方国际人才研究院关注和研究国际人才在中国的发展，服务国内，联系海外，致力于成为中国人才研究领域最有影响的国际人才智库，成为政府、企业的高端人才库，在国际人才研究领域具有领先的优势。南方国际人才研究院成立以来，已承担了多项国家和地方政府有关“国际人才竞争制度优势”“国际人才猎头机制”和“建立国际人才库”等课题，并多次举办学术研讨会，包括承办中央人才工作小组主办的“国际人才政策创新”论坛和“中美国际人才流动研讨会”等学术交流活动。

摘　要

《中国海归发展报告（2013）No. 2》反映了我国海归发展的最新情况，梳理并分析了我国最新的留学人员回国政策和环境。全书由总报告、调查篇、专题篇、园区篇和附录五大部分构成。

总报告综述了世界人才回流的背景和现状特点，总结了新时期中国海归回国发展现状、特点及原因，提出了中国人才回流的新问题和新趋势，并概述了2012 年海归群体发展现状的调查结果。

调查篇对 2012 年海归群体的发展现状做了详细分析，分析分就业型海归和创业型海归两部分进行，结合样本分析了海归就业与创业的基本情况、就业难、留学效益、创业要素获取情况、创业绩效和规模、创业与环境的关系等问题。

专题篇主要分析了近年来海归回国发展的热点问题，如海归人才发展趋势、海归科学家与本土科学家的对比分析、海归如何在适应社会中引领变革、如何更好地为留学回国人员服务等。

园区篇选取了我国较为成功的三个留学人员创业园——中关村留创园、松山湖高新技术开发区留创园、昆山留学人员创业园——作为典型案例，详细介绍了园区海归人才发展概况、海归人才工作情况、政策制度创新等，旨在为留学人员回国发展提供参考，并为全国其他留创园提供借鉴。

附录梳理了中国最新的海归回国发展政策、部分留学生创业园的基本信息、部分优秀海归创业企业名单，供读者全面了解和参考。

Abstract

Reflecting the latest development of Chinese returnees, *Annual Report on the Development of Chinese Returnees* (*2013*) *No. 2* offers an analysis of current policies concerning the attraction of overseas Chinese talents back to China and the overall environment for the development of Chinese returnees. The book consists of five parts, namely, General Report, Reports of Investigative, Special Reports, Start-up Park Reports and Appendixes.

The General Report overviews the background, as well as characteristics of the reverse brain drain worldwide. It summarizes the current situation, features and causes of Chinese talents returning to China. The report also examines new problems and trends of China's reverse brain drain through a survey of the returnees as a group in 2012.

Based on surveys, the Reports of Investigation provide a detailed analysis of the current situation of Chinese returnees in 2012. Divided into two parts, namely, employed-type of returnees and entrepreneur-type of returnees, this part covers issues ranging from returnees seeking employment, basis situation of starting up a company, the difficulty of getting a job, the cost and return of studying abroad, factors in launching a start-up, performance and scale of start-ups, relations between starting up a firm and the environment, etc. .

The Special Reports focus on hot issues of the development of returnees in recent years, such as trends of the development of returned Chinese talents, a comparative study of returned scientists and domestic scientists, how the returnees are spearheading reforms in adapting to the society, how to fully exploit the resources of returnees in the new age.

The Start-up Park Reports choose three relatively successful returnee start-up parks as case studies: the Zhongguancun Returnee Start-up Park, the Songshan Lake High-tech Development Zone and the Kunshan Returnee Start-up Park. Through an in-depth investigation of the development of returnee talents in the parks, how local governments deal with returnee talents and innovation in policies, the Report aims to provide reference for the future development of returnees and provide guide for other parks of the same type in China.

The Appendixes offer a description of China's latest policies concerning returnees, as well as basic information of some returnee start-up parks. The Appendixes also provide a list of some successful returnee start-ups.

目录

𝔹Ⅰ　总报告

𝔹Ⅱ　调查篇

𝔹Ⅲ　专题篇

BⅣ 园区篇

BⅤ 附录

皮书数据库阅读使用指南

CONTENTS 

𝔹 I General Report

𝔹 II Reports of Investigation

𝔹 III Special Reports

BⅣ Start-up Park Reports

BⅤ Appendixes

总 报 告

General Report

B.1

2012年中国海归发展现状及趋势

王辉耀 郑金连 董庆前 邓 莹*

摘 要：

本文综述了世界人才回流的背景和现状特点，总结了新时期中国海归群体回国发展的现状、特点及原因，总结了中国人才回流的新趋势，并概括了2012年海归群体发展现状的调查结果。

关键词：

人才回流 海归潮 “海鸥”

一 2012年世界人才回流现状

全球正在进入人力资源时代，人们的思维架构已经发生了根本性的改

---

* 王辉耀，中国与全球化研究中心主任，研究员；郑金连，中国与全球化研究中心研究总监；董庆前、邓莹，中国与全球化研究中心助理研究员。

变——从资本主义（capitalism）逐渐演化成人才主义（talentism）。一个国家的竞争力根本取决于其是否能够在世界范围内吸纳各个领域的顶尖人才，并利用灵活有效的机制将他们的技术专长转换成这个国家的竞争优势，进而利用这种竞争优势集聚更多的精英人才，形成国家经济可持续发展的良性循环。

在人才全球化时代，整个世界进一步微缩，人才的自由流动更为平滑和便捷。2010年，全世界约有2.13亿人在出生国以外生活与工作，占世界总人口的3.1%，其中大约有9000万是经济移民或技术移民，大部分流向了以美国为首的欧美发达国家。

随着世界人口中老年人口的增加，年轻人口减少以及各地人口结构和人口数量的差异扩大，世界范围内的人力资源市场供需失衡状况越来越严重，掌握着高端知识和智慧的人才在全球范围流动和竞争的现象将越来越普遍。目前，全球人口的增长率已经从20世纪60年代中期的2%降到了现在的1.16%。[①]就全球而言，2000~2050年，60岁以上的人所占的比例预计要增加1倍多，由10%增加到21%，而儿童的比例预期将下降1/3，即从30%下降至21%。[②]在若干发达国家和转型期经济国家，老年人口已超过儿童人口，有些国家出生率已为负增长。根据国际猎头顾问协会的年度报告，2012年世界猎头行业的收入额为97.4亿美元，比2011年下降了6.4%。尽管2012年新增加的猎头委托案的数量比2011年减少了7.1%，然而委托案的费用比2011年上升了1.7%，这在一定程度上表明国际劳动力市场对高端人才的需求依然强劲，工业、科技产业、生命科学和能源产业等对高端紧俏型人才的需求尤其旺盛。在强劲的需求推动下，人才的世界性流动越来越频繁。[③]

（一）人才回流、人才环流的兴起

随着世界经济和人才流动的加速发展，一种新的理论开始出现，这就是“人才回归论”（Brain Gain）。这种理论比较有代表性的观点出现于美国芝加

① 联合国经济和社会事务部：*World Population Prospects*：*The 2010 Revision*，2010。

② 第二届老龄问题世界大会，http：//www. un. org/chinese/esa/ageing/introduction. htm。

③ http：//www. aesc. org/eweb/Dynamicpage. aspx？ webcode = PressRelease&wps_ key = bcf9b698 - 1000 - 4819 - a66d - 8118511edd9a.

哥大学经济学教授，同时也是诺贝尔经济奖获得者 Robert E. Lucas, Jr. 在 1990 年发表的文章“Why Doesn't Capital Flow from Rich to Poor Countries?”中。文章指出，欠发达国家缺乏高技术人才和人力资本，这样可能使得这些国家和发达国家相比有更好的机会和利润空间。后来的研究逐渐表明，“人才流失”是可以变为“人才回归”的。国际人才移民研究发现，在美国，后来的移民有很高的倾向回流到他们原来的国家或是别的地区（DaVanzo，1983；Fields，1979）。[①] 还有的学者发现，在美国有 30% 的非美国出生移民在他们到达美国第一个 10 年或者第二个 10 年会离开美国（Warren and Kraly，1985）。[②] 因此，原来流行的“人才流失论”受到了挑战，包括很多其他学者（DeVoretz and Ma, 2001；Mountford, 1997；Grubel and Scott, 1967）均认为，发展中国家的高素质人才去了发达的工业化国家，代表着发展中国家在海外的一种潜在的社会经济资源。[③] 这种在海外的储存可能是暂时的现象，总有一天他们会把在国外学到的知识和技术带回母国。

从欧美发达国家回流或环流到新兴国家是一种趋势。无论对美国等接纳国来说，还是对亚洲等输出地来说，科技人才从欧美国家的回流事实上早已发生。2000 年前后，大约 20 万高科技移民离开了美国，返回母国发展。[④] 日本在 1964 年的东京奥运会后、韩国在 1988 年的汉城奥运会后，迎来了大量的回归人才，到 20 世纪 90 年代，日韩超过一半具有博士学位的科学和理工留学人员选择回归。就中国而言，从 2008 年 12 月出台“千人计划”开始，加之 2010 年发布《国家中长期人才发展规划纲要（2010 ~ 2020 年）》，科技人才回流或环流的趋势得到了明显加强。哈佛大学、杜克大学和纽约大学 2007 年联合调查发布的《知识产权、移民积压与人才逆流：美国的新移民创业者》报告称，美国已经开始了“人才逆流”，而逆流方向主要是中国。

---

① http://www.aesc.org/eweb/Dynamicpage.aspx? webcode = PressRelease&wps_ key = bcf9b698 - 1000 - 4819 - a66d - 8118511edd9a.

② Warren, Robert, and Ellen Percy Kraly, “The Elusive Exodus: Emigration from the United States,” *Population Trends and Public Policy*, 7th March, 1985.

③ 同上。

④ David Heenan, *Flight Capital*, 2005, p. 2.

（二）人才向新兴国家的流动

人力资本回归的趋向在中国、印度、巴西等“新兴大国”的移民上格外明显。根据巴西司法部数据，2005～2010年，巴西旅居国外的人数从400万减少到200万。从2010年至2012年4月，在巴西合法居留的外国人数增长50%，达150万人。媒体称，巴西正成为一个新“移民国家”。“欧洲技术人员正流向发展中国家，比如‘金砖’四国。”国际劳工组织移民政策专家理夏德·霍莱温斯基说：“鉴于欧洲经济危机，对欧洲尤其是南欧的年轻人来说，机会在发展中国家。”

同时，受2008年金融危机影响，不少欧洲专业人士也选择赴发展中国家开创事业。一家在6个非洲国家设有办事机构的猎头公司负责人说，在他收到的个人简历中，超过1/4显示有长期海外生活经历。① 爱尔兰最新人口普查数据显示，旅居爱尔兰的波兰人在2005年达到顶峰，约32.5万人，如今已下降到12.6万人。

近年来，随着新兴国家的崛起和亚非拉国家的发展，尤其是国际金融危机爆发以来，世界人才从发展中国家向欧美国家大规模流动的潮流正在悄然改变，人才逐渐由工业化国家向亚非拉等国家回归。世界经济发展重心的转移和发展中国家对人才开展的争夺，使美国等传统的人才净输入国变成了有进有出的人才流动大国。加拿大、澳大利亚等发达国家吸引国际人才的力度依然不减，以金砖五国为代表的新兴国家纷纷出台措施大力吸引人才回国，亚非拉与东欧等世界其他地区人才也开始出现回流。同时，受本国和地区经济不景气影响，不少欧美国家专业人才也开始选择到发展中国家开创自己的事业。“人才回流”成为当前国际人才流动的新景观。

（三）国际人才回流发生的原因

1. 国际人才的激烈竞争

近年来，随着全球人才竞争的进一步激化，美国的国际人才霸主地位正受

---

① http：//news. xinhuanet. com/abroad/2012－11/29/c_ 124021444. htm.

到各方面的严重冲击与挑战。欧日等其他发达国家纷纷采取各种激励措施来留住和吸引国际人才。传统的人才流失大国如印度、中国、韩国等纷纷推出十分优惠的政策吸引在海外的本国人才回国服务。

在发达国家中，如欧盟正在出台蓝卡计划，与美国的绿卡制度相抗衡，其目的在于大量吸引欧洲技术移民回欧洲工作。加拿大为了吸引人才，从 2013 年 4 月 1 日开始，推出全新的创业签证（Start-up Visa）项目，主要目的是吸引能够为加拿大经济做出贡献，并可以创造就业机会的创新企业家。创业签证的实施旨在增强加拿大在全球化竞争中的优势，保持其经济增长和长期繁荣。2013 年，澳大利亚 PSW 工作签证政策正式启动。澳大利亚当局在 2013 年初宣布取消对学生 2 ~4 年毕业工作签证的课程限制，学生除了修读两年以上时间的本科、硕士课程外，只要修读的课程时间加起来超过两年，同样可以申请 PSW 工作签证。PSW 新政的实施，能够帮助国际留学生拥有至少两年在澳大利亚找工作的时间，可以降低雇主对招聘国际留学生的顾虑，减少雇主帮助学生申请工作签证的流程，能够帮助国际留学生更好地找到工作。

在新兴国家中，韩国于 2012 年 1 月 1 日正式承认双重国籍，试图吸引海外的韩国裔人才回国工作。中国于 2008 年出台千人计划，这一计划被美国学者评价为极具雄心的人才计划。新加坡为留住人才，设计分等级的工作签证，薪酬高的人才可以获得更久的居留权和更多居留便利。而巴西利用“巴西科学家协会”等社团来联系海外高层次人才回国发展，还成立博士扎根计划（I'Ile Program to Promote the Retention of Doctorate Qualified Staff，PROFIX），该计划的资助对象主要是国内外在生物、信息、农业等领域工作的博士和高级研究人员。该计划承诺增加工资待遇、改善研究条件、支持参与国际性科学活动等条件，鼓励在本国获得博士学位的人员留在巴西，鼓励在国外获得学位的人员返回巴西。

2. 世界经济格局的改变

金融危机之后，以欧美为首的西方发达国家经济遭受重创，量化宽松的经济政策并没有对经济复苏产生预想效果，反而增强了人们的不安全感。2011 年，国际评级机构标准普尔下调了美国主权信用评级，反映了世界对美国经济的悲观预期。与此同时，希腊债务危机一直未见好转，意大利、冰岛等经济形势也一直困扰着经济低迷的欧盟。经济的低迷，造成发达国家创造财富机遇的缩水与低迷，面对“僧多粥少”的经济困境，传统发达国家对海外人才的需求也在降低。经济的低迷，也使一向被视为“人间天堂”的西方国家的政治经济等一系列社会矛盾暴露出来。2011 年的“占领华尔街运动”“巴黎骚乱”等把各种矛盾推到了前台，危机的出现为发达国家民族的自信和开放的心态带来了阴影，排斥外来移民、实施贸易保护等现象出现。当前，西方国家的政治、经济困局，给一些西方体制的迷信者提供了反思的契机，也使部分在“移民大潮”中随波逐流的人们重新认识西方发达国家，重新审视自己的选择。目前，新兴大国已逐渐占据产业链中端，并向高端迈进，为海外的工科、技术类人才提供了充分的“用武之地”。与美国等发达国家相比，新兴国家属于“后起之秀”，市场前景广阔，商机丰富，正如考夫曼基金会副总裁罗伯特·利坦所言：“外来移民想要在美国开创一番事业已没那么容易了，但他们如果尝试将美国的成功经验和商业模式复制到新兴经济体，就很容易获得成功。”同时，这些国家交通网络不断完善，通信、电力、能源、金融等行业发展迅猛，国际化大都市涌现，世界跨国大公司入驻，各种软硬件条件改善，为人才回流提供了基础保障。

近年来，互联网快速发展，教育素质日益提高，商业环境不断改善，这些因素打破了亚非拉等传统人才输出国的发展障碍，为人才回流提供了良好的软硬件环境。2013 年 1 月，国际货币基金组织（IMF）预测，撒哈拉以南非洲地区 2013 年的经济增长率将超过 5.5%，远高于世界经济平均增速 3.5%。2011 ~2015 年，世界上发展最快的 10 个国家中将有 7 个在非洲，平均经济增长速度将超过亚洲。而英国《经济学家》则称，2001 ~2010 年，世界上 10 个发展最快的国家中有 6 个在非洲。历史上，东欧人才一直处于输出状态，2008 年金融危机以来，大多数欧洲国家经济萎缩，东欧国家经济表现十分强劲，为人才回流创造了条件。

二 中国“史上最大的海归潮”的现状特点

从突破封建桎梏的辛亥革命到新中国的成立，再到 21 世纪中国的现代化

建设，数代留学人员回国推动中国历史的进步与革新。海外学子是中国历史发展的重要力量，是我国宝贵的人力资源财富。“文革”结束后，我国领导人开始正确认识留学回国人员的历史定位。1992 年初，邓小平视察南方时说：“希望所有出国学习的人回来。不管他们过去的政治态度怎么样，都可以回来，回来后要妥善安排。这个政策不能变。告诉他们，要做出贡献，还是回国好。”江泽民在 1999 年关于发挥侨民智力资源的讲话时说：“分布于世界各地的广大华侨华人，是中华民族一个重要的人才资源宝库，其中科技人才就有几十万，既有享誉世界的科学家，也有成绩显著的中青年科技人才，他们在当今一些重要的高科技领域取得了卓越的成就，我们一定要十分珍惜。”胡锦涛在十八大报告中提出：“加快人才发展体制机制改革和政策创新，建立国家荣誉制度，形成激发人才创造活力、具有国际竞争力的人才制度优势，开创人人皆可成才、人人尽展其才的生动局面。”习近平在 2013 年全国政协十二届一次会议分组讨论会上指出：“要加强科技人才队伍建设，为人才发挥作用、施展才华提供更加广阔的天地，鼓励人才把自己的智慧和力量奉献给实现‘中国梦’的伟大奋斗。”领导人吸引留学人员回国服务的意志贯穿于留学工作之中，开启了我国迎接人才回流的新时代。

（一）海归回国总体现状及特点

1. 海归人数大规模增长，回流率在提升

进入 21 世纪后，随着出国留学人员人数的增加和中国经济环境的改善，回国人数开始迅猛增加。2003 年，中国留学人员回国数量首次突破 2 万人，达到 20152 人。2008 年后的两年，受发达国家金融危机影响，回国留学人员数量大增，年增长率均超过 50%。其中，2009 年回国人员数量首次突破 10 万人，达到 10.83 万人。2012 年，留学人员回国数量达到 27.29 万人，同比增长 46.56%，为历史最高值（见图 1）。近十年来，留学人员回国数量达到 93.78 万人，其中，近五年回国人数接近 80 万，接近前 30 年的 3 倍。改革开放以来，中国留学人员回国总数已达到 109.13 万。按照近 10 年留学回国人员的平均增长率估算，未来 5 年内，中国将迎来回国人数比出国人数多的历史拐点。

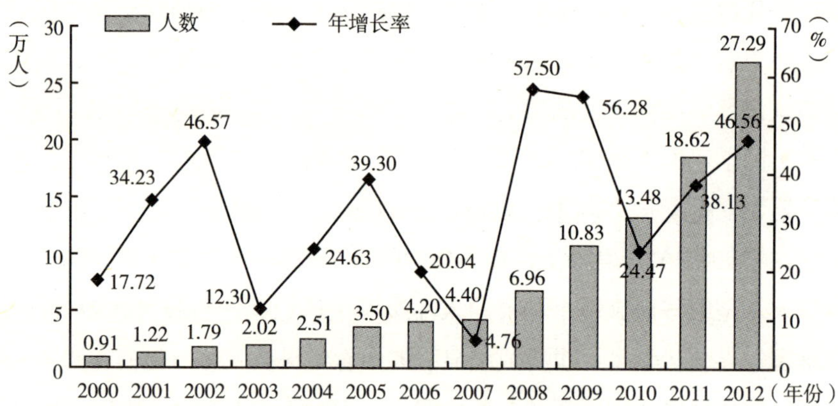

图1　2000～2012年中国留学回国人数及增长率

资料来源：中国教育部统计数据。

从留学人才回流的情况来看，近10年中国的留学人员回流比例不断提升，2012年达到41.3%（见表1）。可以预见，在不久的将来，回流率将超过50%。

表1　2004～2012年累计出国人数、回国人数及其回流率

单位：万人，%

年份	累计出国人数	累计回国人数	回流率
2004	81.4	19.8	24.3
2005	93.3	23.3	24.9
2006	106.7	27.5	25.8
2007	121.2	32.0	26.4
2008	139.0	39.0	28.0
2009	162.0	49.7	30.7
2010	190.5	63.22	33.2
2011	224.5	81.84	36.5
2012	264.46	109.13	41.3

注：回流率=累计回国人数/累计出国人数。

资料来源：《中国统计年鉴（2010）》，2010年、2011年、2012年数据为教育部公布的数据。

2. 高层次人才回流趋势加强，但比例相对较低

近年来，随着我国人才强国战略的实施，各类吸引海外高层次人才计划频

繁出台，主要包括“春晖计划”“长江学者计划”“百千万工程”“千人计划（2008）”“青年千人计划”“外专千人计划”“万人计划”等。此类高层次人才海外培养和引进政策，推动了中国“精英型”海归的回流。截至 2012 年底，中央层面“千人计划”已引进 3319 人，各地各部门引进的海外高层次人才达数万人。全国已经专门建立海外高层次人才引进基地 112 个，建设留学人员创业园 260 多个，吸引入园企业超过 1.7 万家，吸纳在园创业留学人才 4 万多名。北京、天津、湖北、浙江等一批与国际接轨的未来科技城也正在加速崛起。2012 年 5 月 29 日，由纽约市市长彭博领导的移民小组公布的一份报告说，美国的经济竞争对手正在寻求扭转人才外流的局面，把在美国工作的科学家、工程师和企业家吸引回国。在这些国家当中，表现最为积极的是中国。中国近年实施的人才发展计划，成功地吸引了许多留美高层次人才，在这些“回流”移民中，大多数是拥有硕士、博士学历，具有丰富工作经验的高端人才。

虽然如此，高层次留学人员回国比例还比较低。根据经合组织的一份统计，1990～1999 年，在各国经济发展最急需的科学和工程领域，中国大陆留学生中博士滞留比例为 87%。因此，2008 年美国《科学》杂志就把清华、北大比做“最肥沃的美国博士培养基地”。中国社会科学院在《2007 年全球政治与安全》中承认，中国流失的顶尖人才数量在世界居首位。

在领军人才方面，日本有 9 名日本血统的人先后获得自然科学领域的诺贝尔奖。他们大部分在美国留学或工作过，但只有一位不是日本籍。中国有 7 名华裔获得自然科学领域的诺贝尔奖，4 人出生在中国大陆（即本来有中国国籍），但全部拥有或曾拥有过美国国籍。2009 年，日本早稻田大学的后藤敏研究室，29 个研究人员中有 28 个是为中国清华、科大的高材生。据美国“全国科学理事会”统计，2009 年，美国大约 35% 的科学与工程博士为外国出生者，其中 22% 来自中国大陆，远高于第二名印度的 14%。[①] 根据教育部留学服务中心发布的《2012 万名留学人员回国就业报告》，留学回国人员在境外留学时间平均为 1.9 年，其中硕士学位 1.5 年、博士学位 3.8 年。回国人员约一半为

① 王辉耀：《到了该遏制人才流失的时候了》，《新京报》2009 年 8 月 8 日。

国外 1 年期硕士学位项目毕业生，以英国学校为主；获得博士学位又有相应研究或其他工作经历的高层次留学人才的回流率仍然处于较低水平。① 根据本书调查，在就业型海归中，最多的是为期一年的硕士学位毕业生。

3. 海归出生地比较分散，回国发展集中在北京、上海、广州、江苏

根据本书调查，仅有 10.1% 的海归出生在北京，而在北京创业的海归比例高达 36.1%，在北京就业的比例高达 41.6%。在上海创业和就业的海归比例也明显高于在上海出生的比例，三者占比分别为 8.2%、14.2% 和 5.3%。在广州创业和就业的比例分别为 11.5% 和 4.6%，也明显高于出生比例 1.1%。江苏作为吸引留学人员回国创业的先进省份，吸引了 14.8% 的海归在江苏创业，而在出生地调查中，只有 5.3% 的海归出生在江苏。根据教育部留学服务中心的调查，在北京范围就业的海归，绝大多数的原户籍不在北京，原户籍在北京的留学回国人员比例不到 10%，原户籍较多分布于河北、山东、辽宁等省份。

（二）海归就业情况

1. 海归就业地区呈现集中态势

海归回国就业地区覆盖了 15 个省市，主要集中在北京、上海、广东、江苏、浙江、山东等发达省市。其中，有 41.6% 的海归在北京就业，14.2% 的海归在上海就业，8.7% 的海归在广东就业，分别有 6.4%、5.3%、5.2% 的海归在江苏、浙江和山东就业，这六个省市集聚了 81.4% 的海归。

2. 金融及相关服务业是海归就业的主要行业

金融及相关服务业是海归就业最多的行业，有 48.5% 的海归进入金融及相关服务业工作。按人数比例从高到低，其他吸纳海归就业较多的行业包括教育、科研（9.1%），新一代电子信息技术（8.7%），文化创意产业（7.4%），生物工程或医药（7.4%），新能源、新材料（7.0%），政府和公共事业（6.9%）。

① 徐珊珊：《80 后中国留学生八成回国　高层次人才回流率低》，《信息时报》2013 年 8 月 14 日。

3. 外资企业是海归的首选就业单位

外资企业是海归回国就业的首选，超过1/4 的海归选择进入外企就业。按照人数比例，其他吸纳海归就业较多的单位类型包括本土创办的民营企业（22.8%）、事业单位（15.1%）、国有企业（9.9%）、海归创办的民营企业（5.0%）及政府部门（3.0%）。

4. 海归多从事市场和研发工作，集中于基层岗位

海归从事的岗位以销售、市场类和研发类为主。其中，销售、市场类岗位的占33.5%，研发类岗位的占24.2%，从事行政工作的海归占17.7%，从事生产运营、人事管理和财务管理等职位的分别占7.1%、6.8%、6.4%。半数以上海归就业的职位以基层岗位为主，基层岗位占57.8%，中层岗位占27.4%，高层岗位仅占6.3%。

虽然海归就业岗位以基层为主，但多数海归认为自己的岗位在组织中具有重要作用，反映出海归对最终就业的认可。根据调查，有64.1%的海归认为自己的岗位在组织中的地位重要，其中有48.8%的海归认为“重要”，有15.3%的海归认为“非常重要”。

5. 海归就业难问题并不突出

海归群体的就业难现象并不突出，但多数海归回国就业的薪资水平比预期低。86%的海归能在6个月内找到工作，其中，3个月内找到工作的占65.3%，3~6个月内找到工作的占21.0%，表明多数海归并没有变成“海带（待）”或“海参（剩）”。77.5%的海归薪资水平比预想的低，其中，38.5%的海归薪资比预想的低很多。

6. 海归的社会网络比国内毕业生相对较差，重新融入国内环境较难

海归在留学期间，缺失了在国内社会网络的拓展，回国后就业，也不能很快地拓展社会网络，导致就业时利用社会网络寻找工作机会的概率降低。有59%的海归认为自己的社会网络比国内毕业生要差，其中23.1%的海归认为自己的社会网络比国内毕业生“差很多”，只有27%的海归认为自己的社会网络比国内毕业生的好。53.8%的海归回国后一直很难融入国内环境，19.5%的海归表示渐渐融入国内环境，只有26.7%的海归表示一直能够很好地融入国内环境。

7. 多数海归认为留学划算，但收回成本需要较长时间

回国就业的海归中有半数以上认为留学是划算的，其中 21.1% 的海归认为出国留学“很划算”，35.4% 的海归认为“划算”。海归在创造力、跨学科交流和创新思维的培养方面获得的收益更多，70% 以上的海归认为自身的学识水平高于国内同行人士。但是，海归的含金量也在缩水，海归收回留学成本时间也较长。48.8% 的就业型海归需要花 5 年时间或者更长的时间收回留学成本，11.1% 的海归认为需要花费 4 年时间收回留学成本，17.5% 的海归认为需要花费 3 年时间收回成本，11.5% 的海归认为需要花费 2 年时间收回成本，只有 11.1% 的海归认为 1 年即可收回成本。

（三）海归创业现状

1. 海归创业地集中在北京、江苏、广州、上海

70.6% 的海归选择在北京、江苏、广州、上海落地创业。55.8% 的海归创业者选择北上广创业。北京是海归创业最集中的地区，约 36.1% 的海归选择到北京创业；其次为江苏，14.8% 的海归选择在此开创自己的事业；在广州创业的海归略多于上海，有 11.5% 的海归选择在广州创业，8.2% 的海归选择在上海创业。

2. 高新技术密集型行业是海归回国创业的主要行业，文化创意产业异军突起

新一代电子信息技术（32.9%）、新生物医药（18.7%）是海归回国创业分布最多的两个行业，其他高新技术密集型行业包括新能源行业（9.6%）和新材料行业（6.3%）。我国文化产业战略地位提升的信息迅速传递给海外留学人员，海外精英也纷纷在该产业领域寻求创业机会。文化创意产业在 2012 年逐步成为海归创业的重要行业之一，有 13.3% 的海归都在文化创意产业创业。

3. 个人资本和民间资本是海归创业资金的主要来源

个人资本和民间资本是海归创业的最主要资金来源，两者所占创业总资本比例达到 66.7%，其中个人资本占 46.1%，民间资本占 20.6%。金融市场对海归创业资本帮助最低，只占 4.9%。另外，亲友帮助（14.6%）、政府资金

入股（9.7%），也是创业资金的重要来源。

4. 海外关系是海归创业的主要人力资源来源

第一，团队以本土人才为主，核心团队海归比例高。从海归创业企业的人力资源整体结构看，国内员工是主力：在 36.4% 的海归创业企业中，海归员工比例在 10% 以下。但是在海归创业企业中，核心管理团队中的海归成员比例通常较高。70% 以上的海归创业企业，其核心成员中半数以上是海归。海归创业企业中海归成员和本土成员可形成优势互补，但海归成员的管理层次和职能重要程度明显高于本土成员。

第二，创业伙伴多为海外结识。从认识海归成员的时间上看，多数海归创业者是在出国后以及回国后认识创业伙伴的，这两部分各占 49.3%、33.1%，另有 14.7% 的创业者是在出国前认识创业伙伴的。

第三，海归创业者对本土员工和海归员工的信任度差别不大。53.7% 的海归企业创立者对团队中的海归成员持非常信任的态度，44.8% 的创业者对本土成员持非常信任的态度。对海归成员和本土成员持基本信任的态度分别为 31.6% 和 41.7%。总体来看，分别有 85.3% 和 86.5% 的海归企业创业者对团队中的海归成员和本土成员持信任态度，两者并无明显差异。

5. 六成以上的创业海归带回了技术和商业模式

有 58.3% 的创业海归拥有个人专利。有 65.9% 的海归创业者回国创业时从海外带回了技术。从这些技术的水平看，海归认为其从海外带回的技术水平较高，绝大多数处于国际国内先进水平。54.5% 的海归认为带回的技术处于国际最新水平，32.3% 的海归认为带回的技术处于国内最新水平。

63.4% 的海归创业者从国外带回了商业模式，从带回的商业模式水平看，有 33% 的商业模式处于国际最新水平，46.8% 处于国内最新水平。海归带着技术回国创业，首先面临的就是如何将先进技术商品化的问题。商业模式是连接技术和经济价值的纽带。

6. 海归创业企业规模和绩效情况

从员工数上看，大多数海归创业企业属于中小微企业。有 63.2% 的海归创业企业员工在 10 ~ 99 人，属于中小企业；有 10.5% 的海归创业企业人员少于 10 人，属于微型企业；人员数量在 300 人及以上的海归创业企业只占

7.9%。海归创业企业虽小，但业绩水平基本处于行业中等偏上水平，尤其是多数高科技产业的海归创业企业，技术研发水平往往创造出超越国内企业的业绩。同时，这些处于成长阶段的中小技术型企业，往往较难获得资金融通。R&D 投入对创新的持续性起着重要作用，许多企业急需一个宽松的财务环境。由于拥有海外关系网络，海归创业企业通常会利用这一优势拓展国际市场，而出口作为海归回国创业企业的一项衍生业务，也为海归企业带来了附加利润。

7. 海归创业与环境关系分析

从对当地营商环境的评价方面来看，65.2%的回国创业海归认为当地营商环境行政审批手续方便简捷，62.8%的人认为创业所在地政策公开透明，59.6%的人认为创业所在地规章制度公开透明。这从侧面体现出我国地方招才引智工作已得到多数海归的认可，人才工作体制改革已取得一定成绩。然而，贷款难和用工难仍然是营商环境中的两大软肋，有66.7%和52.3%的海归对“从银行贷款无需付出正常利息之外的额外费用”和“企业从银行贷款容易”这两项持“不同意”的态度；有63.2%和62.4%的海归对“在当地容易找到需要的技术人员”和“当地容易找到需要的中层管理人员”持“不同意”的态度。

从对留创园的政策需求看，提供低房租优惠、创新资助补贴资金、推出所得税优惠政策，参加各种人才洽谈会、产品展示会、展览会等是海归创业者最希望留创园提供的政策。

（四）中国人才回流的原因

1. 留学潮带动海归潮

进入21世纪后，中国出现的留学热潮是当今海归潮的直接原因。据统计，2000年我国出国留学总人数为3.90万人，2002年即达到了12.52万人，两年时间增长了两倍多。此后一直迅速上升，到2012年，出国总人数已经达到39.96万人。自2000年以来，留学人数年均增长21.4%，可谓飞速增长。目前，中国已成为世界第一大留学生输出国。通过数据统计可以发现，中国的海归人数在留学人数增长的期间，同步迅速增长（见图2）。

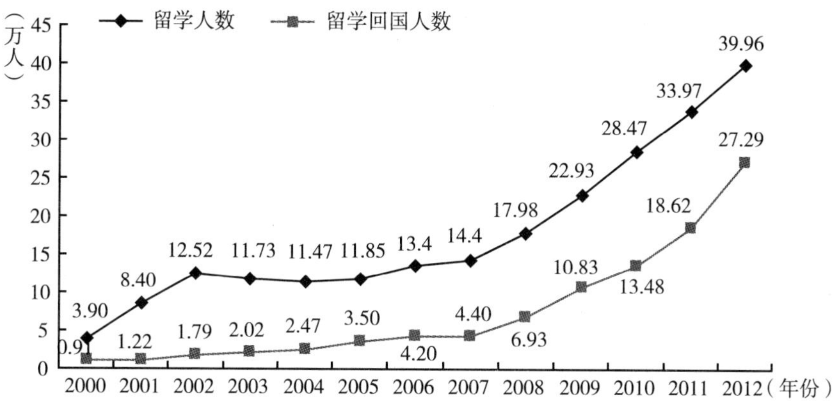

图2　2000～2012年中国出国留学人数和留学回国人数对比

2. 中国经济稳定是回流主因

21世纪以来，相较于欧美地区经济低迷的状况，中国国内经济保持稳定增长，稳定的就业环境是吸引留学人员回流的最主要内在原因。进入21世纪以来，中国经济发展呈现出了增长速度较快、增速波动较小、上升期持续时间较长的特征。2003～2011年，中国GDP年均实际增速10.7%，高于同期世界3.9%的增速。快速增长的中国经济需要大量的管理类、技术类人才和创新人才，为海外人才提供了大量创业的机遇。越来越多的海外留学人员在国内看到了施展才华的机会和平台。特别是2008年国际金融危机爆发以来，发达国家经济持续低迷，失业率上升，而中国采取一系列重大举措，有效应对各种风险冲击，保持了经济平稳较快发展，中国庞大的市场给了海归们前所未有的机遇，催生了人才的新一轮回流潮。2008年底，美国著名的汽车城底特律受金融危机影响，大量裁减技术人员。而远在大洋彼岸的中国，高速发展的汽车工业却一直深受人才短缺的困扰。于是，一些企业纷纷瞄准时机，赴底特律招揽人才。长安集团首场招聘会便吸引了2000多人应聘。

调查研究表明，经济原因是中国留学生回国的第一大原因，91.8%的中国海归称中国有更好的经济发展机遇，这是他们回国的最重要原因。印度留学人员持同样看法的比例要低约三成。超过八成的中国留学人员认为，回来能有更好的专业、职业、创业发展，有更大的人才需求市场（见表2）。这显示了中国留学人员对中国经济发展的信心。

表 2　中印两国留学人员从美国回到祖国的原因调查

单位：%

归国原因	印度	中国
国内经济环境		
国内的经济机遇	62.1	91.8
国内市场	52.9	77.8
较低的商业成本	40.7	38.0
政府的激励机制	3.7	22.6
为祖国的经济发展做贡献	60.5	52.3
职业发展		
更好的专业发展机会	68.7	84.0
更好的职业机会	62.3	87.3
祖国对其专业技能的需求增加	79.0	86.8
国内更好的生活水平	68.2	55.5
国内更高的报酬	49.4	57.1
个人及社会比较		
家庭/家族价值	79.7	67.0
照顾年迈的父母	89.4	78.8
距离家人、朋友更近	88.0	76.8
孩子的情感成长	63.1	24.9
孩子的教育	42.5	17.6
生活质量	45.1	33.0

资料来源：*The Grass is Indeed Greener in India and China for Returnee Entrepreneurs*，America's New Immigrant Entrepreneurs，Part Ⅵ。

综合来说，大部分在海外的中国留学人员认为回国会比在美国有更好的发展，他们也更愿意选择在中国发展。因此，美国《侨报》将这一现象称为“旅美中国和印度的企业家们觉得故土的草更绿”。但不只是本土出去的人才回归，美国《国际先驱论坛报》的文章就认为，目前已经不只是单纯的“逆向人才流失”（即中国高级人才回国），而是“土生土长”的美国顶尖人才也开始流向中国。

3. 政府加大吸引人才力度

近年来，中国出台了一系列引进国际人才的政策及战略，提出要大力吸引海外高层次人才和急需紧缺人才，实施更加开放的人才政策，2012 年，中国又实行“万人计划”，同年 9 月，中央 25 个部门联合印发了《外国人在中国永久居留享有相关待遇的办法》，试点改革绿卡、居留、签证以及出入境制度，进一步降低海外人才获得中国“绿卡”的门槛，提升绿卡待遇，为人才回流提供了各种便利。

在组织部的高度重视和推动下，各地纷纷建立人才办，结合自身实际，出台各种人才政策，如北京的“海聚工程”、湖南的“313 计划”、苏州的“姑苏人才计划”、无锡的“530 计划”、杭州的“5050 计划”等。随着各人才计划的开展，人才的开发和培养、专业人才的管理、人才吸引平台的搭建等各项工作陆续展开；留创园、海创园等吸引各类人才发展新载体纷纷出现；创业平台、资金、信贷、税收等人才发展所需的各方面的推动政策也逐步完善。

4. 文化因素

“文化因素”也是影响海归回国的重要因素。美国梦激励着一代代海外移民背井离乡，寻找自我价值的实现，但这些非西方的“寻梦者”一直生活在美国社会的边缘。新兴大国在美移民虽然数量众多，但真正融入美国主流社会者寥寥无几，文化差异、子女教育、家族联系等都是他们需要面对的问题。而中国的快速崛起不仅激发了海外移民的民族自豪感，“文化亲近感和归属感”也为其回国施展抱负提供了精神动力。

5. 家庭团聚成为回国主要动力

根据本书调查结果，海归回国的主要原因依次是家庭生活原因、职业发展原因、社会文化原因及签证或健康问题等其他原因。在家庭生活类原因中，不想远离父母是大多数海归回国的主要原因，有 90.9% 的海归认为这是回国的主要原因；在职业发展类原因中，对国内职业发展有信心和对国内市场有信心是海归回国的主要原因，分别有 78.4% 和 64.1% 的海归认为这是回国的主要原因。

三　中国留学人员回流的新趋势

（一）“小海归”大批量回流

在大批中国海外人才回流的同时，我们也应该注意到，中国目前也面临着一系列瓶颈。

对适应国内环境的困惑是困扰“海归”和“准海归”们的一大问题。由于受国外环境的影响，海归往往形成了与国内不同的人际交往模式和思维方式，与国内社会脱节，部分海归回国后会突然产生一种文化的陌生感，对他们来说，与周围的朋友、同事处理人际关系成了一种考验。海归大多数是高素质的年轻专业人士，他们来自高度发展的民主社会，对社会有很高期望，这就形成了一种“逆向文化冲击”。

中国海归群体已经从高精尖人才拓展到各个层面的人才。近年来，中国留学人员从精英趋于大众化，而回流的人员也沿袭了同样的特征趋势。2003 年，自费留学回国人数仅为 1.32 万人，到 2012 年，已经上升到 25.27 万人；2003 年，自费留学回国人员占所有回国人员的比例仅为 65.57%，到 2012 年，这一比例已经上升到 94.79%（见表 3）。改革开放初期，中国留学形式以公派出国为主，出国门槛较高，留学人员多为学习成绩优异、能获得国外高校奖学金者，取得硕士、博士学位的留学生比例较高；21 世纪以来，自费留学生已占留学生人员比例的 90% 以上，回归人员逐步呈现大众化特征，人员结构也逐渐由单一向复杂转变。

表 3　近 10 年各类留学人员回国情况

单位：万人，%

年份	国家公派	单位公派	自费留学	自费留学回国人员比例
2003	0.2638	0.4292	1.32	65.57
2004	0.2761	0.3965	1.839	73.22
2005	0.3008	0.477	2.72	77.76
2006	0.3716	0.5267	3.34	78.81
2007	0.4302	0.4211	3.6	80.88
2008	0.75	0.5	5.68	81.96
2009	0.92	0.73	9.18	84.76
2010	—	—	—	—
2011	0.93	0.77	16.92	90.87
2012	1.10	0.29	25.27	94.79

注：2010 年相关数据缺失。

资料来源：中国教育部统计数据。

大批小海归的回流，对国内的诸多用人单位而言，也是一个重要的问题。目前，国内吸引海外人才的政策多针对高层次的留学人才回国创业和创新。对大量的、没有太多工作经验的海归而言，他们没有国外工作经验，没有创业经验，回国后即加入就业大军。但是从国外学习若干年回国后，国内的人脉网络断裂，对国内的认知需要重新适应，对他们的就业并没有太多的政策关注，这些小海归的就业问题也会日渐凸显，需要引起相关方面的关注。

（二）海归就业难问题将逐渐凸显

不仅留学生在国外的就业压力大，而且回国就业难的现象也十分突出。2013 年，中国大学毕业生人数达到了创纪录的 699 万人，而相应的就业岗位却减少了 15%。在国内整体就业形势严峻的背景下，海归的就业难问题也将逐渐严重。近年来，关于海归光环的讨论一直在继续，而海归就业不再具有优势的报道也见诸报端。从某种程度上来说，随着出国留学生的多层次化，不少“低质量”的海归虽然获得了国外学校的文凭，但究其综合素质来说，就业竞争力依然与国内的“土鳖”无异，甚至不如国内名校毕业的学生熟悉本国国情、了解就业市场。不少用人单位也逐渐趋于理性。可以预见，国内教育与用人市场的脱节问题不解决，纵使有海归的光环，也无法抵抗就业形势的寒流，海归的就业难问题将日渐严重。

（三）高层次人才环流趋势明显

虽然海外高层次留学人才回国比例还比较低，但是，高层次人才在国内外环流的趋势越来越明显。2009 年，人社部提出了针对海外学子的“海外赤子为国服务行动计划”，我国的人才政策也开始从强调“回国服务”演变为强调“为国服务”，从强调“人的回归”演变为同时强调“才的回归”。“海鸥”（进行跨国环流的留学生群体）形态的存在将成为我国吸引海外人才为国服务的重要方式。

“海鸥”群体多为在国外获得绿卡或国籍的高层次人才。他们频繁往来于国内和海外，从事商务贸易及各种不同项目，具有很强的流动性，在其经营的业务上跨越东西方，或是一两个国家，他们不一定身在国内，却成为中国国际化的先头部队。他们选择如回国经商、教学、办讲座、向国内转移技术、培养留学生或进行投资等各种适合自己的方式为国服务。

国内企业的国际化等诸多因素，催生了越来越多的“海鸥”。例如，拥有8000多名会员的旅美科技协会的理事会主席沈陆说，“海鸥”现象在该协会已经非常普遍，国际人才的流动、智力的输出引进早已不是单一的“海归”模式。[①]“海鸥”多在国外企业担任过高管或高级技术职务，拥有国际管理经验，了解国外文化，可以自由往返国内外，其在国外的特殊身份适应企业国际化发展需求，同时也促使更多的“海鸥”产生。

对我国而言，需要一批人才留在最发达或技术最领先的国家，掌握最新技术与经验，将其传递回国内；也需要一批族裔人才滞留在海外，引导原籍国的企业出口与外包，推动文化传播；当然，也还需要一批本土人才充当“企业走出去”“文化走出去”的开拓者。

对于部分领域，“海鸥”能够发挥更大的作用。某些领域的人才如果回来，一时缺乏发挥作用的平台，留在海外掌握最新技术与经验，将其传递回国内作用更大，自己也更有发挥空间。例如，以“人才环流”突破中国企业国际化瓶颈。“海鸥”在海外学习、工作、生活多年，对当地社会人文环境具有深入的了解和广泛的社会联系。对中方投资者而言，尽管代理人的考虑依然存在，但同文同种降低了由信任问题所造成的交易成本。如高端经营管理人才，他们发挥才能可能还是在海外，对这些人来说，以“海鸥”形式为国服务可以避免两种体制的摩擦。

随着中国“海鸥”群体扩大，他们的作用将更加重要，也意味着未来留学回国服务的形式更多元化，需要通过更加灵活的方式推动他们为国服务。“人才环流”与人才“回归”或“归化”的区别在于，这种人才流入不但不一定是永久性的，而且充满了不固定的因素。因此，环流的人才往往会对一个国家的国际地位、政治体制、人文环境、经济发展不那么挑剔，甚至不介意政府腐败、社会动荡、科技落后，而这些往往是人才流失的重要原因。因此，即

① 《海归变身成“海鸥”国际人才交流呈现环流趋势》，《深圳特区报》2009年11月9日。

使极端贫穷落后的国家，都能通过放宽对国籍、绿卡、签证的限制，而有效地推动“人才环流”的发生。英国公众政策研究协会（IPPR）的研究也指出：“人口流动的门槛越低，永久移民的人就越少。”简化入境签证程序，畅通人才获得绿卡和入籍的渠道，对“海鸥”人才颁发“同胞证”等，无疑是促进人才环流的重要途径。

（四）相关政策需兼顾各个层次的海归

目前，留学人员相关政策主要关注高层次人才，随着回国留学人员的层次、类别多元化，应该制定一批针对性强的新政策，尤其是制定面向全体留学人员的普惠政策，包括其子女入学、社保、就医、出入境等，加强市场经济手段的建设，给予不同层次的海归以同样的国民待遇，实现人才的合理流动。例如，更多地关注小海归的就业问题，把他们纳入国家“大学生就业计划”，关注他们的基本利益需求，出台相应的扶持政策；关注大量的“海鸥”人才，加大绿卡发放和人才签证的力度，激励他们为国服务。

同时，更需要用长远眼光来制定留学人员人才政策，通过民主、自由、公平和法制化的社会体系来吸引海外人才，实行更具普适性的人才制度。

（五）海归再“归海”现象出现

随着国际人才流动的加剧，最近几年还出现了海归再出国，即重新归海的现象，尤其是早期回国的科学家。其中有多种原因，主要包括待遇、环境以及对未来政策的不确定性预期等。其一，部分海归回国较早，当时还没有“千人计划”等的支持，而今可能因为年龄等各方面原因，虽然贡献大，待遇却没有跟上；其二，部分海归回国发展事业，但家庭还在国外，鉴于生活环境等各方面原因，重新出国；其三，就是对未来政策的不确定性预期，如对“千人计划”合同期满后、退休后的待遇等方面政策的不确定预期。当然，对科学家而言，对体系内的文化和环境难以重新适应，也是促使他们重新归海的重要原因。

Current Situation and Trends of the Development of Chinese Returnees in 2012

Abstract: This report reviews the background and the current situation about the world talents flow; summarizes the Chinese returnees' current development situation, characteristics and reasons, it also puts forward the new problems, new trend of the Chinese returnees and overviews the survey results which is about the whole situation of the Chinese returnees in 2012.

Key Words: Reverse Brain Drain; Returning Tide; "Seagull"

调　查　篇

Reports of Investigation

B.2

海归群体总体情况分析

摘　要：

本文主要介绍参与调研的海归样本情况，分析海归回国的时代特征和政策环境约束，并重点分析了回国海归的主要特点，如年轻化、以就业为主、回国后的区域分布以及回国的发展需求等。

关键词：

海归　回国原因　回国顾虑　海归特点

一　样本基本情况分析

2012 年 11 月至 2013 年 4 月，课题组针对留学回国人员进行了创业、就业情况调查。调查结合线上和线下形式进行：线上问卷主要通过挂网调查收集结果，收到有效问卷 711 份，其中通过智联招聘首页收集 533 份，通过中国与全球化研究中心、欧美同学会海归人才数据库收集到 178 份；线下问卷主要通过现场填写，收到有效问卷 119 份，其中通过第 15 届中国留学人员广州科技交流会（简称“留交会”）收集有效问卷75份，通过2012年全国留学人员回国创业高级研修班收集44份。最终共收回有效问卷830份，包括就业类问卷（调查对象为就业型海归）563份，创业类问卷（调查对象为创业型海归）267份（见表1）。

表1　2012～2013年海归调研渠道及样本量

单位：份

调查途径	类型	线上调查	线下调查	合计
第15届中国留学人员广州科技交流会	就业类	0	51	51
	创业类	0	24	24
	小　计	0	75	75
中国与全球化研究中心、欧美同学会海归人才数据库	就业类	82	0	82
	创业类	96	0	96
	小　计	178	0	178
智联招聘官方网站	就业类	430	0	430
	创业类	103	0	103
	小　计	533	0	533
2012年全国留学人员回国创业高级研修班	就业类	0	0	0
	创业类	0	44	44
	小　计	0	44	44
总　计	就业类	512	51	563
	创业类	199	68	267
	合　计	711	119	830

样本的基本情况如下。

第一，男女比例基本相当，男性稍微比女性高一些，男性占52.8%，女性占47.2%。

第二，年龄段覆盖50后至90后，以21世纪以来出国留学的小海归为主，其中，80后海归最多，占65.3%，其后依次是90后（12.2%）、70后（12%），以及60后（6.1%）和50后（4.4%）。

第三，出生地覆盖全国23个省、4个自治区和4个直辖市，沿海和经济发达省份和城市比例最高，华东地区和华北地区[①]分别占35.9%和24.9%；海归来源最多的四个省市分别为山东、北京、江苏、上海（见图1）。

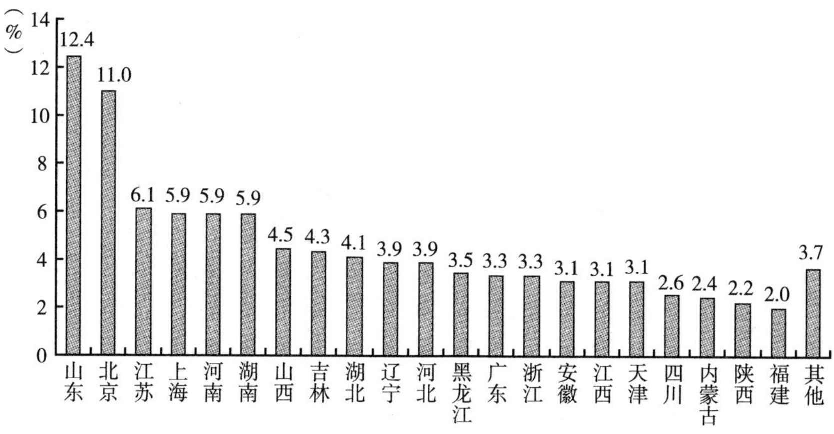

图1　海归出生地分布

第四，本科毕业和中学毕业后出国比例最大。本科毕业获得学士学位后出国留学的海归最多，占49.9%；其次是在国内尚未获得学位即出国留学的海归，占32.6%；获得硕士学位后出国留学的占12.9%；获得博士学位后出国留学的占4.6%。

第五，主修专业以经济、金融、管理和工程学等热门专业为主。海归出国前所修专业中，经济、金融、管理类最多，占30.7%；其次是人文与社会科学，占24.4%；工程学和自然科学分别占22.0%和14.3%；另有少数医学和其他类专业（见图2）。

第六，从海归出国留学的时间来看，最多的是2000年以后出国留学的。其中，2000年以后出国留学的占64.0%；20世纪80年代出国留学的占16.3%；20世纪90年代出国留学的占14.5%；20世纪70年代出国留学的占5.2%。调查分布情况与我国留学生数量2000年以后迅速增多的情况基本相符。

① 华东地区：上海、山东、江苏、安徽、江西、浙江、福建；华北地区：北京、天津、河北、山西、内蒙古；华中地区：湖北、湖南、河南；东北地区：黑龙江、吉林、辽宁；华南地区：广东、广西、海南；西北地区：陕西、甘肃、宁夏、新疆、青海；西南地区：重庆、四川、贵州、云南、西藏。

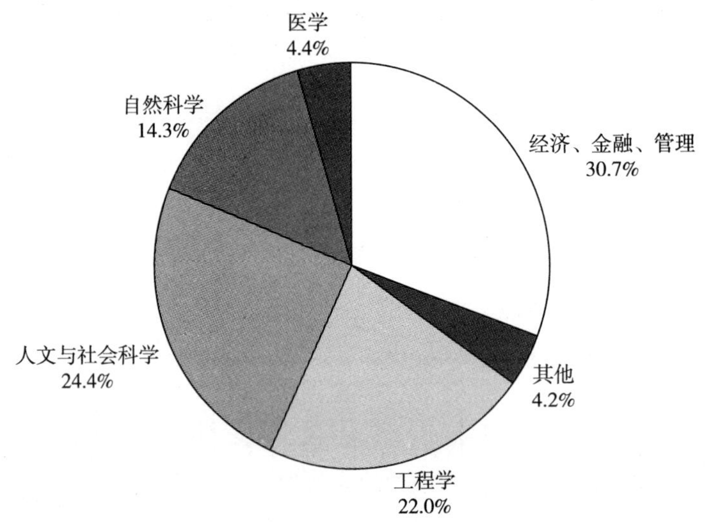

图 2　海归出国前所修专业分布

第七，海归留学的国家涵盖了世界主要留学生接收国。从地区分布来看，西欧国家最多，占29.3%，北美占22.3%，东亚占16.6%。从国家分布来看，从英国留学归来的最多，占21.1%；从美国留学归来的占16.7%；从澳大利亚留学归来的占9.9%，留学韩国、法国、日本的海归也均超过7%，新加坡、德国、加拿大、俄罗斯等也是海归留学的主要国家（见图3）。

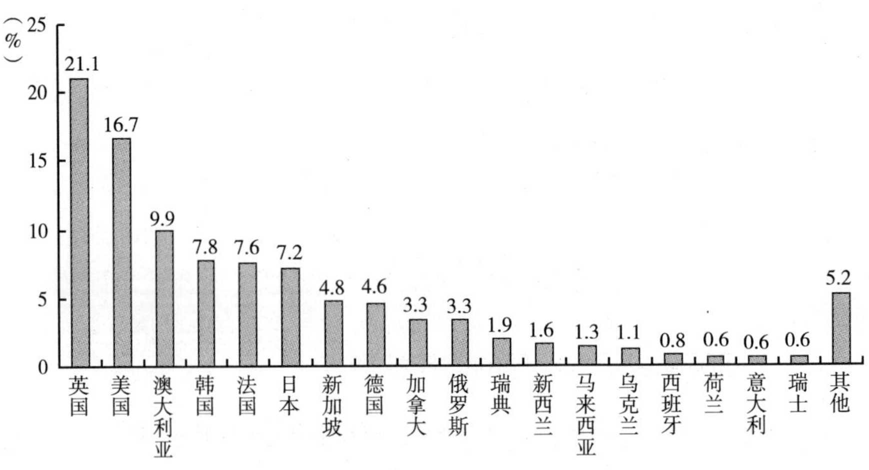

图 3　海归出国留学的国家分布

第八，海归出国留学获得学位以硕士学位为主。海归在国外所获得学位中，硕士学位占56.6%，博士学位占18.7%，学士学位占17.2%，无学位的占7.7%，博士后占0.1%。

第九，海归在海外主修专业以经济、金融、管理类以及工程学类为主。如图4所示，经济、金融、管理类最多，占49.0%；其后依次为工程学、人文与社会科学、自然科学、医学，其他专业如语言、法学、艺术类共占10.8%。对比图2可见，相当一部分学生出国留学时改变了专业。

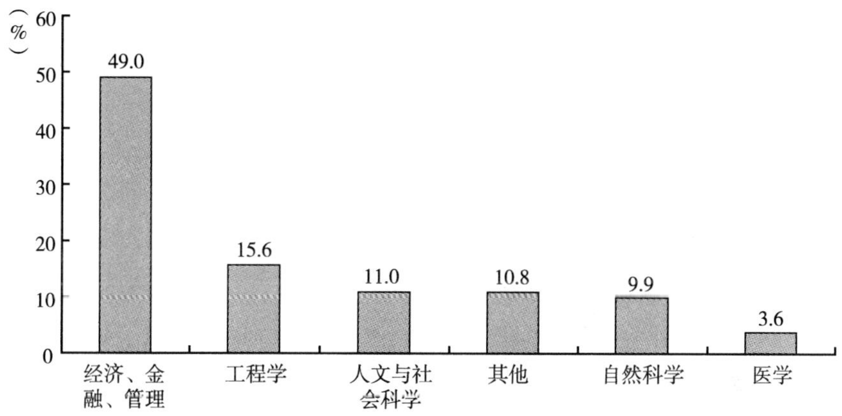

图4　海归出国留学的专业分布

第十，2/3以上的海归在出国留学前没有工作经验，这与77.5%的海归均为80后、90后有密切关系。这部分海归本身年龄不大，多为高中阶段或大学毕业就出国留学，因此在国内鲜有工作经验。

二　回国原因和顾虑分析

（一）回国原因呈现明显的时代特征

调查结果显示，海归回国的主要原因依次是家庭生活原因、职业发展原因、社会文化原因及签证或健康问题等其他原因。在家庭生活原因中，不想远离父母是大多数海归回国的主要原因，占 90.9%；在职业发展原因中，对国内职业发展有信心和对国内市场有信心是海归回国的主要原因，分别占 78.4% 和 64.1%；社会文化原因也是海归回国的重要原因之一，尤其是在国内可以享有更好的文化生活、无法融入西方主流社会等，都较大程度上影响了海归做出回国的决策（分别有 66.7% 和 58.0% 的海归认为这是回国的主要原因）；出国前已经计划要回国也成为当今海归回国的重要原因，这一部分海归占比高达 68.4%。此外，签证到期、健康原因等也成为海归回国的主要原因（见图 5）。

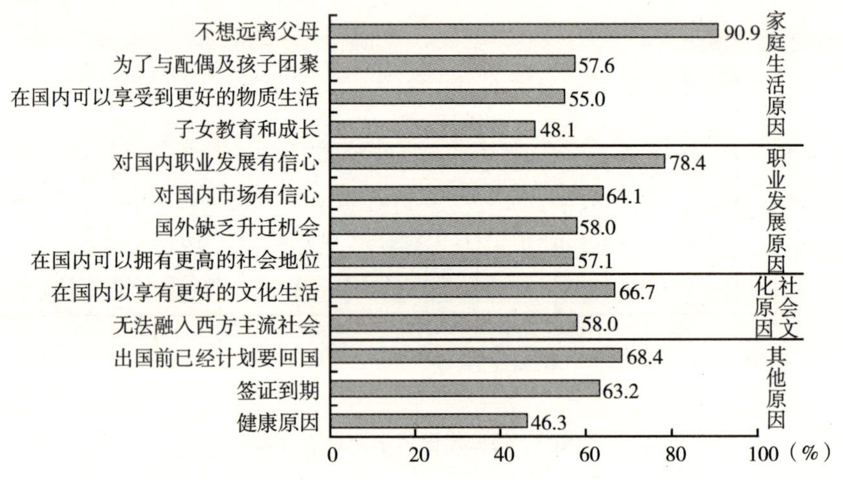

图 5　海归回国的原因分析

不同年龄的海归，由于出国和回国时代背景不同、思想观念存在差异等，回国的原因也不尽相同。总体来说，20 世纪 50 年代及以前出生的海归多为公派留学，其回国原因主要是履行回国服务的义务；60 后、70 后的海归，多看重国内职业和市场发展机遇，回国原因以职业发展为主；80 后、90 后的年轻海归，大多数为独生子女，没有兄弟姐妹，留学生和家庭之间相互依赖程度比较高，家庭生活原因是最主要的回国原因。

20 世纪 50 年代及以前出生的留学人员，相当一部分是改革开放后到 20 世纪 90 年代之间出国的公派留学生。1978 年 6 月 23 日邓小平在听取清华大学工作汇报时做出重要指示，出国留学是我国提高科学技术和现代化水平的重要方法之一："我赞成留学生数量增大，主要是搞自然科学"，"要成千成万地派，不是只派十个八个"。根据邓小平同志的指示，教育部于 1978 年 7 月 11 日即向中央报送了《关于加大选派留学生数量的报告》。公派留学实行"个人申请，专家评审，公平竞争，择优录取，签约派出，违约赔偿"的管理办法，留学生需履行留学结束后回国服务的义务。1996 年，中国成立了国家留学基金管理委员会，以国家为主体，用法律的手段，对公派留学人员学成回国做了详尽的规定。根据有关协议，公派留学人员逾期滞留，将面临法律上全部返还国家支付的经费，并赔偿 30% 的违约金的处罚。具有极高的报效祖国的热情是这一时期留学人员的重要特征。根据此次调查，有 86.1% 的 50 后海归为此回国服务。同时，20 世纪 90 年代以来，中国的经济增长十分迅速，诸多领域百废待兴，存在众多发展机遇，公派出国留学人员出国之前就是单位和学校中的"佼佼者"，很多人愿意回到祖国大展身手。根据调查，有 85.7% 的 20 世纪 50 年代及以前出生的海归认为"对国内职业发展有信心"是回国的主要原因（见图 6）。

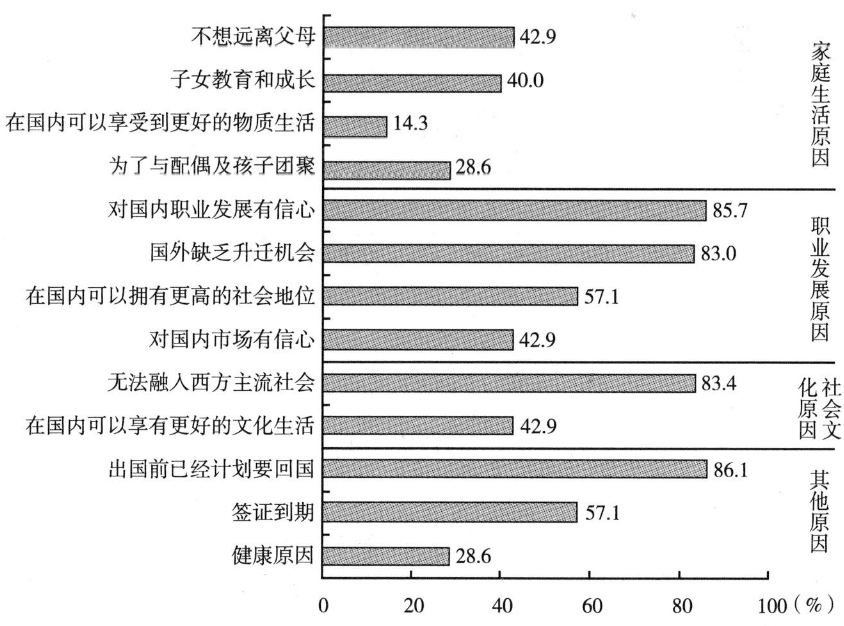

图 6　20 世纪 50 年代及以前出生的海归回国的原因分析

60后、70后的海归，多数在20世纪80年代、90年代出国，其中就包含相当大比例的自费留学群体。这一部分海归出国留学前通常是成绩优秀并能获取国外大学奖学金的“尖子生”，或是各行业中的精英，或是中国的“先富阶层”。这一年龄段出国留学的人员，其出国深造的目的已不仅仅是为国服务，而是掺杂着更多的追求个人事业发展的功利性特征。这个年龄段的海归思维活跃、思想开放、国际活动能力和市场竞争意识很强，在国外也有较好的发展。这部分海归回国的主要原因是谋求个人职业的发展。根据调查，在60后、70后的海归中，91.0%的海归认为对国内职业发展有信心是回国的主要原因，76.1%的海归认为对国内市场有信心是主要原因，还有一个重要原因是在国内可以享有更好的文化生活，认可此项的人占71.6%（见图7）。

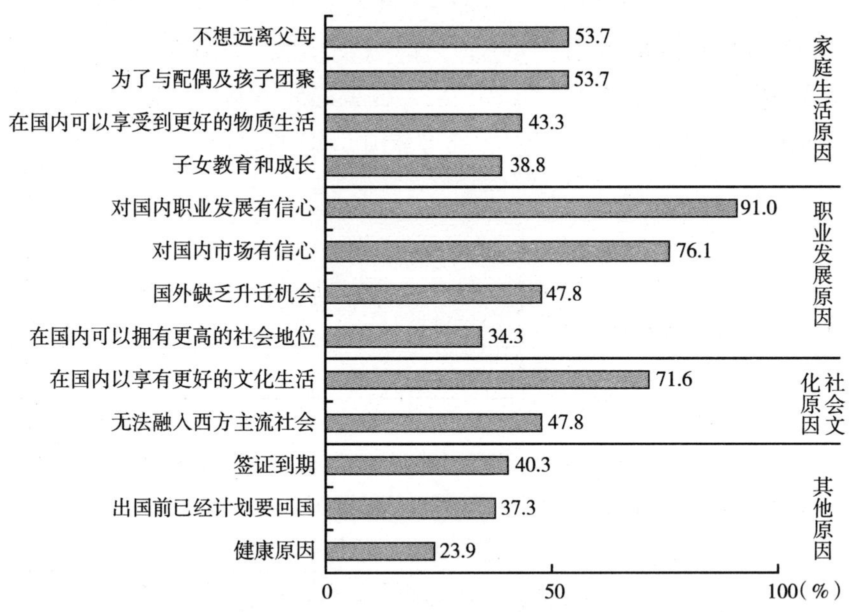

图7　60后、70后海归回国的主要原因分析

80后、90后的年轻海归，是我国执行计划生育后的头两代人，是我国加入WTO后留学热潮的主要组成部分，多为自费留学人员。他们多为独生子女，缺乏独立生活的经验，缺少兄弟姐妹共同生活的经历，不管是在经济、生活还是感情方面，对家庭的依赖程度都较高，而且家庭对他们的依赖程度也比

较高。根据调查，80 后、90 后的年轻海归回国的主要原因是家庭生活原因，其中有 96.07% 的海归回国是因为不想远离父母。这从一个侧面折射出了中国以家为重的社会文化，具有很强的时代烙印。独生子女一代的出国留学人员中不乏佼佼者，但其选择回国，更多的是出于父母的期盼，是中国式尽孝心的一种方式。当然，在这部分海归中，有一部分出国留学本是为了“镀金”，是抱着增强回国就业竞争力的目的而出国留学的，调查结果显示，71.35% 的 80 后和 90 后海归是出国前已经计划要回国发展的（见图 8）。

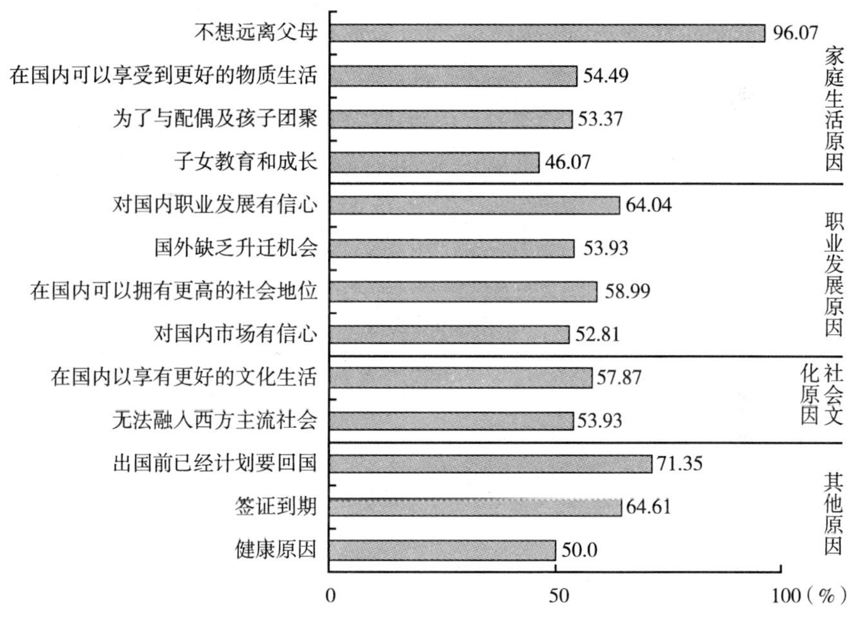

图 8　80 后、90 后海归回国的主要原因分析

（二）回国顾虑主要在政策和法制环境等方面

调查分析表明，海归回国的最大顾虑是政策制度障碍。如图 9 所示，另有 55.9%、50.5% 的人非常同意国内政策的限制太多、国内法制环境不够完善是回国最大障碍。另外，家庭生活障碍和社会文化障碍是海归较为认同的顾虑，尤其是在国内子女教育无法保障及国内是人情社会，关系复杂，分别有 42.8%、43.4% 的人非常同意这两项。

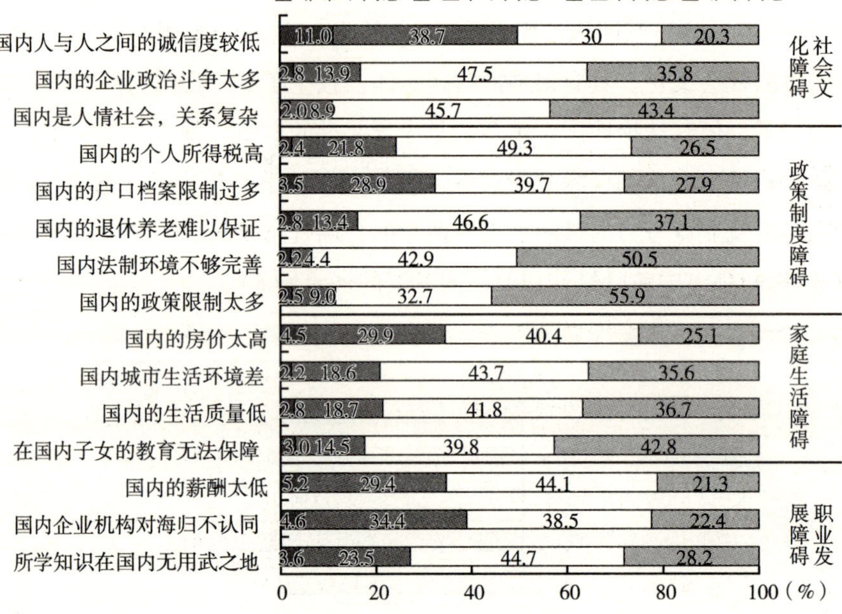

图9 海归回国的主要制约因素

三 回国海归的特点分析

（一）海归呈现年轻化、以就业为主等特征

根据海归出国年限分析，我国的出国留学热潮于2000年以后兴起，以自费留学为主，留学群体开始出现明显的层次多样化特征。留学已经从精英教育变成了大众化教育。而留学生在海外创业，对留学生本身的综合素质要求很高。在大众化的留学热潮下，越来越多的留学生选择毕业后就业而不是创业。很多学生甚至一毕业就选择回国就业。

根据此次调查，就业型海归占海归群体的大多数。已回国就业和计划回国就业人数为563人，占72.2%；已回国创业和计划回国创业的海归人数为216人，占27.8%。

整体来说，由于受当时国民收入水平的限制，出国时间在2000年之前和

21 世纪初的留学生，包含较高比例的公派留学生和足够优秀、能申请到国外大学奖学金的自费留学生。而 2005 年以来的自费留学潮，则主要依靠家庭收入的增加，借助了发达国家靠吸引留学生拉动经济增长的机遇发展起来。这些因素造成了 20 世纪末出国留学生以理工科为主，多从事新兴科技行业，回国创业者较多，而年轻留学生以经济管理、金融等专业为主，多从事商业和金融业，回国就业者较多的局面。

根据调研，在就业型海归多于创业型海归的前提下，就业型海归的年龄结构较创业型海归来说，呈现明显的年轻化特征。在就业型海归中，76.3% 的海归是 80 后，而创业型海归的年龄结构较为分散，80 后、70 后和 60 后共同构成创业型海归的主力，分别占比为 34.9%、27.5% 和 27.0%（见图 10）。

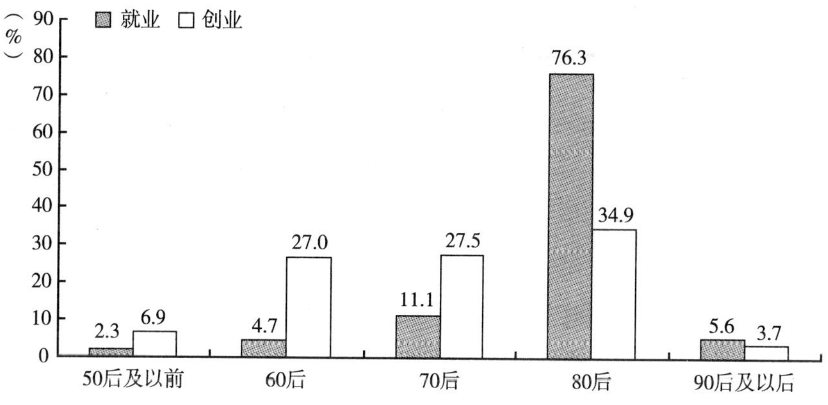

图 10　海归回国就业与创业的年龄结构分布

（二）长期居留较难

从身份状态情况来看，9.8% 的海归在国外拿到长期居留权，10.4% 的海归拿到永久居留权（绿卡），10.9% 的海归加入了外国国籍，32.0% 的海归属于其他情况，37.0% 的海归拿到短期居留权（见图 11）。这种情况表明，海归在国外拿到长期居留权、永久居留权（绿卡）和外国国籍是有难度的，大部分的海归只能在留学国家拿到短期居留权，这也从一个侧面反映了主要留学目的国的就业状况比较严峻，只对优秀的留学生敞开大门。

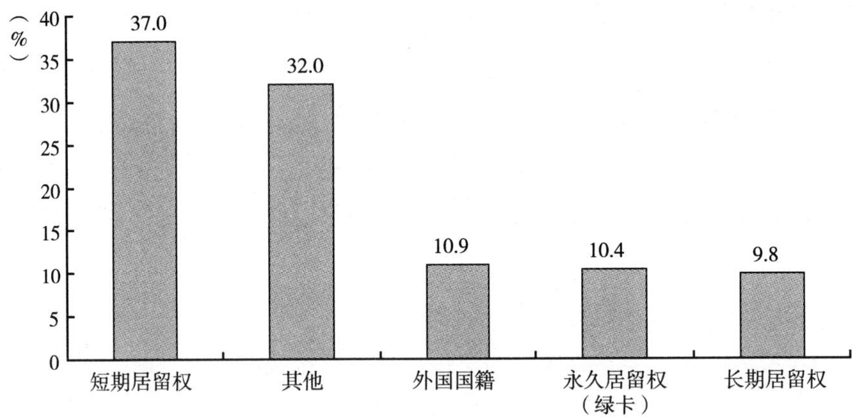

图 11　海归目前在国外的身份调查分析

（三）留学经费主要来自家庭，自费留学费用多在 2 万美元以上

海归出国学习费用来源主要是父母资助，占 64.7%，留学国政府或大学资助占 16.5%，自己或配偶积蓄占 10.9%，中国政府或大学资助占 4.6%，其他情况占 3.4%（见图 12）。

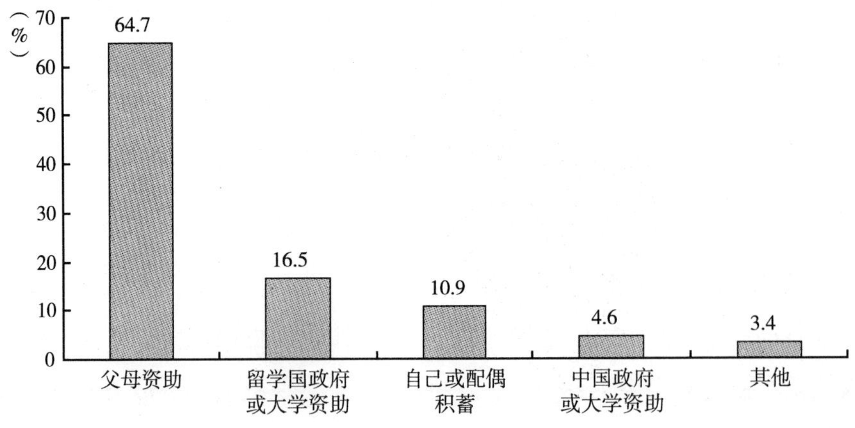

图 12　海归留学的费用来源

按照每年在留学当年在国外的平均费用统计分析，海归每年的平均费用集中在 2 万 ~4 万美元区间（大于等于 2 万美元、小于 4 万美元）的占调查样本

的40.2%；其次是1万~2万美元区间（大于等于1万美元、小于2万美元），占23.8%；4万~6万美元区间（大于等于4万美元、小于6万美元）的占12.1%；6万美元及以上的占8.7%；另有15.1%的人表示花费小于1万美元。进一步分析平均花费在1万美元及以下的样本，发现这部分海归基本上是获得学费减免的群体，与图12所示的有16.5%受到留学国政府或大学资助相吻合。

（四）在海外时曾与中国保持密切联系

在接受调查的海归当中，有亲戚朋友在政府部门工作的占28.9%，71.1%的海归没有亲戚朋友在政府部门工作，多数海归与政府并没有直接联系。根据调查，多数海归在海外时，曾与中国保持密切的商务往来，方式主要有：在海外工作或上学期间，同时在中国创办企业或进行风险投资（有27.0%的海归曾这样做）；在海外工作或上学期间，作为顾问为中国公司提供咨询服务（占31.9%）；帮助外国人到中国做生意（占14.4%）。

不只是商务交流，有不少海归在海外时还会与国内的同学、朋友和亲戚进行专业技术信息的交流。根据调查，有21.0%的海归在海外经常这样做，59.2%的海归偶尔这样做（见图13）。

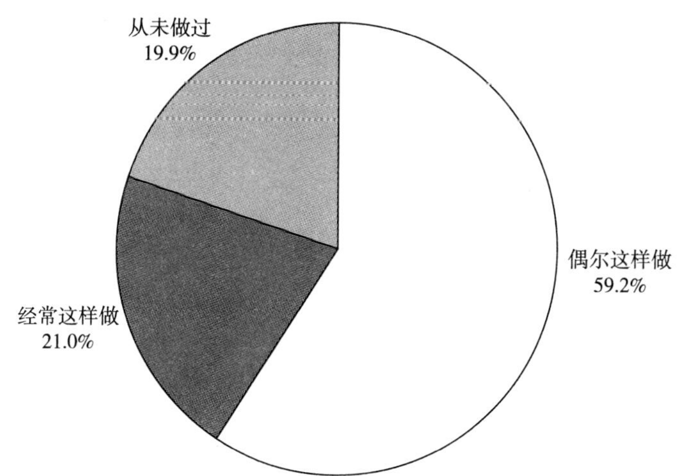

图13　海归在海外跟国内交流技术信息的情况

同时，有一小部分海归还通过介绍的形式，对促进两国的人才流动做出贡献。根据调查，海归在海外时，35.0%的人偶尔曾帮助两国人才跨境工作或创业，有7.2%的海归经常帮助人才跨境就业和工作，57.8%海归表示从未做过类似工作。

（五）回国发展地区分布相对集中

虽然近年来“逃离北上广”的媒体报道不断增多，但通过调查，相对于海归出生地，海归回国发展的地区分布明显呈现集中的趋势，即相当一部分海归没有回到家乡发展，而是选择了“北上广”或沿海省份。例如，仅有11.0%的海归出生在北京，而在北京创业的海归比例高达36.1%，在北京就业的比例高达41.6%。只有5.9%的海归出生于上海，而在上海创业和就业的海归比例分别为8.2%和14.2%。在广州创业和就业的比例分别为11.5%和4.6%，也明显高于出生比例1.1%。江苏作为吸引留学人员回国创业的先进省份，吸引了14.8%的海归在江苏创业，而在出生地调查中，只有6.1%的海归出生在江苏。

（六）职业发展政策和生活配套政策需求大

海归回国不仅注重事业发展，而且同样需要顾及家庭生活。根据调查，在已婚海归中，配偶跟随海归回国的比例为57.7%，另有7.7%的海归配偶未回国但计划短期内回国（见图14）。在有子女的海归中，子女跟随海归回国的比

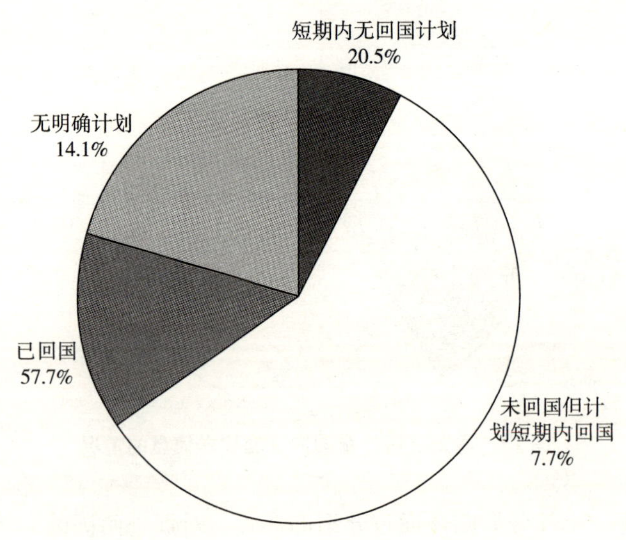

图14　已婚海归配偶回国情况

例高达59%。这说明海归回国时，举家回国的情况较多，从而会引发一系列的配偶和子女的居留、工作及上学问题。

Analysis of Overall Situation of Returnees as a Group

Abstract: According to the returnees in the questionnaire survey, this paper reviews the epochal features of current returnees and the constraints caused by government's policy measures. It also describes the traits of the returnees from the four perspectives: young age, employment-oriented, regional distribution and practical needs for their long-term development in China.

Key Words: Returnees; Reasons for Returning; Obstacles for Returning; Features of Returnees

B.3
海归就业情况分析

摘 要：

由于留学热高温不退，小留学生增多，在中国正在涌起的海归潮中，回国就业的留学人员越来越多。年轻的留学人员回国后的就业现状成为社会普遍关注的热点话题。本文通过调研分析发现，85%以上的留学生在半年内找到工作，六成以上的海归选择在北京、上海、广州、深圳工作。虽然半数以上的海归认为自己相对于国内毕业生在学识上有竞争优势，但多数海归人员的收入比预期低，近八成海归认为需要3年以上时间才能收回留学成本。相对于国内毕业生，海归对国内政策的了解不足，社会网络方面也处于弱势。

关键词：

海归就业　现状调研

一　海归就业现状调查

本次海归就业情况调查通过线上和线下两种途径进行，共回收有效问卷563份。其中，线上调查通过中国与全球化研究中心、欧美同学会海归人才数据库调查，回收有效问卷82份，通过智联招聘官方网站首页挂网调查，回收有效问卷430份；线下调查通过第15届广州留交会现场填写，收回有效问卷51份。在563份有效问卷当中，已经回国就业的样本308份，占总样本的54.7%；计划回国就业的样本255份，占总样本的45.3%。在海归就业调查样本中，男性250人，占总样本量的44.4%；女性313人，占55.6%。

从海归回国就业的年份来看，本次调研的对象多为2008年金融危机以后回国的海归。其中，2009年以后回国就业的海归占总样本量的86.3%，2000～

2008 年回国就业的海归占总样本量的 12.2%，20 世纪 90 年代回国就业的海归占总样本量的 1.5%。

二　海归的就业基本情况

（一）海归就业地区呈现集中态势

海归回国就业地区覆盖了 15 个省市，主要集中在北京、上海、广东、江苏、浙江、山东等发达省市，详见图 1。

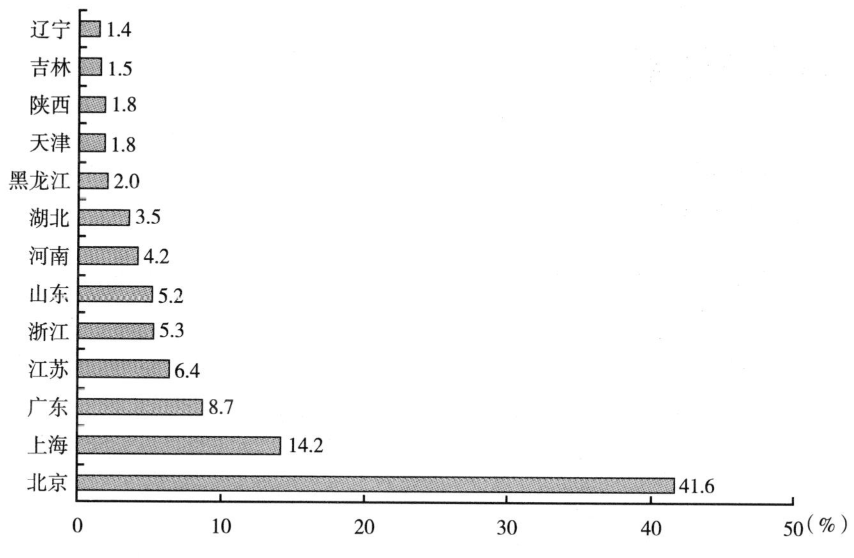

图 1　海归就业地区分布

（二）金融行业是海归就业的主要行业

海归就业多青睐于热门行业，如金融及相关服务业、教育科研、新一代电子信息技术和文化创意产业等。根据调查，海归就业的行业按人数比例从高到低依次是金融及相关服务业，教育、科研，新一代电子信息技术，生物工程或医药，文化创意产业，政府和公共事业，高端装备制造，新能源，新材料（见图 2）。

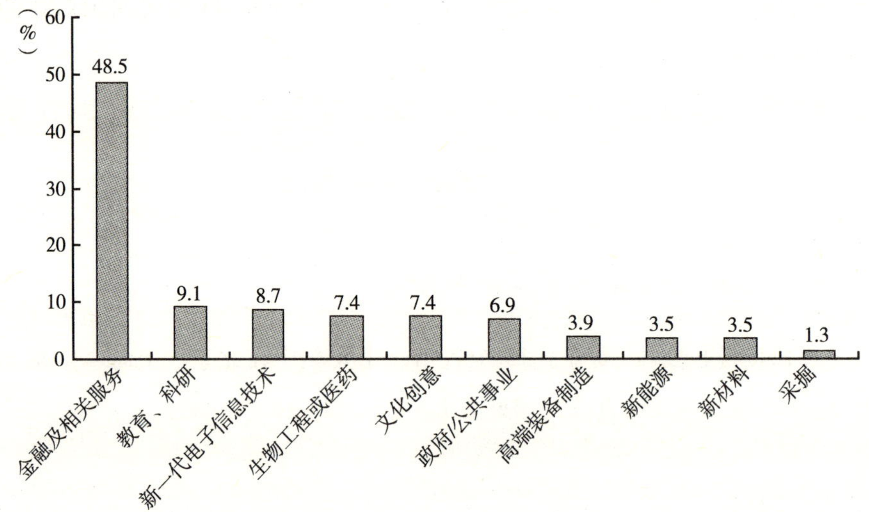

图2 海归就业的行业分布

金融行业的行业特点决定了其对海归的集聚程度。统计数据显示，在世界上的国际金融中心城市中，10%以上的人口从事金融业，而我国目前最大的金融城市上海却只有1%的比率。国际金融中心纽约拥有77万金融人才，香港则有33万金融人才，而上海只有10余万。按照目前上海1700万的人口规模计算，未来15年内，金融人才每年的需求增量应该在10万人左右。① 金融行业一直被认为是收入高、福利好的行业，被视为求职者眼中的黄金行业。金融业的国际化发展，必将带来金融人才的需求扩大。外资银行招纳我国高级金融人才已经成为其进行人才储备的一项重要战略。有关专家指出，国际金融企业中高端人才缺口有近万人，且将目标瞄准了国内银行、证券、基金、保险等领域的业务骨干。

（三）外资企业是海归的首选就业单位

调查分析表明，外资企业是海归回国就业的首选，超过1/4的海归选择进入外企就业。对海归而言，由于教育环境、国外的工作环境与外企的工作环境

---

① 《金融行业的发展前景　金融行业人才吃香》，猎聘网，2012年1月29日，http://article.lietou.com/20120129/63377.shtml。

更接近，所以他们更青睐管理制度更加完善的外企。据调查，薪酬、职业发展和福利已成为影响高端人才流动的前三大因素，外资企业的薪酬、职业发展空间和福利等三部分综合来说较高，这也是海归选择外资企业的原因。海归选择的其他就业单位依次为本土创业民营企业、事业单位、国有企业、海归创业民营企业和政府部门（见图3）。

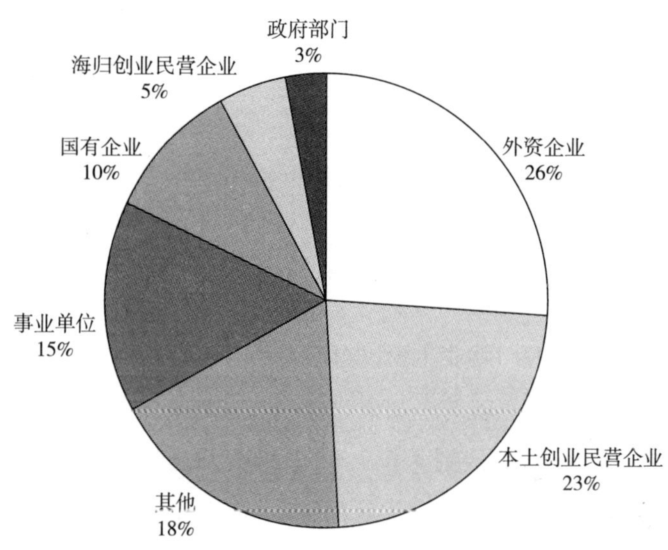

图3　海归回国就业单位性质分布

（四）海归多从事市场和研发工作，集中于基层岗位

海归从事的岗位以销售、市场类和研发类为主。其中，销售、市场类岗位占33.5%，研发类岗位占24.2%，从事行政工作的海归占17.7%，从事生产运营、人事管理和财务管理等职位的分别占7.1%、6.8%、6.4%。

另外，半数以上海归就业的职位以基层岗位为主，基层岗位占57.8%，中层岗位占27.4%，高层岗位仅占6.3%，另有8.5%的海归不清楚自己的岗位层级。由于大部分就业型海归出国留学前并没有相关工作经验，刚毕业的海归大多数要从最基本的工作做起，因此，基层和中层岗位占90%以上。对在海外没有工作经验的海归而言，由于缺乏经验，最重要的是调整心态，放低姿态，把心态归“零”。即使是在基层，但海归拥有外语优势和国际化视野，如果能够找到一个合适的发展平台，完全可以充分发挥自己的能力，从而创造价值。

虽然海归就业岗位以基层为主，但多数海归认为自己的岗位比较重要。根据调查，有 64.1% 的海归认为自己的岗位在组织中的地位重要，其中有 48.8% 的海归认为“重要”，有 15.3% 的海归认为“非常重要”；另外有 29.8% 的海归认为自己的岗位“不是很重要”，有 6% 认为“根本不重要”。

三　海归就业难问题

（一）海归就业途径：以自己应聘为主

根据调查结果，海归就业主要以自己应聘为主。63.5% 的海归通过自己应聘的方式找到工作，15.7% 的海归通过家人或亲戚朋友帮忙找到工作，5.7% 的海归通过中介组织帮忙找到工作，3.0% 的海归通过留交会平台找到工作，只有 0.8% 的海归通过政府部门找到工作；11.3% 海归是回到出国前所在单位，或者是通过其他渠道找到工作。

（二）86%的海归在半年内找到工作

86% 的海归能在 6 个月内找到工作，表明多数海归并没有变成“海带（待）”或“海参（剩）”，海归就业难问题并不突出。海归回国后 3 个月内找到工作的占 65.3%，在回国后 3～6 个月内找到工作的占 21.0%，在回国后 6～12 个月找到工作的占 8.2%，1 年以上才找到工作的占 5.5%（见图 4）。结合海归在国外所学的专业以及国内就业热门专业来看，海归所学专业主要以金融、经济、管理、工程学等为主，而这些专业在国内是比较热门的专业，用人需求量大，就业难度较低。另外，虽然近年来海归的优势在递减，但语言仍然是某些岗位，尤其是涉外岗位的重点要求，海归的双元文化在国际化程度较高的外企等单位还具有优势。

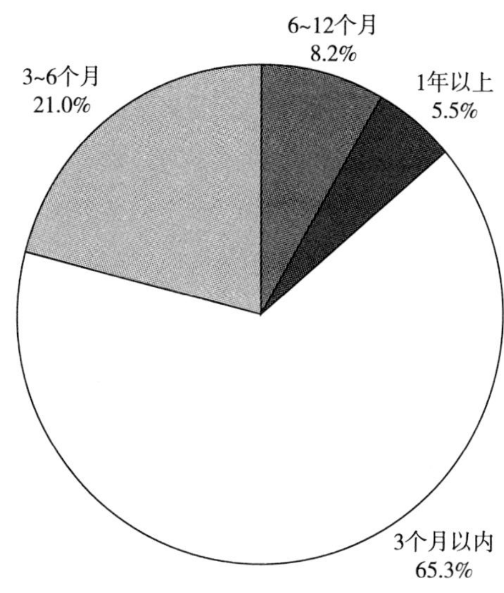

图 4　海归回国找工作时间统计分析

（三）近八成海归就业薪资水平比预想的低

调查发现，77.5%的海归薪资水平比预想的低。其中，薪资比预想的低一些的占总样本量的39.0%，低很多的占总样本量的38.5%，差不多的占20.7%，高很多和高一些的都只占0.9%。分析原因，可能主要有以下两点：第一，国内用人单位更加注重海归的实际工作能力和工作经验，更理性、有选择性地引进海外人才，看中的是正当其用，而不是海归光环；第二，目前留学人员大众化、低龄化已成为明显趋势，在就业海归群体中，个体能力参差不齐，尤其是一些在国外读大学，甚至是读中学的“海归”，他们既不了解国内各方面的发展情况，又没有国外的工作经验，回国后薪酬比预想的低也属正常。

根据智联招聘2013年的调查，在接受调研的“海归”中，36.5%的海归回国后第一份工作起薪不足4万元/年，67.2%的起薪不足6万元/年；而且近七成的企业人力资源经理表示，对“海归”人士与国内求职者一视同仁、平等对待，仅有不到三成的企业人力资源经理表示会优先对待海归（见图5）。不过，企业人力资源经理们也表示，随着工作经验的累积，海归薪酬将呈现出非常大的差距。

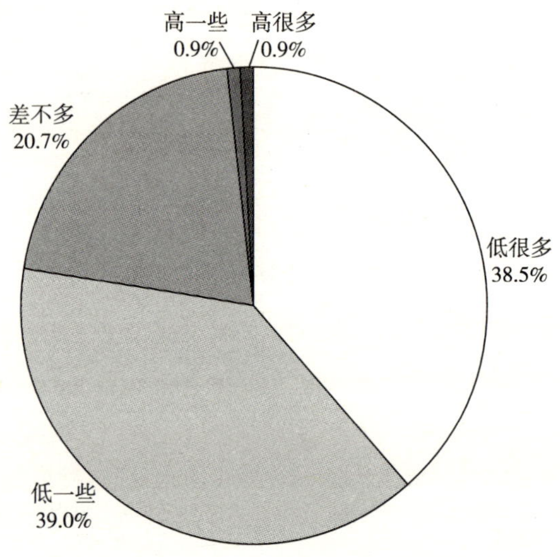

图5 就业海归的目前的薪资与预想中的薪资相比状况分析

（四）海归就业难原因分析

总体而言，海归回国就业的主要问题表现在以下几个方面。

1. 所学知识与实际应用脱节，缺少实践经验

第一，书本教育与实际应用脱节，是世界各国高等教育普遍面临的问题。大部分应届毕业生只掌握一定理论知识，缺乏实际操作和应用的技能，导致用人单位更倾向于招收有实际工作经验的社会人员，普遍排斥应届生。根据调查，只有15.8%的海归在工作后会经常用到上学时所学的知识，22.3%的海归认为比较常用，分别有28.8%和33.0%的海归很少用或只是偶尔用。

第二，缺乏工作经验及买方市场的形成是海归就业难的重要原因。根据调查，就业型海归在回国就业前缺乏工作经验，有61%的海归没有任何工作经验。许多企业不愿意支付培训成本，希望寻找可以直接上手工作的应聘者。美国的全美高校和雇主协会（NACE）指出，20%以上的毕业生认为，缺乏相关经验是自己找工作的最大障碍。从1999年起，我国连续扩大招生规模，毕业生数量呈跳跃式增长，而社会上的人才需求增长则是缓慢或与往年持平。目前，一方面国内就业人数明显增加，另一方面企业用人需求萎缩明显，给学生

就业客观上带来了很大的影响。在这种买方市场的形势下，许多用人单位有较大的挑选人才的余地，自然更愿意聘用有工作经验的人才。由于急功近利的用人观念的影响，用人单位在人才招聘时往往表现出“现得利”、拿来就用的短视行为，更喜欢招收有经验的人才，而很少从企业的长远发展考虑引进高层次的大学毕业生。此外，企业招聘也很注意实习认定，国内学生通过学籍档案，可以看到实习的情况，但是大部分从国外回来的学生都没有实习认定，一定程度上影响了用人单位的选择。西门子（中国）有限公司人力资源部人才招募经理程大松表示，他也接触过一些留学生，由于在国外只读了 1 年研究生，接触的同学都是中国人，其实英文水平并不高，这也给他们的招聘带来困扰。①

第三，留学生在选择国外专业时，往往根据国内专业需求和专业热门程度做出判断。专业过于集中导致人才供给大于需求的状况产生，进而导致跨专业就业现象普遍出现，无形中削弱了海归的就业竞争力，降低了其就业质量。现在，留学生选择国外专业过于集中。根据教育部留学服务中心发布的《2012 年度万名留学人员回国就业报告》，海归人员的主要学科为经济学、管理学、理学和工学，这 4 个学科留学回国人数占总回国人数的 77.8%。海归在本专业内难以找到合适工作，“跨专业”就业成了一种普遍现象。由于缺乏专业知识，海归不得不去竞争缺乏专业技能和知识的岗位。②

2. 国内就业信息渠道不畅，对国内扶持政策不甚了解

对国内就业信息的不了解是海归回国就业的另一障碍。西门子（中国）有限公司人力资源部人才招募经理程大松表示，企业每年都会招聘很多海外留学归来的毕业生，在实际招聘中，遇到的首要问题是招聘的时间节点上双方的对称性较差。他表示，海外留学生通常在每年 4 月、5 月毕业，这与国内毕业生的毕业时间不同，企业在什么时候发布招聘信息，并让海归们获知，对双方都不太容易。以前他们主要通过自己的网站或者在部分求职网站发布信息，对毕业生来说，获得信息的渠道并不畅通。③

---

① 《海归增多就业冷热不均》，《京华时报》2013 年 4 月 2 日。

② 同上。

③ 同上。

多数小海归不仅在了解国内就业信息上不占优势，对国内海外人才政策更是少有耳闻。目前，在我国的人才计划中，有相当一部分政策是针对具备科研实力的就业型海归和创业型海归。而根据调查，就业型海归对相关计划均呈现出“不了解”人数居多的结果（见图6）。

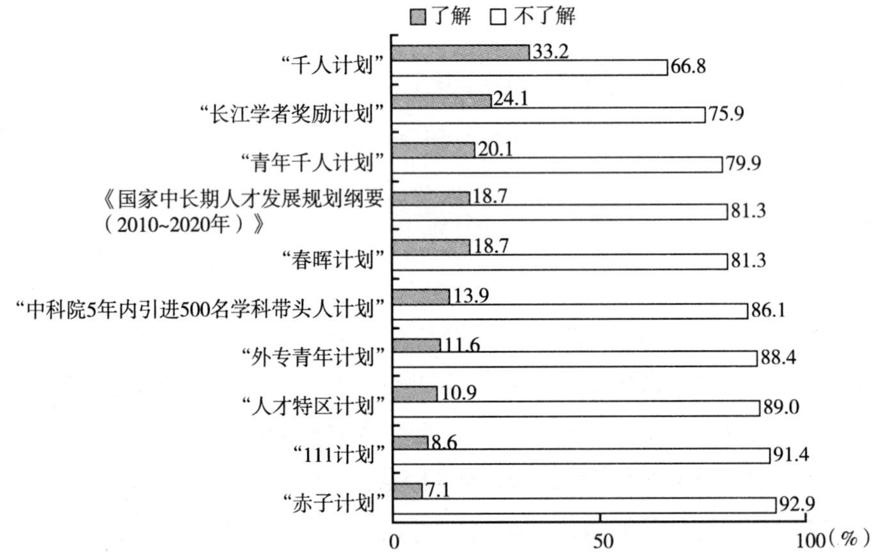

图6 海归对国内人才计划的了解程度

3. 社会网络与国内毕业生相比较差

社会网络是就业的重要途径之一。社会网络帮助就业的形式包括帮助毕业生了解就业信息、引荐或推荐毕业生就业等。海归在留学期间，缺失了国内社会网络的拓展，回国后就业，也不能很快地拓展社会网络，导致就业时利用社会网络寻找工作机会的概率降低。据调查，有59.0%的海归认为自己的社会网络比国内毕业生差，23.1%的海归认为自己的社会网络比国内毕业生“差很多”，只有27.1%的海归认为自己的社会网络比国内毕业生好（见图7）。

4. 半数以上的海归表示一直难以融入国内环境

对海归回国后对国内环境的融入程度分析表明，半数以上的海归回国后难以融入国内环境。这种融入过程的长短可能直接影响海归寻找工作的时间长短。即使顺利就业，融入问题也会影响海归在工作岗位上能力的发挥，降低就业质

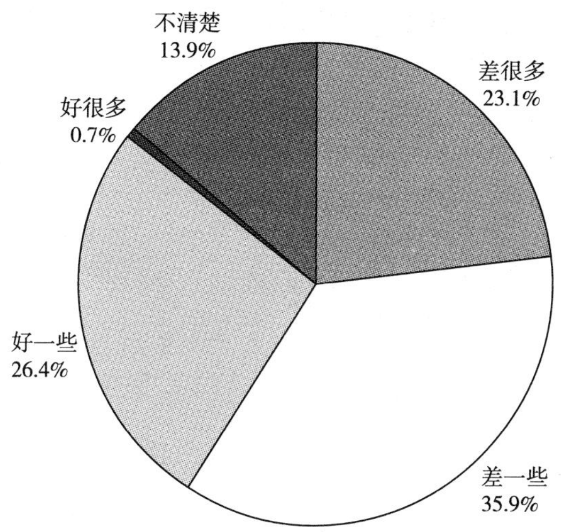

图 7　海归的社会网络与国内毕业生比较

量。据调查，53.8%的海归回国后一直很难融入国内环境，19.5%的海归表示渐渐融入国内环境；只有26.7%的海归表示一直能够很好地融入国内环境。这与目前低龄化留学也有较大关系，大约15%的就业型海归是在国外就读本科学位，中学时便出国，在国外学习的时间较长，因此再融入国内环境会出现一定的困难。

四　就业型海归留学效益分析

（一）70%以上的就业型海归认为留学可获得较高学识水平

从自身学识水平的认知程度来看，70%以上的海归认为自身的学识水平高于同行人士，单从这一方面来说，出国留学的价值得以体现。其中，认为自身学识水平比同行高一些的占56.8%，高很多的占14.3%；低一些的占5.9%，低很多的占0.7%，另有22.3%的海归表示不清楚自己与同行学识水平的差别。我国留学生多分布于世界发达国家，其高等教育具有灵活性、实用性的特点，并且注重学生创造力、跨学科交流和创新思维的培养，如果留学生可以很好地接纳和融入发达国家的教学模式，确实会在诸多方面有所提高，在学识水平上可能比在国内接受教育更胜一筹。

（二）就业型海归收回留学成本时间较长

根据调查，对回国就业的海归而言，近一半（48.8%）需要花5年时间或者更长的时间收回留学成本；11.1%的海归认为需要花费4年时间收回留学成本；17.5%的海归认为需要花费3年时间收回成本；11.5%的海归认为需要花费2年时间收回成本；只有11.1%的海归认为1年即可收回成本（见图8）。海归收回留学成本的时间长短与海归就业的时间、就业的单位性质、海归所在的岗位层级有直接联系。在参与调查的海归中，岗位主要以基层和中层为主，起薪较低，导致海归要花很长时间去收回成本。

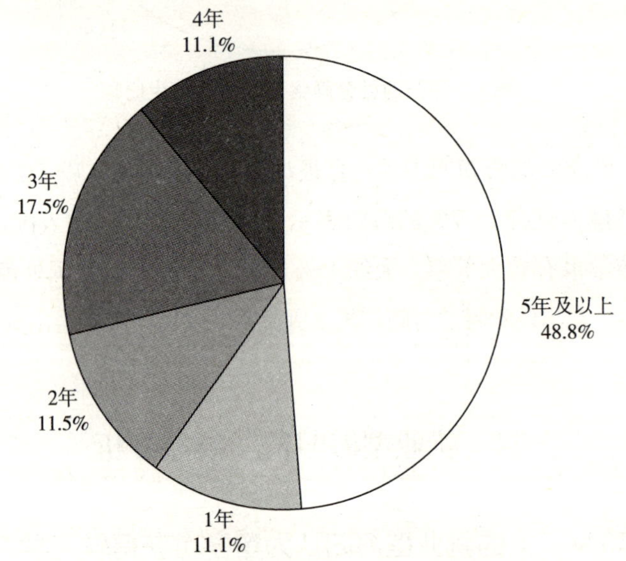

图8　海归收回留学成本的时间长短分析

（三）半数就业型海归认为出国留学划算

当然，出国留学的效益不能只用金钱成本来衡量。虽然回国就业的海归认为收回留学成本的时间较长，但在留学过程中提高了学识水平、语言能力，了解了跨国文化，开阔了国际视野，提高了综合素质，这些优势是国内毕业生所无法比拟的。调查结果也显示，回国就业的海归中有半数以上认为留学是划算的，其中，21.1%的海归认为出国留学“很划算”；35.4%的海归认为“划算”；

21.1%的海归认为留学“有些不划算”；13.0%的海归认为“很不划算”；另有9.4%的海归“不清楚”（见图9）。从长远来看，海归如果可以在留学的隐性收益基础上继续在岗位上提高自身能力，将可以使留学的效益最大化。

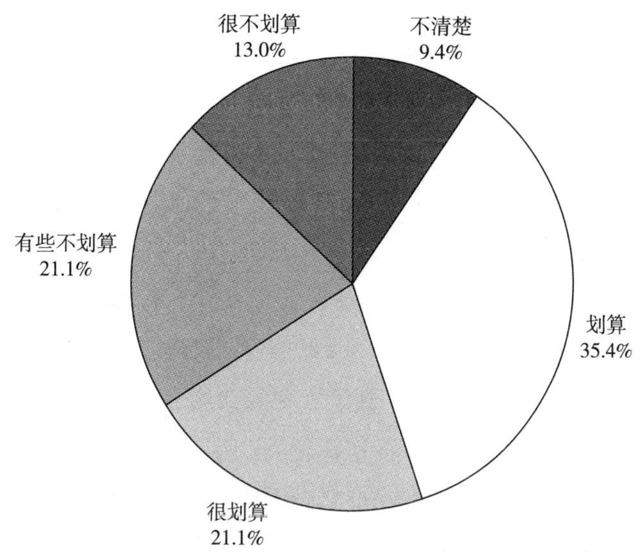

图9　海归留学划算程度分析

五　海归就业发展的趋势

（一）国际形势严峻，海归就业人数将持续增加

根据目前留学人数增长态势，结合国内外就业环境分析，海归就业人数将持续，甚至迅猛增加。首先，出国留学人数预计会快速增长，回国人数随之快速增加。中国与全球化研究中心《中国留学发展报告（2012）No.1》预测，2017年海外留学生回国人数将增长到66.6万人次，累计回国人数将达到332.55万人次。这其中大多数将是就业型海归。其次，发达国家就业形势严峻，不少留学生在国外找不到合适的工作，只好回国。国际货币基金组织首席经济学家奥利维耶·布朗夏尔在与该组织几位经济学家合写的一篇文章中指出，全球各发达国家的平均失业率超过8%，年轻人的失业率更高，1/3的年

轻人失业时间超过6个月，发达国家面临的高失业难题主要是经济需求疲弱造成的。而根据世界银行的经济展望报告，发达国家经济复苏会依然乏力。对目前“大众化”而非“精英化”的留学生而言，其就业机会则主要由市场控制，在一个缺少机会的就业环境下，很多海归无法坚持海外的梦想而回国。

不难看到，虽然不少发达国家纷纷出台放宽对留学生工作和移民的政策，但是，这些政策多数针对精英学生和理工科等急需专业的学生，不少国家仅仅将中国留学生作为拉动教育产业的“取款机”，不讲求学生质量，盲目扩招。对于不能继续为本国创造就业机会和消费的“普通”学生，一旦毕业，便失去继续拉动经济增长的作用，留学所在国对他们的工作和移民依然会保持很高的门槛。如美国2013年4月通过的移民改革法案，将临时工作签证每年申请数量从6.5万提高到11万，但H－1B签证大多数是针对硕士以上学历的STEM专业（科学、技术、工程、数学）的留学生，且需要找到愿意提供申请机会的雇主。这对庞大的、以经济和管理类专业为主的中国海外留学生以及日渐增长的本科毕业留学生来说，并没有赶上这次移民改革的好机会。

近几年，世界其他发达国家甚至收紧留学生工作签证发放，致使很多中国留学生难以留在留学国家，如原本中国留英学生毕业后，可凭PSW签证在英国居留2年，以便在当地就业。2012年4月6日，英国政府取消了这一PSW签证，并且规定只有年薪达到20000英镑才可能拿到工作签证，这相当于剥夺了大部分中国留学生留在当地就业的机会，也间接地促成了中国留学生回国就业的大潮，当然，也在一定程度上加大了海归回国就业的竞争压力。根据调查，在就业型海归中，从英国回来的海归接近全部就业型海归的25%，也体现了英国收紧工作签证政策后对中国留学生的影响。

（二）海归就业将呈现年轻化趋势

随着留学低龄化趋势的明显加强，未来加入就业大军的海归也将呈现明显的年轻化趋势。2007年10月至2008年6月，大约有7000名内地考生到香港参加SAT考试；2008年10月到2009年6月，这个数字翻了一番，达到1.5万余人；2009年10月到2010年6月，相关人数已达2.8万余人。2011年10月开始，香港将能够容纳1万人的亚洲会展中心作为SAT考场，此后

几乎场场爆满。2012 年的统计虽然还没有出来，但最保守的估算也至少有 6 万人。

根据中国与全球化研究中心 2012 年底针对北京地区部分青少年留学的调查，在接受调查的 500 位中学生中，有出国留学意向的占 71%。这说明到国外接受高等教育已经成为大趋势。而根据中国与全球化研究中心对正在国外接受本科教育的青少年留学生所做的调查，有 60% 的青少年留学生打算毕业后暂时在国外发展，择机回国发展；另有 13% 的学生会选择毕业后立即回国发展；只有部分留学生（14%）决定毕业后定居国外，还有 13% 的学生尚无毕业后的打算。这份调查也说明，出国留学已成为很多中学生的备选方案，也预示着回国的留学生越来越年轻。

（三）就业地区出现广分散态势

虽然海归在一线城市集聚效应仍然明显，但开始呈现广分散态势。根据调查，打算回国就业的海归选择北京的比例仅为 25.4%，比已回国海归选择北京的比例（41.6%）下降了 16.2 个百分点。虽然选择北京、上海、广东三个地区的海归比例依然达到 61.3%，但从地区分布上看，甘肃、江西、山西和西藏等中西部省份也成为计划回国的留学生理想工作之地，海归计划回国就业的地区总数达到 21 个，比已回国调查中的 15 个地区多出 6 个。天津具有地处京津冀都市圈的独特区位优势，成了海归计划就业的第三大地区，有 6.3% 的海归计划在天津就业。

此外，根据调查，在海归最理想的就业城市中，北京依然是海归就业的第一大理想城市，有 29.1% 的海归将北京视为就业理想城市。值得关注的是，大连成为海归最理想的第二大就业城市，有 16.8% 的海归计划到大连工作，比上海（9.4%）、深圳（7.0%）和广州（5.3%）要高（见图 10）。海归中意大连的一个重要原因是环境因素。2013 年，中国几大城市出现雾霾天气，尤其是长三角、珠三角和京津冀鲁地区等区域，大气污染程度十分严重，北京、广州、上海和深圳等地先后出现雾霾天气。而与此相比，一向以“北方明珠”著称的大连，生态环境更好一些。可见，在日益严峻的环境挑战面前，生态宜居也逐渐成为吸引海归集聚的重要因素。

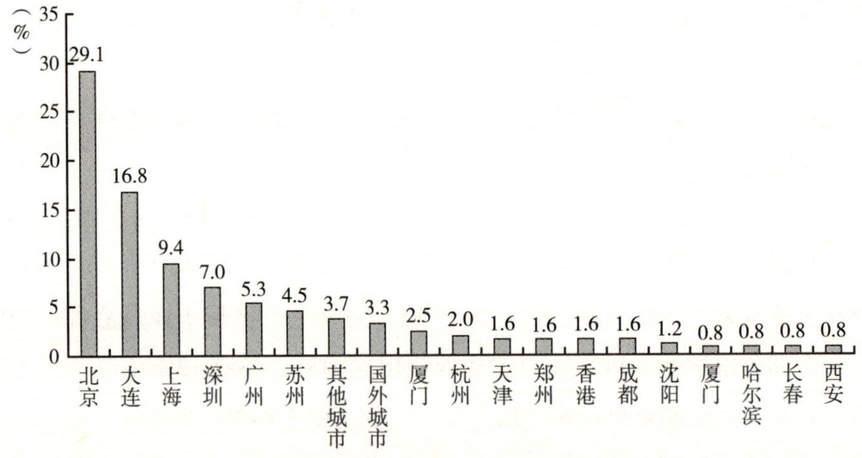

图 10　海归最理想的就业城市分布

（四）更多海归将进入政府、公共事业就业

根据对打算回国就业的海归调研，海归就业行业主要分布在金融及相关服务业，但政府、公共事业和文化创意产业比例明显升高。选择金融及相关服务业的海归最多，占 28.2%；选择政府、公共事业的占 19.4%，选择文化创意产业的占 18.1%，分别比已回国海归高出 12.5 个百分点和 9.7 个百分点（见图 11）。海归在政府、公共事业就业所占的比重展现了海归在政府管理和公共事业管理方面的重要性，同时也体现了近年来随着就业压力加大，海归寻求稳定工作的心理。

随着国务院《文化产业振兴规划》的出台，以及文化部加强资源整合力度、促进文化科技创新六大举措的推出，中国的文化创意产业正迎来一个黄金发展时期。目前，我国各地文化创意产业方兴未艾，其中不乏成功海归的身影，如北京澳际教育咨询有限公司总裁李平；环球瑞都国际文化传播机构总经理罗欢等。他们的成功案例带动了一批海归团队回国加入文化创意产业。就业海归能将国外的创造理念带回中国，更好地弘扬中国文化，促进中国文化寻求世界突围，提高中国话语权。

（五）海归就业难问题将逐渐凸显

不仅国外的海归存在就业难，而且回国海归的就业难现象也十分凸显。

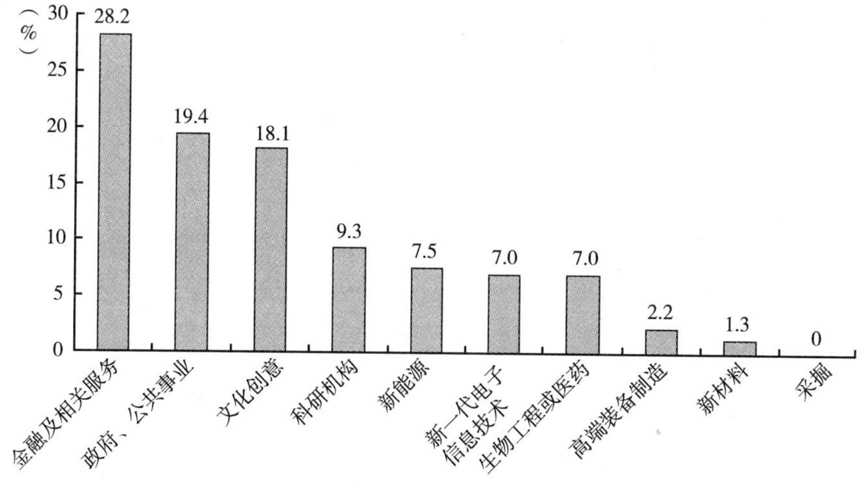

图 11　海归最理想的行业分布

2013 年，中国大学毕业生人数达到了破纪录的 699 万人，而相应的就业岗位减少了 15%。在国内整体就业形势严峻的背景下，海归的就业难问题也将逐渐显现。近年来，关于海归光环的讨论一直在继续，而海归就业不再具有优势的报道也见诸报端。从某种程度上来说，随着出国留学生的多层次化，不少“低质量”的海归虽然获得了国外学校的文凭，但究其综合素质来说，就业竞争力依然与国内的“土鳖”无异，甚至不如国内名校毕业的学生熟悉本国国情、了解就业市场。不少用人单位也逐渐趋于理性。可以预见，国内教育与用人市场的脱节问题不解决，纵使有海归的光环，也无法抵抗就业形势的寒流，海归的就业难问题将逐渐显现出来。

Analysis of the Situation of Returnees Seeking Employment

Abstract: With the boom of study abroad and the increasing of young oversea students, more and more graduates from foreign universities joined the group of backing home, and wanted to get a satisfying job in china. The employment status of young oversea students has attracted public attention in recent years. Based on the questionnaire survey and data analysis, this paper gets the following conclusions: more than 85% of oversea students can get a job in the six months; more than 60% of returnees will choose to work in Beijing, Shanghai and Guangzhou. Although more than half of returnees thought they had academic advantage compared with graduates from domestic universities, their salaries were lower than expected; nearly 80% of returnees reported that it will take more than three years to recover their expenses of study abroad; the disadvantage of returnees are unfamiliar with government's talents policies and poor social network.

Key Words: Returnees' Employment; Questionnaire Survey

B.4
海归创业调查现状

摘　要：

随着各地政府吸引海外人才政策的频繁出台，中国日益成为吸引海外人才回国创业的沃土。调研发现，14.8%的海归选择在江苏创业，海归创业地由“北上广”转移到沿海二线城市。海归创业主要以中小企业为主，五成以上的海归拥有个人专利，六成以上的海归从国外带回了技术和商业模式。海归对创业地营商环境的评价主要为贷款难、用工难等，但这并不影响海归创业的激情。

关键词：

海归创业　现状调研

一　海归创业样本情况

本文涉及的现状调查通过线上和线下两种途径进行，其中，线上调查通过中国与全球化研究中心、欧美同学会海归人才数据库调查，收集问卷96份；通过智联招聘官方首页挂网调查，收集问卷103份。线下调查通过第15届广州留交会现场填写，收回有效问卷24份；通过2012年全国留学人员回国创业高级研修班，收集有效问卷44份。总共收集回国创业留学人员样本267份。其中，已经回国创业的样本156份，占总样本量的58.4%；计划回国创业的样本111份，占总样本量的41.6%。在调查的样本中，男性196人，占总样本量的73.4%；女性71人，占26.6%。

进入21世纪，尤其是2005年国务院公布《关于鼓励支持和引导个体私营等非公有制经济发展的若干意见》以后，中国民营经济发展环境发生了明显改善，市场经济发展明显提速。2008年以后，受金融危机的影响，部分在北美、欧洲发展的中国留学生纷纷持技术回国创新创业。在本次调查中，有84%的创业海归是2005年以后回国创业的，有14%是2000~2005年回国创业的，只有2%是20世纪90年代回国创业的。

二　海归创业分布情况

（一）七成海归在北京、江苏、广州、上海开创自己的事业

如图1所示，70.6%的海归选择在北京、江苏、广州、上海落地创业。北京是海归创业最集中的地区，36.1%的海归选择在北京创业；其次为江苏，14.8%的海归选择在此开创自己的事业；在广州创业的海归略多于上海，有11.5%的海归选择在广州创业；8.2%的海归选择在上海创业。海归创业总体仍呈现出广分布的态势，分别有4.9%的海归选择在辽宁、山东、湖北创业，江西、四川也各吸引了3.3%的海归创业，浙江、湖南、重庆、海南以及广东（不含广州），也分别有1.6%的海归创业者集聚。

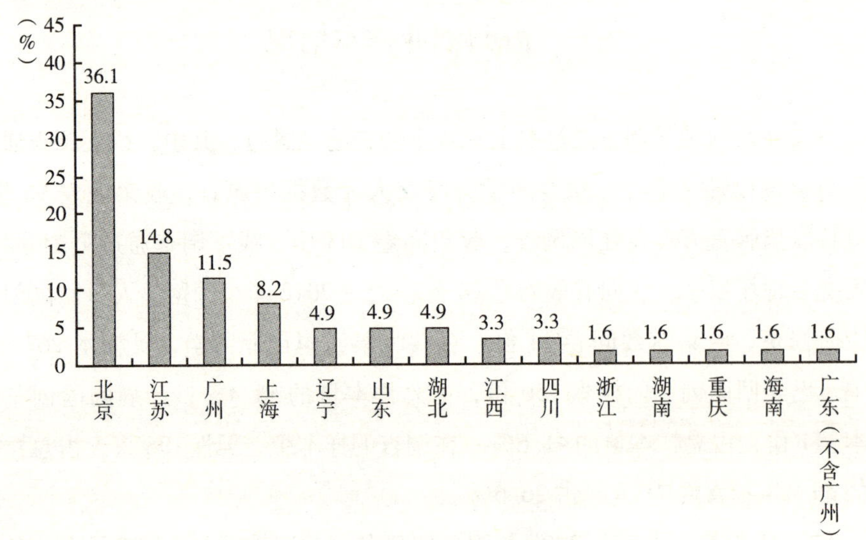

图1　海归回国创业地分布

（二）高新技术密集型行业是创业的主要行业，文化创意产业异军突起

海归回国创业的行业依然集中于高新技术密集型行业。如图2所示，新一代电子信息技术、新生物医药是分布最多的两个行业，这两个行业的海归创业者占了总样本量的51.6%；新能源行业、新材料行业分别占了9.6%、6.3%。

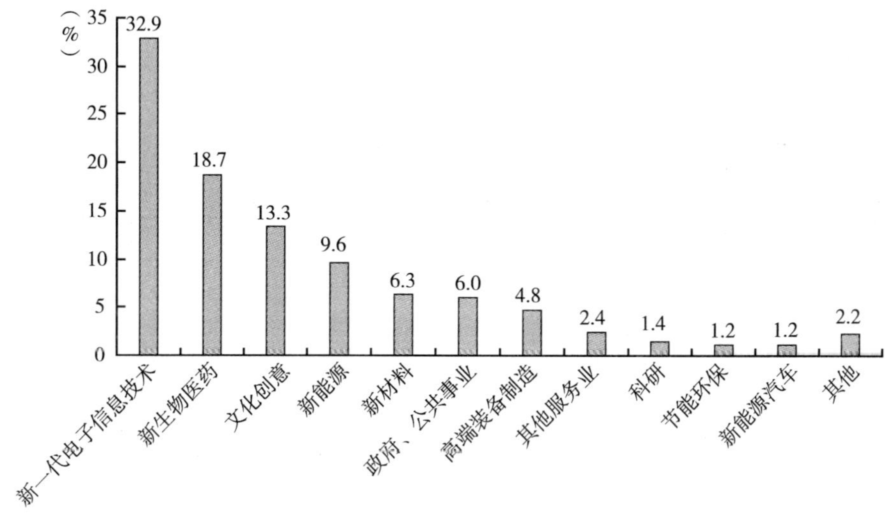

图2　海归创业行业分布

在本次调研中，文化创意产业成了海归创业的重要行业之一，有13.3%的海归创业者在这一领域开创了自己的事业。十七届六中全会审议通过了《中共中央关于深化文化体制改革推动社会主义文化大发展大繁荣若干重大问题的决定》，明确将文化产业提升到“国民经济支柱性产业”的高度，地方政府迅速响应。截至2011年11月，全国工业投资超过1000亿元的城市都有了自己的文化产业园。如中部经济重镇武汉市的7个中心城区中，6个区已明确各自的文化创意园区，建成和规划在建的已达几十个。[①] 文化产业战略地位提升的信息迅速传递到海外，海外精英也纷纷在该产业上寻求创业机会。

① 王海平：《地方文化产业园跃进调查》，《21世纪经济报道》2011年11月5日。

三　海归创业要素获取情况

（一）个人资本和民间资本是海归创业资金的主要来源渠道

海归创业的资金主要来源于个人资本和民间资本，两者占创业总资本的比例达到66.66%，其中个人资本占46.06%，民间资本占20.6%。另外，亲友借款、政府资金入股和扶持补贴也是创业资金的主要来源，来自金融市场的支持占比较小，仅为4.9%（见表1）。

表1　海归回国创业资金来源及比例

单位：%

来源		各项比例	总比例
个人	个人存款	45.45	46.06
	知识产权	0.61	
民间资本	国内企业入股	7.88	20.60
	国外企业入股	2.42	
	国内风险投资	7.88	
	国外风险投资	2.42	
亲友	亲友借款	14.55	14.55
政府	政府资金入股	8.48	9.69
	政府扶持补贴	1.21	
金融市场	银行贷款	4.85	4.85
其　他	—	—	4.24
合　计	—	—	100

虽然很多海归在国外掌握了先进的技术和商业模式，但是通过知识产权入股进行创业的现象还不多，这与我国对知识产权的保护力度不够等诸多因素有关。在个人资本来源中，海归知识产权充当资金的比例依然很低，仅为0.61%，个人存款占资金的45.45%，依然是各种来源中比例最高的。

民间资本在海归创业中的重要性逐渐增加，已经成为海归创业资金的重要来源之一。在本次调查中，约1/5的海归创业资本来自民间资本。随着我国各地吸引海归创业政策的不断完善，不少地方政府为解决融资难问题，推行政府

带动社会的融资模式，推动民间资本进入海归创业企业。在这个过程中，政府资金更多的是扮演引导民间投资的角色。浙江将民间资本充裕的优势和海归创业相结合，正在探索“人才+资本+民企”模式，促进民间资本到海归企业中参股，解决海归创业启动融资难的问题。浙江杭州未来科技城内，截至2012年9月，已落户的114家海归创业企业中，有52个项目获得本土民营企业的直接投资，38个项目获得由民营资本参与的各类股权投资机构注资。[①]

（二）海外关系是海归创业的主要人力资源来源

海外关系对海归创业有着十分重要的影响。有41.6%的海归认为海外关系对创业有重要影响，有21.8%的海归认为海外关系对回国创业非常重要，另有26.7%的海归认为海外关系不是很重要，只有9.9%的海归认为海外关系一点也不重要。这种重要性多体现在海外人力资源获取方面。由于海归具有国内国外双重人脉网络，因此其在人力资源获取，尤其是核心创业团队的人才资源获取方面，具有双重优势。

1. 团队以本土人才为主，核心团队海归比例高

海归创业仍以本土员工为主。如图3所示，在海归创业企业中，海归员工比例低于30%的占69.2%，其中36.4%的海归创业企业中海归员工的比例不足10%；15.0%的海归创业企业中海归员工的比例为10%～20%，17.8%的海归创业企业中海归员工的比例为20%～30%。

海归创业企业中海归和本土员工可形成优势互补关系。海归在国外积累的知识和经验以及对中西文化的了解，有助于把海外的先进运营管理经验带入企业；但是由于海归长期在国外，缺失了国内的人脉资源，在海归创业企业中，本土员工比例大于海归员工的情况应该是比较好的组合，本土员工对国内的工作方式以及企业的运营有很好的了解，可补足海归团队在政策、环境不了解等方面的缺陷。

在海归创业企业中，核心管理团队中海归比例较高。有70%以上的海归创业企业有半数以上的核心成员是海归。在被调查的海归企业的核心创业团队

---

① 李晔：《民间资本助力创业　浙江海归新办企业150余家》，《解放日报》2012年9月7日。

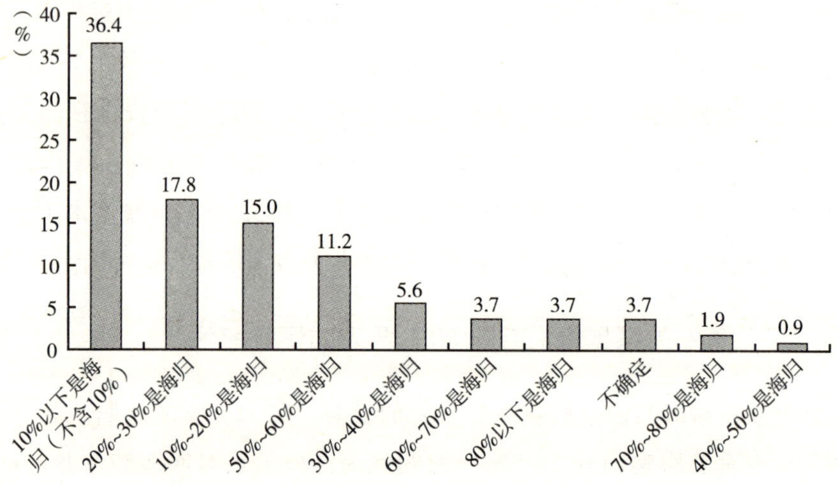

图3　海归创业企业中海归与非海归员工的构成比例

中，有37.2%的企业核心团队八成以上是海归；35.5%的企业核心团队中50%～80%是海归；14.0%的海归创业企业核心团队中30%～50%是海归；只有13.1%的海归创业企业核心团队中海归比例不足30%。

在核心成员中，海归主要担任董事长、总经理以及技术总监等职位，市场、运营相关职位主要是本土员工。在本次调查中，海归创业企业的董事长一职由海归担任的比例达到89.4%，总经理职位由海归担任的达75.3%，研发总监由海归担任的达73.0%；而销售/市场总监、生产/运营总监、财务总监和人事总监均以本土员工为主（见图4）。造成这一现象的原因包括：第一，董事长或总经理一职多为创立者亲自担任，而企业创立者本身就为海归，且海归创立企业规模一般较小，经常存在董事长兼任总经理一职的情况；第二，海归成员创立企业，多为高新技术密集型企业，创立者及其合作伙伴多为在海外就掌握了企业核心技术的专家，因此企业创立后，这部分技术型海归就集中于研发部门；第三，考虑到各岗位的职能设计，销售/市场总监需要了解本土市场，善于与本土企业和其他机构打交道，海归多因常年在外，不熟悉国内文化沟通的技巧，或缺少国内社会关系网络，因此这一职位的海归人员比例最低；而财务总监、人事总监岗位聘用本土员工的成本相对较低，此类岗位多为本土员工。

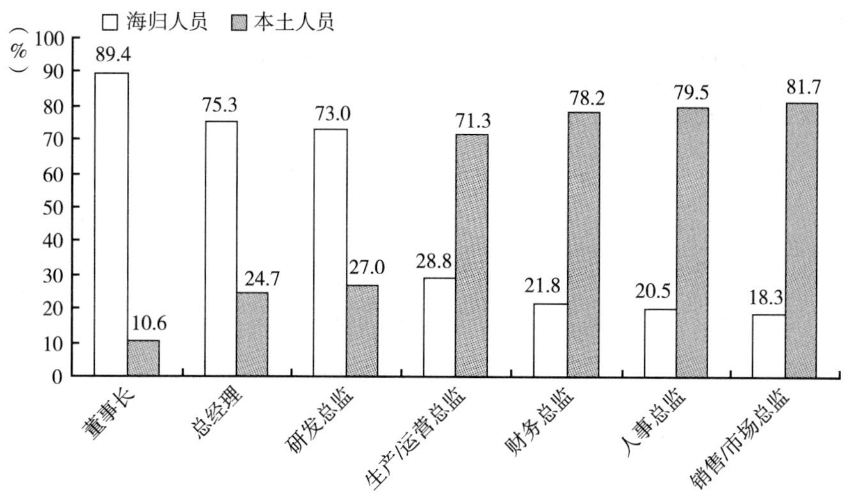

图 4　海归创业企业中高管团队的人员构成

2. 创业伙伴多为海外结识

海外结识创业伙伴是海归创业的一大特征。不少海归的团队成员是其在国外读书时候认识的华人同学、朋友，由于专业背景相似、兴趣领域相同，结伴回国创业的情况十分常见。从认识海归成员的时间上看，多数海归创业者是在出国后以及回国后认识海归成员的，这两部分各占 49.3%、33.1%，在出国前认识海归成员的占样本量的 14.7%。可见，海归创业团队中的其他海归成员主要是在通过海归自身在国外的社交网络结识的。

3. 海归交流平台是形成创业团队的重要场所

据调查，有 43.9% 的海归创业者是通过中国留学人员广州科技交流会（简称“留交会”）等海归交流平台认识创业团队中的海归成员的。可见，留交会这样的交流平台对创业者的人力资源获取起到了重要的帮助作用。始于 1998 年的留交会是中国规模最大、层次最高、最具影响力的海外人才项目交流平台。留交会 14 年来共举办 15 届，近 3 万名留学人员（其中获海外博士学位者超过半数）携 15000 多个项目参加过大会，共有 5000 多个参会项目在全国各地成功落户。[①] 留交会这样的人才交流平台，可以极大地促进留学回国人

① 中国留学人员广州科技交流会网站，http://www.ocs-gz.gov.cn/news/detail/2137。

员交流。

4. 海归创业者对本土员工和海归员工的信任度差别不大

由于海归成员和本土成员共存，海归创业企业存在双元企业文化。企业创立者是否会因文化、感情因素对海归成员和本土成员差别看待？我们特别就此问题对海归创业者进行了调查。如图 5 所示，53.7% 的海归企业创业者对团队中的海归成员持非常信任的态度，44.8% 的创业者对本土成员持非常信任的态度。对海归成员和本土成员持基本信任的态度分别为 31.6% 和 41.7%。总体来看，对海归成员和本土成员持信任态度（包括非常信任和基本信任）的分别为 85.3% 和 86.5%，两者差别很小。

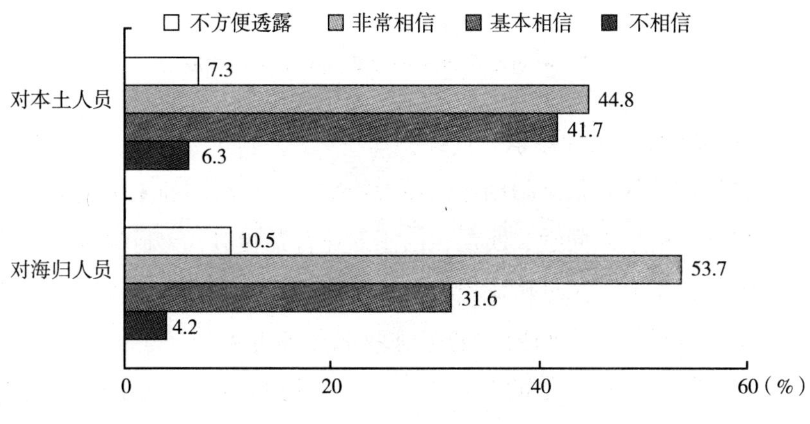

图 5　对海归和本土人员的信任度

（三）技术资源获取情况

1. 58% 以上的海归拥有个人专利

海归创业者大多数是技术型人才，是自主知识产权的拥有者，是重大产品发明的参与者。据调查，有 58.3% 的创业海归拥有个人专利。对创新型企业来说，企业持续创新的过程由企业家主导，企业家在创新活动中发挥关键作用。首先，企业家的技术能力和知识水平在创新活动中处于基础地位，是海归企业创立的根基。其次，在创新过程中，企业家凭借技术知识和经验，可以对企业创新活动起到有力的推动和引导作用。

2. 65%以上的海归创业者从国外带回了技术

海外关系对海归创业者的另一个重要影响体现在技术资源的获取上。有65.9%的海归创业者回国创业时从海外带回了技术。从这些技术的水平看，海归个人认为其从海外带回的技术水平较高，绝大多数处于国际和国内先进水平。如图6所示，54.5%的海归认为带回的技术处于国际最新水平，32.3%的海归认为带回的技术处于国内最新水平。可见，海归在海外学习和接触到的先进技术，对回国创业起到了决定性的作用，也验证了为何海归创业企业的行业多集中于技术密集型行业。同时，由于海归企业技术在国内比较超前，常常遇到在国内人才市场上找不到合适技术人才的困难。由于本身缺少培养人才的条件，用人难成为制约海归回国创业的大难题之一。

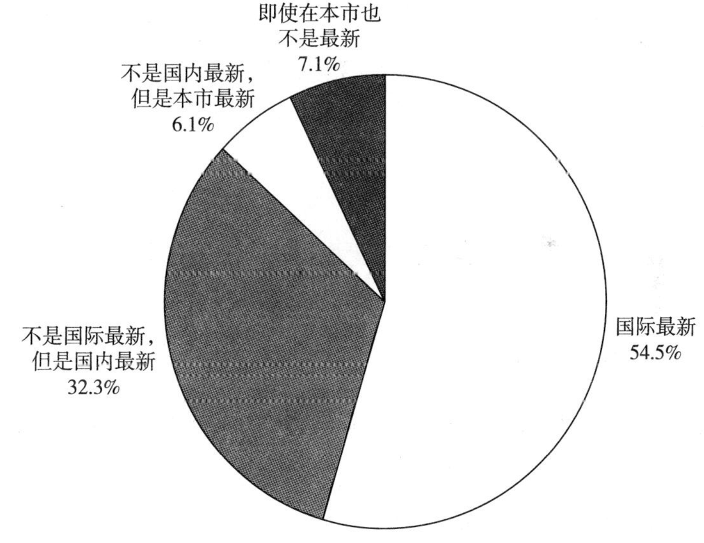

图6　海归从国外带回的技术水平

大连留创园副主任刘作勃曾分析，海归创业应该有自己核心的东西，因为技术转化快则三五年，产品化的时间更长，产品化过程中企业很容易死掉。对创业海归来说，有过大公司核心层次的工作经历，同时又掌握知识产权的技术人才创业更容易成功。而且，海归在带技术回国创业时，应该有所判断，如果这项技术在国内还没有，海归最好是先回国到科研院所，因为这离市场还比较远；如果是高于国内技术水平的先进技术，则可以创业，因为在这个阶段的技术进入国内容易孵化成功。总的来说，掌握“高精尖”技术的海归，技术正好是国内需要的，创业三五年能孵化出产品的，容易与国内市场对接起来，创业也比较容易成功。①

3. 63%以上的海归从国外带回了商业模式

对创业而言，商业模式的选择至关重要。海归带着技术回国创业，首先面临的就是如何将先进技术商品化的问题。商业模式是连接技术和经济价值的纽带。海归创业者很多拥有国外创业经历，或有在跨国公司工作的经历。这些经历使得海归创业者了解技术型企业或其他类型的成熟、先进的商业模式，回国创业过程中可以套用或借鉴。调查发现，63.4%的海归创业者从国外带回了商业模式；而且从带回的商业模式水平来看，带回商业模式的海归创业中，有33.0%的人认为所带回的商业模式处于国际最新水平，46.8%的人认为带回的商业模式处于国内最新水平，12.8%认为带回的商业模式处于本市最新水平，只有7.4%的人认为带回的商业模式即使在本市也不是最新的。

四　海归创业企业规模和绩效情况

（一）海归创业企业以中小微企业为主

从员工数上看，大多数海归创业企业属于中小微企业。如图8所示，有63.2%的海归创业企业员工在10~99人，属于中小企业；有10.5%的海归创业企业人员少于10人，属于微型企业；人员数量在300人及以上的海归创业企业只占7.9%（见图7）。尽管海归在国外接受了先进的知识、技能以及国际化管理的经验，但是海归在国内创业处于起步阶段，发展规模一般不大。另外，海归创业主要集中在高新技术密集型行业，如新一代电子信息技术、新生物工程、新医药等行业，需要知识含量高而精的人才，规模相对会小一些。

① 韩言铭：《海归创业需跨过三道槛》，《中国经营报》2012年12月22日。

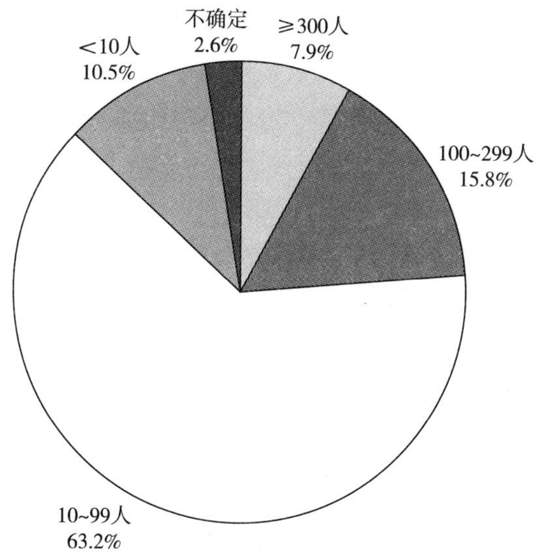

图7　海归创业企业规模

（二）海归企业的绩效多数处于行业中等偏上水平

为分析海归企业的绩效水平，本次调查列出不同的经营指标，考察海归企业在这些指标上的表现状况。根据绩效水平，为每一经营指标设定5个分值：1分表示海归企业在这一指标上的表现“远远低于本行业平均水平”；2分表示“略低于本行业平均水平”；3分表示“相当于本行业平均水平”；4分表示“略高于本行业平均水平”；5分表示“远远高于本行业平均水平”。最后，将选择该分值的人数比例作为权重，计算出海归企业在该项经营指标上的平均得分。[①] 根据分析结果，海归企业的绩效多数处于行业中等偏上水平，其产品/服务的技术、设计与开发能力表现最好，为3.8分。其他处于本行业平均水平

① 以“产品/服务的质量”指标为例，其中选择“远远低于本行业平均水平”（1分）海归人数占样本量的7.3%，选择“略低于本行业平均水平”（2分）的占4.9%，选择“相当于本行业平均水平”（3分）的占29.3%，选择“高于本行业平均水平”（4分）的占34.1%；选择“远远高于本行业平均水平”（5分）的占24.4%，则“产品/服务的质量”指标的加权得分为7.3%×1+4.9%×2+29.3×3+34.1%×4+24.4%×5≈3.6（分）。以下类似情况皆按此算法计算。

之上的绩效指标包括利润率/投资回报率、产品/服务的质量、员工满意度、现金流/资金周转、销售增长情况；只有市场份额方面稍低于行业水平，得分为2.9（见图8）。

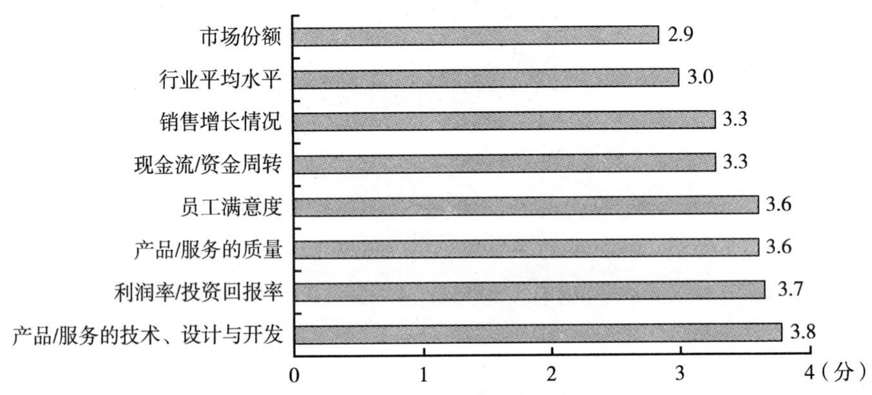

图8　海归对创业企业的绩效评价

（三）海归创业者很看重财务指标

海归创业者目前最看重的经营指标包括：现金流/资金周转（57.4%的海归创业者认为很重要），利润率/投资回报率（54.3%的人认为很重要），产品/服务的技术、设计与开发（54.4%的人认为很重要）。而海归创业者不是很看重市场份额、产品/服务的质量这两项指标，认为市场份额很重要和有些重要的人仅分别占29.2%，认为产品/服务质量很重要的仅占23.9%（见图9）。

为了调查海归创业者对企业经营的侧重点，本调查列出不同经营指标，评价创业者对这一经营指标的重视程度。具体方法为，根据重视程度，对每个指标设定1~5分的分值：1分代表创业者认为这一指标“一点也不重要”；2分代表创业者认为这一指标“有些不重要”；3分代表创业者认为这一指标“一般”；4分代表创业者认为这一指标“有些重要”；5分代表创业者认为这一指标“很重要”。最后，将选择该分值的人数比例作为权重，计算出海归企业创业者对该指标重视程度的平均得分。根据分析结果，海归创业者目前最看重的

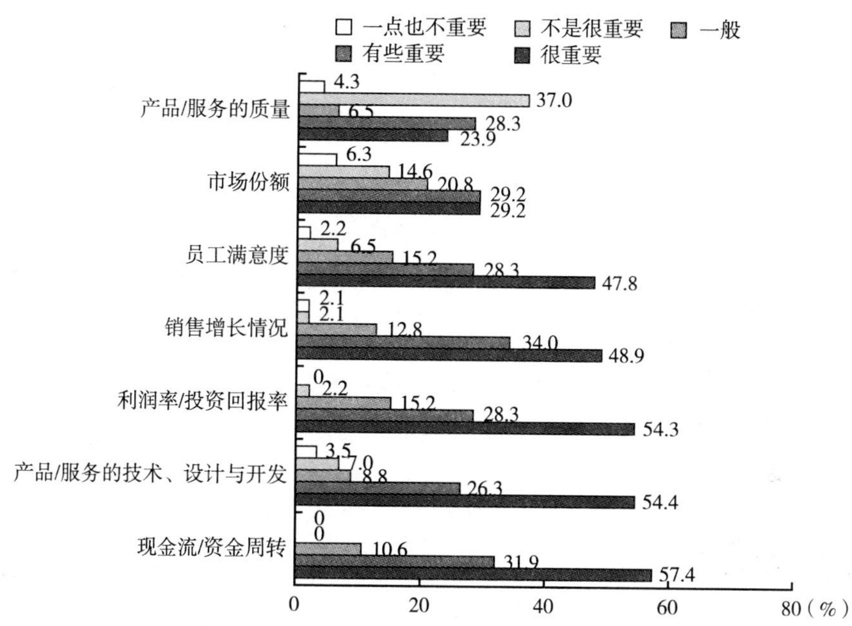

图 9　海归创业企业者对企业各项指标的重要性评价

经营指标包括：现金流/资金周转（4.5 分），利润率/投资回报率（4.4 分），销售增长情况（4.3 分）和产品/服务的技术、设计与开发（4.2 分），员工满意度（4.1 分），而海归创业者不是很看重市场份额（3.6 分）、产品/服务的质量（3.3 分）两项指标（见图 10）。

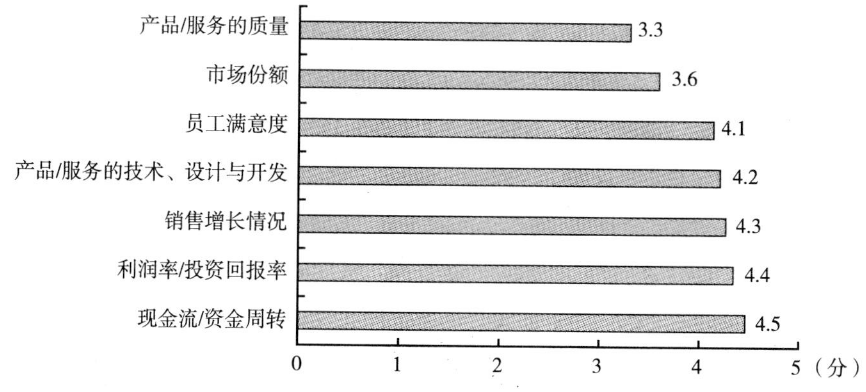

图 10　海归创业企业者对企业各项运营指标的重要程度分析

海归创业企业多为中小企业，正处于成长阶段，同时较难获得资金融通，而又因为它们多为技术型企业，研发投入对创新的持续性起着重要作用，企业需要一个宽松的财务环境。因此，资金周转和投资回报等财务指标对企业维持经营至关重要。而作为技术创新型企业本身，创新是企业的核心竞争力和发展的持续动力，因而海归创业企业大多重视产品/服务的技术、设计与开发。区别于其他工业企业，产品/服务的质量对海归创业的技术创新型企业相对不重要。海归企业多处于起步阶段，海归创业者普遍意识到市场占有率的提高是一个长期的过程，因此，现阶段的市场占有率并不被海归创业企业家看重。当然，创业者对指标的重视程度，也反映出海归企业目前经营的困难和优势。

（四）55.9%的海归企业开展出口贸易

海归企业利用本身的海外关系网络及对海外市场的了解开展进出口贸易是十分常见的。55.9%的海归企业开展出口贸易。在有出口贸易的企业中，41.5%的企业出口额占销售总额的50%～80%，7.3%的企业出口额占销售总额的80%～100%，还有39%的企业出口额占销售总额的10%～50%，只有12.2%的企业出口额占比不足10%。出口贸易代表海归企业在国际市场的竞争力表现，也是海归利用海外经历优势的重要表现。

五　海归创业与环境关系分析

（一）海归对营商环境的评价

从图11海归对当地营商环境的评价看，65.2%的海归创业者认为目前行政审批手续方便简捷，有62.8%的人认为创业所在地政策公开透明，59.6%的人认为创业所在地规章制度公开透明。这从侧面体现出我国地方招才引智工作已取得多数海归的认可，人才工作体制改革已取得一定成绩。但是，贷款难和用工难仍然是营商环境中的两大软肋，有66.7%和52.3%的海归对“从银行贷款无需付出正常利息之外的费用”和“企业从银行贷款容易”这两项持“不同意”的态度；有63.2%和62.4%的海归对“在当地容易找到需要的技术人员”和“在当地容易找到需要的中层管理人员”持“不同意”的态度。此外，43.8%的海归创业者认为经营地的基础设施条件不够完善。

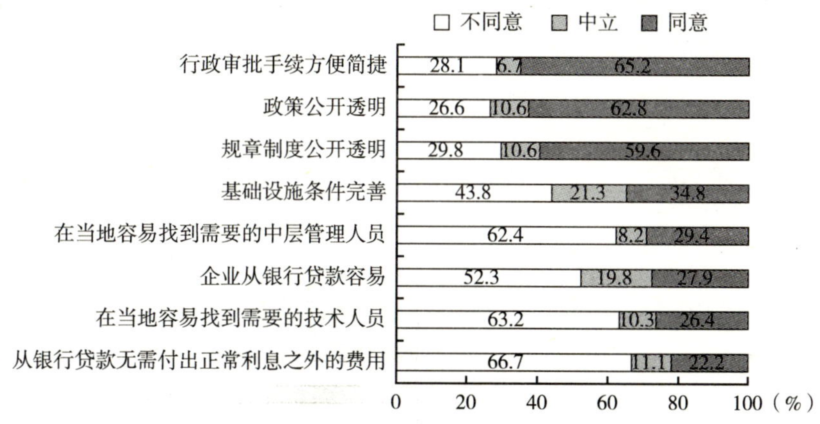

图 11　海归对当地营商环境的评价

（二）海归对留创园政策的评价

根据本次调查，留创园对回国海归整体来说比较有吸引力，是海归回国创业较为理想的载体。有 60% 的海归回国创业者选择在留创园中创办自己的企业。留创园、人才特区、海外高层次人才引进基地等是海归创业的重要载体。据统计，截至 2013 年 4 月，全国已经专门建立海外高层次人才引进基地 112 个，建设留学人员创业园 260 多个，入园企业超过 2 万家，4 万多名留学人才在园创业。北京、天津、湖北、浙江等一批与国际接轨的未来科技城也正在加速崛起。①

为调查海归在留创园或人才特区里的政策需求，为各地留创园区及人才特区完善人才政策提供建议，本次调查针对回国创业海归对留创园、人才特区政策的重要性评价进行了排序。调查对各项政策设定 -10 ~ 10 分：-10 分代表创业海归认为该项政策“非常不重要”；-5 分代表创业海归认为该项政策“比较不重要”；0 分代表创业海归对该项政策持“中立”态度；5 分表示“比

① 《中国梦激荡“史上最大海归潮”》，《中国组织人事报》2013 年 4 月 2 日。

较重要”；10 分表示“非常重要”。然后将选择该分值的人数比例与分值的加权和作为海归企业创业者对该指标的认可程度的平均得分，分数越高说明海归创业者认为该项政策越重要。根据分析，海归创业者迫切需求的政策包括住房补贴、创新补贴、子女入学、融资支持、洽谈活动等类别，按重要性分布详见图 12。

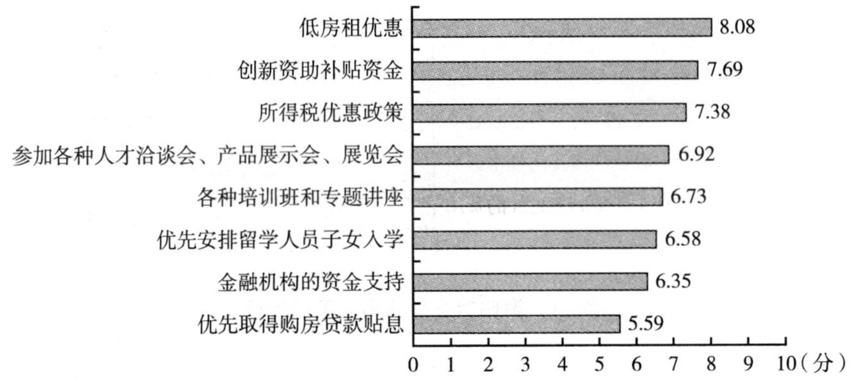

图 12　海归创业者对留创园、人才特区政策需求程度排序（分数越高需求越强烈）

（三）海归对国内人才计划的了解程度

人才计划是一国政府专门针对人才工作，制定明确的人才目标、详细的人才政策，有的放矢的一种政策手段。一项成功的人才计划，往往在短期内可取得十分明显的效果，可谓各国人才工作的“强心剂”。人才计划通常对人才给予特殊照顾政策，包括高福利、高待遇、职业发展和生活配套等。正是有了这种简单直接的满足目标人才需求的引进方式，在政府人才计划框架下引进的人才，才往往享受到比普通海归更多的优惠。

目前，人才计划在其他国家也已经成为争夺人才的重要手段。我国的人才计划也已经形成体系，包含了人才引进、人才集聚、人才培养和人才使用等全方位的计划设计，分别以“千人计划”“万人计划”“优才计划”和“激励计划”为代表。目前，人才引进计划已经取得了明显的效果：根据最新数据，截至 2012 年底，我国“千人计划”在短短的 5 年间已经吸引海外高层次人才

3319 人，2013 年申报人数高达 4208 人，比 2012 年高出 70%。从人才计划政策效果看，各种计划对海归影响力增强的速度十分迅速。

既然如此，我国海归对这些计划的了解程度到底有多少？本书为此进行了调查。结果发现，依然有七成以上的海归对这些人才计划“比较不了解”，甚至连备受世界瞩目的“千人计划”，也只有 84.3% 的海归表示“比较不了解”，表示“比较了解”的仅有 14.5%（见图 13）。

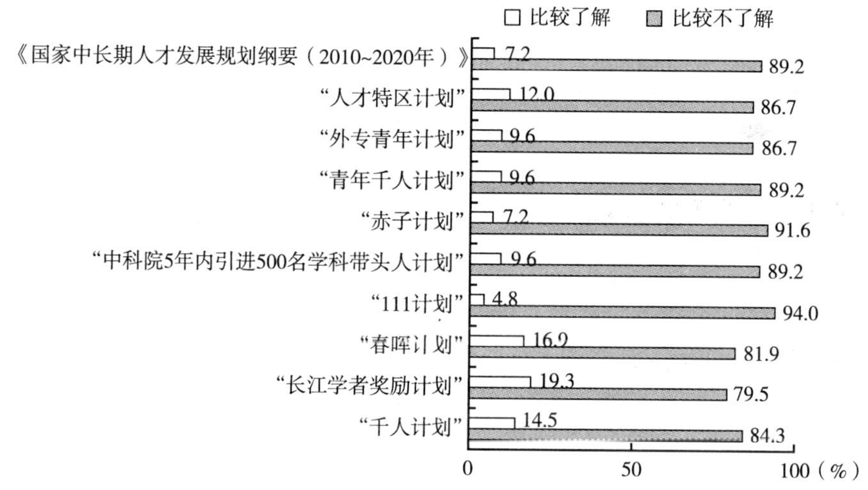

图 13　海归创业者对各项政策的了解程度

造成海归对人才计划陌生的原因主要有两点。第一，目前我国人才计划门槛依然很高，即只针对海外高层次人才。根据“千人计划”的规定，申请该计划，一般应在海外取得博士学位，原则上不超过 55 岁，引进后每年在国内工作一般不少于 6 个月，并符合下列条件之一：在国外著名高校、科研院所担任相当于教授职务的专家学者；在国际知名企业和金融机构担任高级职务的专业技术人才和经营管理人才；拥有自主知识产权或掌握核心技术，具有海外自主创业经验，熟悉相关产业领域和国际规则的创业人才；国家急需与紧缺的其他高层次创新创业人才。第二，海归人才，尤其是大量海外技术人才，缺乏对国内政策信息的了解渠道。根据华尔街人才协会会长陈迅勇（Jason Chen）先生的介绍，在人才招收方面，中国的海外人才引进机制缺乏针对性，很多华尔街的职业经理人根本不看中国国内的新闻和相关的媒体报道，没有机会接触到中国人才引进计划，根本不了解中国在人才引进上的各种计划和相关的激励措施。

（四）海归与当地政府部门关系分析

据调查，科技局、国有银行、信息管理部门、人事局和海关是回国创业海归眼中最重要的五个部门。对技术型海归来说，科技局负责科技人才政策制定，科技人才计划实施（含申报和审核），民营科技企业的认定、审批及管理，科技型中小企业认定和创新基金的归口管理，科技人才管理和绩效评估，申报、认定高新技术企业、高新技术产品和高新技术成果转化项目，是技术型海归回国创业过程中接触最多的部门之一，有69.2%的海归创业者认为科技局是最重要的三个部门之一。国有银行是海归创业的重要融资机构，55.2%的海归创业者认为国有银行是重要的三个部门之一。46.9%的海归认为信息管理部门是最重要的三个部门之一，因为信息管理部门负责企业相关信息登记、创业相关信息平台等事务。人事局一般是海归顶尖人才引进的直接管理部门、人才引进工作的直接组织和管理部门，负责人才申报、审核和推荐等重要人才引进环节的工作，顶尖人才引进的统筹协调和具体实施工作都由人事局牵头组织实施，有40.9%的海归创业者认为人事局是三个最重要的部门之一。海归创立的企业出口业务比较多，而且多数海归频繁来往于海内外，40.9%的海归企业家认为海关等相关部门是三个重要的部门之一。

海归与开发区或工业园管委会、科技局、人事局、孵化器中心管委会、财政局等单位的关系较好，分别有76.0%、72.0%、61.1%、53.3%和53.3%的海归创业者与这些机构的关系较好。在我国地方的海外人才引进工作中，开发区或工业园区管委会、科技局和人事局往往作为海外人才招聘的先头部队，是海外人才接触最早、从中获得帮助最多的部门。孵化器中心管委会是一个对中小型企业扶持的单位，可以帮助创业者在创业过程中节省时间、少走弯路、营造创业者集聚效应，提高创业成功率，不少海归回国创业企业前期发展的每一步都与孵化器中心管委会息息相关。40%多的海归企业家认为自己与税务局、经贸局、公安局、工商局、教育局等部门关系也较好。另外，66.7%的海归企业家认为自己与国土局、地方党委的关系较差，

有50%的海归创业企业家认为自己与侨办、外贸局进出口办公室、外事部门关系较差（见图14）。

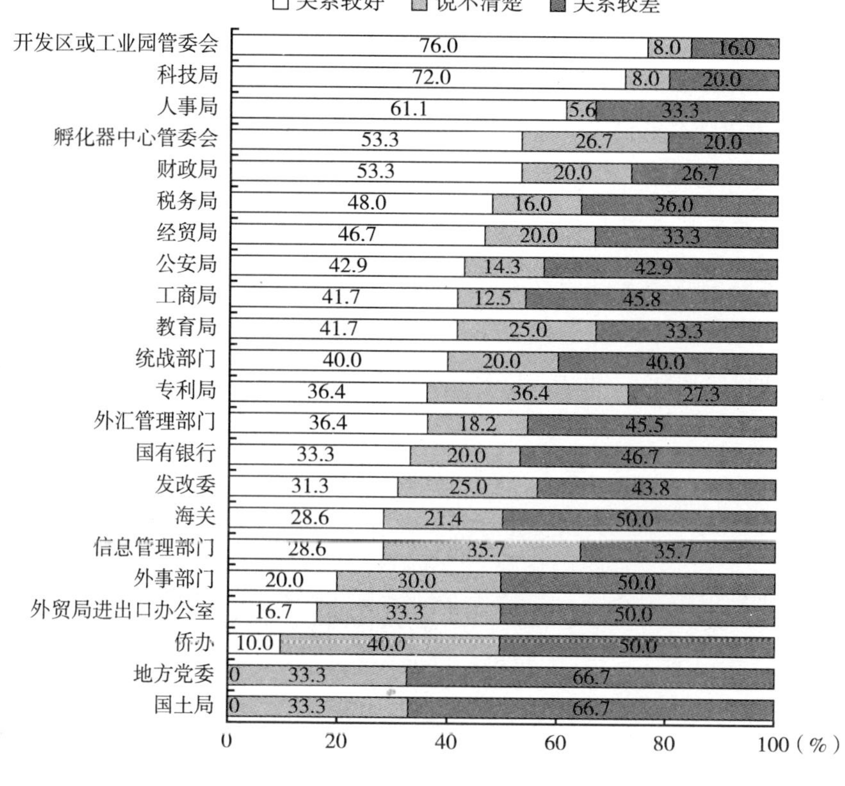

图14　海归与党政各部门关系比较

（五）人才交流平台对海归创业的促进作用

我国最早的规模较大的人才交流平台可以追溯到20世纪90年代。1998年，中国留学人员广州科技交流会（简称“留交会”）开始每年在广州定期举办。进入21世纪后，随着中国加入世贸组织，与世界的联系日益加强，国际人才交流逐渐与经济、文化等领域交流同步进入了快速增长的阶段。2000年，美国《纽约时报》报道，随着中国大陆经济快速发展，一个新的“人才回流”时代已经开始。大连作为继广州之后大力重视国际人才工作的城市，开始举办中国海外学子辽宁（大连）创业周（以下简称“海创周”）。

2001 年，负责国际人才工作的国家外专局创办了专门针对外国专家组织、培训机构、专业人才的规模最大、规格最高的国家级、国际性人才与智力交流盛会——中国国际人才交流大会。2008 年实施“千人计划”后，特别是 2010 年《国家中长期人才发展规划纲要（2010～2020 年）》出台后，中国地方的人才交流平台逐渐增多，形式开始多样化，如教育部留学服务中心举办的留学英才招聘会暨高端人才洽谈会，江苏无锡的 2012 千人计划太湖峰会、中国无锡人才智力交流大会等。许多地方还设置国际人才交流的网络平台（如天津的海外人才智力网上交流洽谈会），推动人才交流平台的现代化和科技化。这些交流平台的主要功能包括项目对接、人才对接、资本对接和信息交流等，为海归回国创业打开了了解祖国信息的窗口和通往祖国的大门，畅通了回国创业的渠道（见表 2）。

表 2　我国主要的人才交流平台

人才交流平台	级别/范围	主办单位	首届举办年份
中国留学人员广州科技交流会	国家级	教育部、科学技术部、人力资源和社会保障部、中国科学院、国务院侨务办公室、广州市人民政府	1998
中国国际人才交流大会	国家级	国家外国专家局	2001
中国海外学子辽宁（大连）创业周	国家级	科学技术部、教育部、人力资源和社会保障部、国务院侨务办公室、中国科学院、欧美同学会/中国留学人员联谊会、辽宁省人民政府	2000
留学英才招聘会暨高端人才洽谈会	全国	教育部留学服务中心	2012
华侨华人创业发展洽谈会	中西部地区	国务院侨办、湖北省人民政府、武汉市人民政府	2001
中国国际人才市场	国家级	中国国际人才交流协会	2002

留交会是我国举办时间最早、规模最大、最具代表性的国家级人才交流平台，被誉为“中国海外高层次人才交流的第一品牌”。为了解人才交流平台对海归回国创业的帮助作用，以及留交会在促进中国国际人才招聘和开发方面的作用，本书以留交会为例，对创业海归进行了调查。

根据调查结果，80% 以上的海归认为留交会对其创业有帮助作用，这种帮助作用主要体现在寻找投资、寻找国内市场机会、寻找创业团队和技术合作伙伴上。而留交会对国内单位的帮助作用同样得到了海归们的认同，同样有80%以上的创业海归认为，留交会对国内单位与海归人员合作投资、寻找国际市场机会、寻找需要的管理人才和技术方面都具有帮助作用（见图15）。

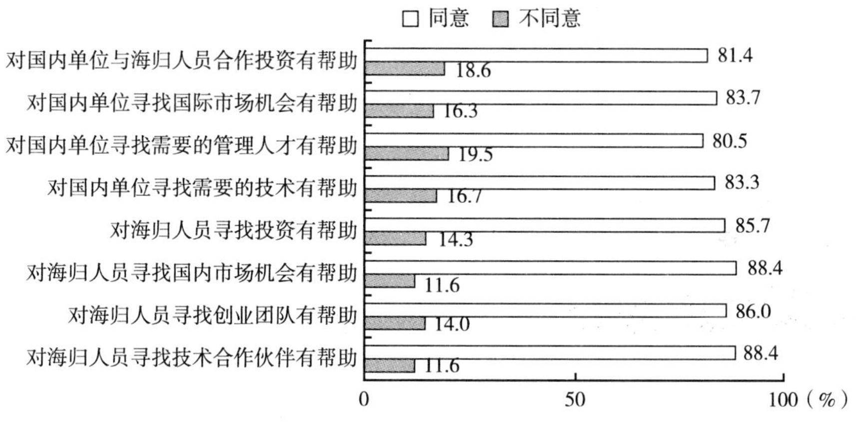

图15　海归企业家对留交会作用的认同评价

六　海归创业趋势分析

（一）创业海归人数将进一步增加

根据对计划回国创业的111位海归的调查，近期有回国创业计划的海归大多数有明确的回国时间表，且87%表示会在近两年内回国创业（见图16）。这表明大多数海归依然看好未来几年在中国发展的机遇，也预示着海归潮在未来几年内依然会持续。

（二）扎堆创业的趋势会缓慢改变

根据调查，海归在一线城市扎堆创业的趋势在短期内不会改变，计划回国创业的海归创业地点依然集中在沿海省份和一线城市，超过六成的海归选择在北京、上海、广州和江苏创业，其中，有10%的人计划在北京创业，12%的

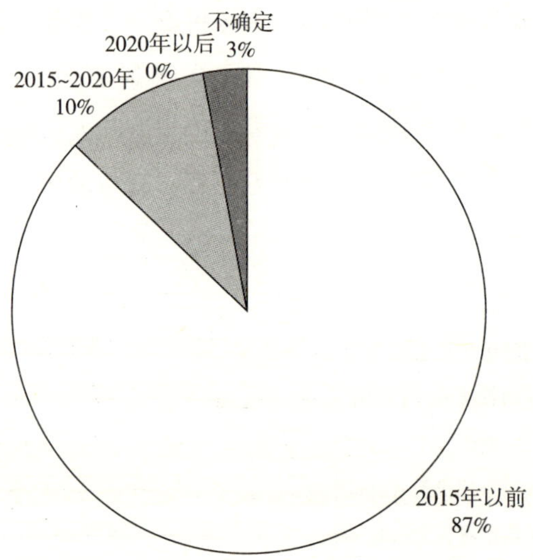

图 16　计划回国创业的海归回国创业时间

人计划在上海创业，17% 的人计划在江苏创业，24% 的人计划在广州创业（见图 17）。

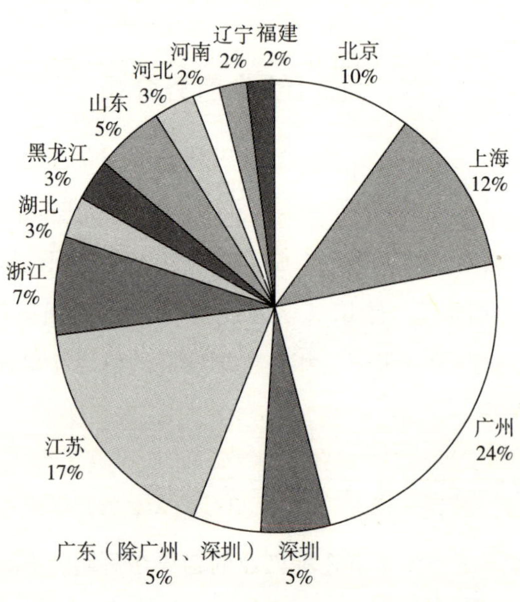

图 17　计划回国创业的海归回国创业的地点分布

但是，从现在中国各地海归创业政策的实施力度来看，二三线城市的政策力度开始加大。海归创业者向二三线城市流动的趋势加强。从调查上看，计划回江苏创业的人数比例达到17%，比已经回国的比例（14%）高出3个百分点。前两年海归创业扶持政策实施以一线城市为主，现在则普遍在二三线城市，尤其是江浙一带，还有内陆部分城市，都开出了相当具有吸引力的条件。2013年5月，“山东省泰山学者蓝色产业领军人才团队支撑计划”正式实施，省级财政给予每个团队500万~800万元经费资助。其中，团队带头人和成员津贴300万元，科研补助200万~500万元。2012年9月，长春市人民政府还下发了《关于加强海外高层次人才服务的意见》《长春市引进海外高端人才子女就学管理办法（试行）》，提出在海外高层次人才护照签证和驾照办理方面，长春市将建立绿色服务通道，设专人和窗口开展服务；在海外高端人才子女就学方面，长春市教育资源将全部向海外人才开放，对于海外人才子女比较集中的学校，建立“特设班”，海外高端人才子女就读公办中小学校、幼儿园免收学费。这些政策的实施使得二三线城市对海归的吸引力大幅度提高。

（三）创业“海鸥”现象增多

随着中国与世界合作步伐的加快，人才流动愈加频繁。据统计，我国出入境人数逐年上升，2006年，我国出入境达3.18亿人次，2011年，达到4.11亿人次，五年间增长了近30%；其中，外国人员从每年4427.5万人次增长到每年5412万人次，增加了约22%。其中，不少人往往家庭事业在两头，要么家庭在国内，工作在国外；要么将家庭移民到国外，事业留在国内，成为跨国流动人才的重要组成部分。

创业海归中的“海鸥”现象尤为明显。根据中国与全球化研究中心另外一项针对加拿大海归跨境流动的调查，现在创业海归中“海鸥”越来越多。在调查中，样本每年均至少往返中加一次。有82%的人往返中加1~2次，6%的人每年往返3~4次，7%的人往返6~8次，另外有4%的人每年往返次数为8次以上。这反映了海归群体是一个相当活跃的群体，他们时刻与祖国保持联系，并利用自己在国内外的人脉网络进行商务、技术上的交流。回国后，有一半以上的海归创业企业还进行着出口贸易，以利用海归对海外市场的熟悉优势。可以预见，随着越来越多海归回国创业，海归人才或海归创业企业中的人才的跨国流动也会越来越频繁，将有更多的“海鸥”加入国际化人才的队伍。

（四）海归创业浪潮的持续依赖于创业环境的改善

与就业型海归不同，创业型海归回国发展，更看重的是国内的市场机遇。他们大多数在国外已经拥有丰富的技术积累和创业经验，回国发展往往具有极大的自主性。可以说，对创业型海归的争夺，可以真正体现出一国对人才的吸引能力。吸引创业型海归回国，是推动我国技术进步的重要途径。创业环境对是否能留住海归至关重要。我国已经迎来海归大批回国创业的时代，这种创业浪潮的持续，将更多地依赖于创业环境的改善。

2011 ~2012 年，我国在改善人才发展环境上做出了很多努力，也取得了一定成效。从 2011 年开始，中国又频繁出台海外人才创新创业的新政策，对推动海归创业起到了重要作用，例如，2011 年，中国推出了中国特有的人才特区建设。中关村计划在 2013 ~2015 年，“聚集包括‘海归’人才在内的 5 万名左右高层次人才”。深圳前海人才特区、武汉东湖高新区、上海杨浦人才特区、广州人才特区不断涌现。截至目前，全国上下已经有 24 个省、直辖市和自治区建立或者正在建立人才特区，形成了一股浪潮。

但是与其他国家相比，我国的人才发展环境还存在诸多不足，需要不断改善和提升。根据海德里克 - 斯特拉格尔斯公司与经济学人信息部（简称“经济学人智库”）联合制作的《全球人才指数报告》，中国的人才环境评分 2011 年得分为 58. 3 分，在 60 个国家中排第 30 名，落后于参评的所有发达国家。根据 2011 年中组部人才工作局、海外高层次人才引进工作专项办公室对人才回归的原因及影响因素调查，49. 0% 的受访者认为国内“研究风气不好，把很多时间花在学术之外的‘公关活动上’”，45. 9% 的人反映“科研项目审批不透明，存在拉关系、走后门现象”，40. 1% 的人反映国内搞科研“人际关系太复杂，需要花大量时间处理”。64. 9% 的用人单位领导和 55. 6% 的国内人才也认为“人际关系太复杂”是国内科研环境存在的主要问题。37. 6% 的创新人才、35. 1% 的用人单位领导、50. 0% 的国内人才、36. 3% 的公众认为“在当前科研体制下能力发挥有限”。中国工程院院士、清华大学教授程京说：“是

什么拖累中国创造的后退?”一是“低效率审批拖死创新产品”；二是“管理不专业侵蚀创新根底”。身为院士，却不得不奔波于宴席之间。在2013年的“两会”上，吉利控股集团董事长李书福讲：“我们的经历都集中在怎么批准一个项目上，怎么去和那么多人打交道，怎么去盖一个公章，签上一个字。”

另外，海外融资环境仍有待改善。海外融资是许多中国互联网企业海外上市的直接目标，对一家注册地在国内的企业而言，外资企业以美元等外币直接注资必然要受到国内的外汇管制，而外汇兑换成人民币后又会存在相当大数量的汇率差额。业内人士指出，如果企业在没有外汇管制的地方注册，外资则可以直接打入公司的账户，融资十分方便。一位不愿透露姓名的专家指出，国内很多互联网企业是通过获得风险投资而高速发展的，这些风险投资很大一部分是来自海外（主要是美国）的风险投资机构。在外汇管制不严格的群岛建立离岸公司，可以使这些风险投资顺利地进入和退出，对吸引外资很有好处。

An Investigation of Entrepreneurial Returnees

Abstract: With the frequent introduction and implementation of talents policies, China becomes the best place for returnees to start their own business. Based on the questionnaire survey and data analysis, this paper gets the following conclusions: 14.8% of returnees chose to start their own business in Jiangsu; returning entrepreneurs' favorite cities shifted from Beijing, Shanghai and Guangdong to the second-tier coastal cities; most of returnees' companies are Small and medium-sized enterprises; more than 50% of returnees have their own patents; more than 60% of returnees bring back advanced technology and business model. According to our study, shortages of loan and labor force are the major obstacles for returnees to start their own business, but these issues hadn't weakened their passion for building entrepreneurship.

Key Words: Returnees Entrepreneurship; Questionnaire Survey

专 题 篇

Special Reports

B.5

留学人员回国创业政策比较研究*

范 巍 蔡学军 李 倩**

摘 要：

为更好地了解我国吸引留学人员回国创业的政策环境，本研究运用政策文本分析方法，根据 Gnyawali & Fogel 的创业环境框架和 GEM 创业环境模型，从人员要求和优惠措施两方面对留学人员创业政策进行内容分析。以创业环境要素为参照来了解和掌握现行政策措施的状态、结构、分布、梯度以及在不同地区和行政级别区域的集中度或离散度，对留学回国创业人员要求和创业享受的优惠措施进行了编码分析。最后，对进一步完善我国吸引留学人员回国创业政策工作提出了几点建议。

关键词：

留学人员 回国创业 创业政策

---

* 本文得到国家社科基金重大项目“实施人才强国战略重大问题跟踪研究”（项目编号：10ZD&046）资助。

** 范巍，心理学博士，中国人事科学研究院副研究员；蔡学军，中国人事科学研究院副院长；李倩，北京双高人才发展中心。

一　前言

（一）留学人员是我国高层次人才队伍的重要来源和急需资源

目前，以留学人才为主体的海外人才是我国高层次人才队伍的重要来源，已成为我国改革开放和自主创新急需的人才资源，在社会主义现代化建设进程中发挥了积极作用。采取积极措施吸引海外人才是世界主要发达国家和新兴发展中国家壮大本国人才队伍的通行做法，也是在较短时间内突破技术瓶颈、提升科研水平的一种有力措施。以2008年12月中央人才工作协调小组发布的《实施海外高层次人才引进计划》（简称“千人计划”）为标志，我国海外人才引进工作在全国各地逐步深入开展。据不完全统计，从中央到部委，从省、直辖市、自治区到各地市、区，现有近500多个有关海外人才引进的政策发挥着或大或小的作用。全国各地纷纷推出了各项留学政策和具有地方特色的人才引进工程。例如，2008年9月，江苏省正式启动了“江苏万名海外高层次人才引进计划”，决定2008～2012年，采用多种方式引进不少于10000名海外高层次人才，集聚不少于50名具有世界领先水平的科学家和科技领军人才；无锡市实施了“530计划”，提出用5年时间引进30名海外领军型创业人才；北京市制定了《北京市鼓励留学人员来京创业工作的若干规定实施办法》和《关于进一步鼓励海外高层次留学人才来京创业工作的意见》，实施“海外人才聚集工程”并于2008年12月正式成立了北京海外学人中心，全方位为吸引海外人才提供专业化、国际化的服务；上海市制定了《鼓励留学人员来上海工作和创业的若干规定》，先后实施了“万名海外留学人才集聚工程”“浦江人才计划”等专项引才工程；广东省实施“珠江人才计划”，大力引进创新科研团队和领军人才，最高提供1亿元科研经费资助；广西等西部省区还实施了创新创业人才小高地计划，努力创造条件吸引海外人才归国或以多种方式为国服务；此外，四川、广州、甘肃、吉林也纷纷推出了各自的引进海外高层次人才计划。各项激励政策的出台，吸引了大批留学人员回归。

（二）当前我国留学人员回国创业政策现状和存在问题

目前，我国留学人员回国创业政策（简称“留创政策”）基本形成了一个框架体系，归纳起来，这些留创政策的内容主要包括以下几个方面。

第一，建立支持创新创业的服务体系。从中央层面来看，多个中央部委积极配合，为留学人员创新创业提供政策支持和服务支撑。地方各级政府也不遗余力地吸引海外人才，纷纷通过设立留创园、提供优惠条件、给予资金扶持等方式，为海外留学人员回国创新创业提供施展才华的舞台。

第二，加强对留学人员回国创新创业的政策引导。近年来，我国通过多种渠道、多种方式给予留学人员创新创业资金支持。各省市也纷纷推出了人才创业计划，这些创业激励计划往往既有资金配套，又有政策配合，对促进留学人员创新创业起到了积极作用。

第三，搭建促进创新创业的信息平台。从国家层面来看，我国政府通过网络媒体或报纸等传统媒体，广泛宣传我国鼓励留学人员创新创业的条件、环境和政策，表达对海外留学人员的渴望和召唤。与此同时，坚持“走出去”和“引进来”相结合，邀请海外留学人员回国考察交流，通过海外人才周、海外高层次人才行等活动，增强与留学人员的信息互通，吸引他们回国创新创业。我国各省市也很重视信息平台的搭建，例如，北京、上海、江苏等省市还设立了海外高层次人才联络机构。

第四，改善创新创业者的生活工作条件。目前，北京、上海、广东、四川、天津等省市已为高层次留学人才回国开通了绿色通道，在科研项目经费、出入境、知识产权、工作报酬、职业资格和落户等方面提供了优惠和便利条件。

我国中央与地方支持留学人员创新创业的政策很多，几乎涉及留学人员创新创业的方方面面。这些留创政策得到了留学人员比较高的评价与认可，但仍然存在着一些不足之处。具体包括：①鼓励留学人员创新创业的服务体系存在失衡；②解决留创企业融资难问题的政策措施不足；③对留学人员创新创业的资助力度还需加强；④对留学人员创业资助项目的评价体系有待完善。

（三）问题的提出和本研究的研究方法

不可否认，相当一部分的海外引智政策对我国各地的经济发展发挥了重要作用。但是我们也要看到，目前对全国各个地区的政策制定情况缺少明确的统计，有关政策内容同质性强，特色不足，各地区在留学政策制定上存在大量同质化和雷同化趋势，在同一批对象（海外人才）面前缺乏有效的呼应和衔接，存在各自为政的现象；不同区域、不同级别的政府在对引进海外留学人员政策制定中的侧重点和差异性缺乏考虑；过于强调政策的制定，忽视政策的执行和落实情况，对相关政策内容的效用等缺乏明确的分析，没有把政策内容和区域创业环境结合起来。这些都不利于政策制定的针对性及在整体性上的规划和统一，也不利于发现政策制定的问题以进行改进。为了更好地分析了解各地引进留学人员回国创业的政策制定情况，本研究采用政策文本分析的方法，用定量分析的思路，对搜集到的全国各地的人才引进政策进行了较为详细的梳理，从不同地区和不同行政级别的层面来考察政策数量和内容的倾向与区别。

本研究运用的主要方法是政策文本分析，即以创业环境的要素为参照来了解和掌握现行政策措施的状态、结构、分布、梯度以及在不同地区和行政级别的集中度或离散度。其技术路线是，根据 Gnyawali & Fogel 的创业环境框架和 GEM 创业环境模型，本研究对各项政策从人员要求和优惠措施两方面对留学人员创业政策进行内容分析，据此设置两类一级编码指标。人员要求分为学位、是否公派、（出国前）职称要求、专利要求、年龄要求、进修时间要求、永久居住资格、行业要求等方面；创业享受的优惠措施分为资金支持、非资金支持、政府行为、创业和商业技能、研发支持五个方面，据此设置每类一级编码指标下的二级指标，其中每一方面又都涉及具体的编码指标（见表 1）。根据编码表，对已收集到的留学人员创业政策进行编码。随后对编码表进行详细数据分析，重点分析现行政策措施的现状、结构、分布、梯度以及不同地区和行政级别的集中度或离散度，从中发现异同之处。备注中指出了政策的适用对象和适用范围。各指标具体内容与详细解释见附录 B. 13。

表1　政策各指标分析

	内容		具体指标
留学人员回国创业相关政策	人员要求		学位、是否公派、(出国前)职称要求、专利要求、年龄要求、进修时间要求、永久居住资格、行业要求等
	创业享受的优惠措施	资金支持	税收优惠、各项补贴、无风险资金支持、风险资金支持
		非资金支持	个人发展、家属安置、登记注册、经营过程、孵化、出入境、个人收入
		政府行为	保护知识产权、购买新产品、支持成果转化、物质和精神奖励
		创业和商业技能	创业培训、企业发展
		研发支持	信息网络平台、与大学合作
	备注		政策适用对象、适用范围

二　基于内容分析技术的留学人员回国创业政策梳理

以“创业”为搜索词在百度、Google、各政府及相关单位官方网站进行网络搜索，同时参考《2009年中国留学人才报告》《中国留学人员创业年鉴(2007)》《中国留学人员创业年鉴(2008)》《中国留学人员创业年鉴(2009)》《中国留学人员创业年鉴(2010)》《中国留学人员创业年鉴(2011)》。[①] 为了突出国家对留学人员和其他人群创业的区别，同时搜索适用于其他群体创业的各项政策。

(一)留学人员回国创业政策面情况

经过对我国中央到地方创业政策的搜集，共收集到创业政策880项，其中，包括适用于非留学人员创业的143项，适用于留学人员回国创业的各层次政策513项，留学人员回国创业的配套政策224项。非留学人员创业涉及的人员群体主要包括高校毕业生、下岗失业人员、残疾人员、返乡农民工、军队退

① 搜索日期截至2012年6月，下同。

役人员等；留学人员回国创业配套政策涉及的主要是申办企业规则、创业资金（经费）的管理和申请、留学人员身份认定、留学人员和家属落户办法等内容。由于非留学人员创业并不是我们的主要关注点，因此在此只详细分析、呈现513项留学人员回国创业政策，对224项配套政策做出梳理。根据行政级别，在对搜集的政策进行划分时分为："省区市级"政策和"地市区级"政策。前者包括省、直辖市和自治区；后者包括地区、盟、自治州、（地级）市，以及一些县、自治县、（县级）市、（市辖）区、特区等。按此划分标准，不同行政级别的适用于留学人员回国创业的政策数量如表2、表3所示。

表2　各地区、单位颁布的适用于留学人员回国创业的政策数量

单位：项

地区与单位	数量	地区与单位	数量	地区与单位	数量
江苏省	110	重庆市	12	黑龙江省	6
浙江省	74	甘肃省	11	山西省	6
山东省	33	河北省	10	云南省	6
广东省	31	陕西省	10	贵州省	4
北京市	21	广西壮族自治区	9	宁夏回族自治区	3
中央部委	20	湖南省	9	青海省	3
福建省	18	上海市	8	新疆维吾尔自治区	1
四川省	17	吉林省	7	国务院	1
辽宁省	16	江西省	7	中央人才工作协调小组	1
河南省	14	内蒙古自治区	7		
安徽省	13	天津市	7		
湖北省	12	海南省	6		

注：为方便统计，下级单位颁布的政策归属于相应省区市级，下同。

表3　不同行政级别的适用于留学人员回国创业的政策数量

单位：项

行政级别	数量	行政级别	数量	合计
省区市级	201	地市区级	290	491

注：国家级和部委级暂不计在列，下同。

按照统计局网站上的划分标准，将我国划分为东部、中部和西部三大经济地区。东、中、西部地区的适用于留学人员回国创业的政策数量如表4所示。

表4　东、中、西部地区的适用于留学人员回国创业的政策数量

单位：项

地区	数量	地区	数量	地区	数量	合计
东部地区	343	中部地区	80	西部地区	68	491

从上述表格数据可以看到，长三角、珠三角地区的省市与东部沿海省市关于留学人员回国创业的政策数量较多，其中江苏省高达110项；而中西部地区则相对较少，如贵州、宁夏、青海、新疆等省区仅有不到5项相关政策。

（二）留学人员回国创业政策中对留学人员的要求

1. 学位要求

仅有2项政策提及引进中专及以上学位的人员；有14项政策提到引进的人员需获得大专及以上学位，占总数的3%；120项政策提到引进的人员需获得学士及以上学位，占总数的24%；政策中提到最多的是获得硕士及以上学位，共130项，占总数的25%；74项政策提到引进博士学位获得者，占总数的14%。可见，对留学人员学位要求还是比较高的。但是仍有174项政策对留学人员的学位没有要求，占总数的34%。

2. 职称要求

职称要求主要是指出国进修人员在出国前的职称情况，99项政策提到创业人员在出国前必须是中级及以上职称，占总数的19%；12项政策提到创业人员必须取得副高及以上职称，占总数的2%；有1项政策提到创业人员出国前必须是工程师职称；28项政策提到创业人员必须取得高级职称，占总数的6%。但是71%的政策在创业人员职称上无要求。

3. 进修要求

进修时间的限制主要是指在我国取得一定学位、获得一定职称的人员在外进修的时间。3项政策有时间上的限制，但是并没有说明需在外进修多长时间，占总数的1%；8项政策要求创业人员需在外进修半年及以上时间，占总数的2%；86项政策要求创业人员需在外进修一年及以上时间，占总数的17%；8项政策要求在外进修两年及以上时间，占2%；还有1项政策要求在

外进修三年以上时间。可见，进修时间要求上还是以两年以下为主。有407项政策并未提及对创业人员在外进修时间上的要求。

4. 年龄要求

在对引进创业人员年龄（周岁）上的限制方面，仅有4项政策要求引进的人员是35岁以下；11项政策要求引进的人才是45岁以下，占总数的2%；20项政策要求引进的人才是50岁以下，占4%；57项政策提到引进的人才要求在55岁以下，占11%；2项政策提到引进的人员以中青年为主。但是绝大多数政策（422项，占82%）对留学人员并没有年龄上的限制，说明年龄并不是最受关注的。

5. 其他要求

各政策对引进的人才除了学位、年龄上的限制以外，还有不少政策在专利、永久居住权、行业上也有限制（见表5）。专利要求主要是指引进的人才是否必须要有专利要求；永久居住要求是指获得国（境）外永久居住资格要求的人员是否在引进范围；行业要求是指优先引进某些行业的人才。由表5可见，132项政策提到引进的人才必须获得专利，占总数的25.73%；72项政策提到获得国外永久居住资格的人才仍属引进的对象，占总数的14.03%；183项政策对引进的人才有行业上的要求，主要限制在金融、管理、高科技、电子信息、环保、能源及新兴产业等方面，与当地支柱产业、新兴产业和紧缺专业相联系。

表5 各创业政策中描述的人员要求

单位：项，%

类　别	要求与否	样本数	样本比例
专利	要求	132	25.73
	无要求	381	74.27
永久居住	要求	72	14.03
	无要求	441	85.96
行业	要求	183	35.67
	无要求	330	64.33

由以上的分析可以看到，我国引进的人才主要是在国外取得本科及以上学位、访问学者出国前必须取得中级及以上职称且在外进修一年以上时间，较少

要求留学人员具有专利，且以满足当地支柱产业、新兴产业和紧缺专业人才需求居多。

（三）留学人员回国创业享受的资金支持

留学人员回国创业享受的资金支持包括留学人员个人及其企业享受的税收优惠、留学人员享受的各项补贴、创业及经营过程中享受的无风险资金和风险资金的支持。

1. 税收优惠

经过对491项适用于留学人员创业的政策进行分析，我们发现税收方面主要涉及的有企业所得税、个人所得税、关税、营业税、增值税等（见表6）。

表6 留学人员创业享受的税收优惠及行政级别比较

单位：项，%

税收优惠种类	该项具体支持政策		省区市级（N=201）			地市区级（N=290）		
	数量（n）	占总优惠政策数量（N=554）比*	数量（n）	占该项优惠种类比	占该地区总政策数比	数量（n）	占该项优惠种类比	占该地区总政策数比
房产税补贴、返还等	7	1.26	2	28.57	1.00	5	71.43	1.72
购买国产轿车一辆免税	29	5.23	8	27.59	3.98	21	72.41	7.24
个人所得税减免、返还、奖励等优惠	39	7.04	19	48.72	9.45	20	51.28	6.90
增值税返还、即征即退等优惠	45	8.12	13	28.89	6.47	32	71.11	11.03
营业税的减免、返还等优惠	43	7.76	16	37.21	7.96	27	62.79	9.31
自用物品、少量原料等进口免关税	25	4.51	15	60.00	7.46	10	40.00	3.45
企业所得税减免、返还等优惠	70	12.64	20	28.57	9.95	50	71.43	17.24
其他（产品出口退税、流转税返还等）	5	0.90	1	20.00	0.50	4	80.00	1.38
有优惠但未指明具体细节	34	6.14	19	55.88	9.45	12	35.29	4.14
税收政策总数	297	53.61	113	38.05	56.22	181	60.94	62.41
对税收优惠无涉及的政策	286	51.62	116	40.56	57.71	154	53.85	53.10

*因为有同一条政策涉及多项税收优惠的情况，计算政策总数时会超过收集的政策总数，百分比相加大于100%，下同。

对于留学人员企业，12.64%的政策允许创业的前三年免收企业所得税或是前两年免收所得税、第3~8年企业所得税减半，有些政策指出收取的企业所得税会在后期由财政返还给企业；提到营业税的减免、返还等优惠措施的政策占到7.76%；8.12%的政策对增值税采取返还、即征即退等优惠措施；7.04%的政策对个人所得税减免、返还、奖励等；为方便留学回国人员更好地从事研究工作，对留学人员回国时携带的研究资料、书籍文献等物品，以及从国（境）外进口的少量试剂、原料、配料等，海关均予以免关税（4.51%）；另外，还有一些政策提到了其他的一些税收优惠措施，具体见表6，这些税收措施在一定程度上减轻了留学人员企业的运营成本。但仍有半数以上的政策并未提及税收方面的优惠。

通过比较不同行政级别政策，我们发现地市区级税收政策占比（60.94%）高于省区市级（38.05%）；在各项税收类别的政策比较中，除了自用物品、少量原料等进口免关税这一项省区市级（60%）高于地市区级（40%）以外，其他均是地市区级高于省区市级，差值在40个百分点以上的税收项目为产品出口退税、流转税返还等，房产税补贴、返还等，企业所得税减免、返还等，购买国产轿车一辆免税，增值税返还、即征即退等优惠。将不同行政级别的税收政策与其同级的总政策数相比较，地市区级税收政策（181项，62.41%）同样多于省区市级（113项，56.22%）。

通过具体比较不同地区政策，我们发现东部地区无论在税收政策总数上，还是在不同税种的优惠政策数量上，均远高于中西部地区，并呈东部地区（218项，73.40%）高于中部地区（50项，16.84%），中部地区高于西部地区（27项，9.09%）的状态。但是在将三大地区同自身的纵向比较上，东、中部地区所涉及的税收政策与各自提到的政策总数上差异不明显，东部地区（63.56%）仅比中部地区（62.50%）高出1.06个百分点。从各税种的优惠政策来看，东部全部多于中西部，中部大部分多于西部（见表7）。其中，在个人所得税减免、返还、奖励等优惠上，西部（12.82%）多于中部（5.13%）；同样，在自用物品、少量原料等进口免关税上，西部（16.00%）也多于中部（12.00%）。这两项集中在涉及留学人员个人的优惠上，体现了西部地区的侧重方面。

表7　留学人员创业享受的税收优惠的地区差异

单位：项，%

税收优惠种类	东部地区(N=343)			中部地区(N=80)			西部地区(N=68)		
	数量(n)	占该项优惠种类比	占该地区总政策数比	数量(n)	占该项优惠种类比	占该地区总政策数比	数量(n)	占该项优惠种类比	占该地区总政策数比
房产税补贴、返还等	7	100.00	2.04	0	0.00	0.00	0	0.00	0.00
购买国产轿车一辆免税	21	72.41	6.12	5	17.24	6.25	3	10.34	4.41
个人所得税减免、返还、奖励等优惠	32	82.05	9.33	2	5.13	2.50	5	12.82	7.35
增值税返还、即征即退等优惠	34	75.56	9.91	8	17.78	10.00	3	6.67	4.41
营业税的减免、返还等优惠	30	69.77	8.75	10	23.26	12.50	3	6.98	4.41
自用物品、少量原料等进口免关税	18	72.00	5.25	3	12.00	3.75	4	16.00	5.88
企业所得税减免、返还等优惠	53	75.71	15.45	13	18.57	16.25	4	5.71	5.88
其他(产品出口退税、流转税返还等)	4	80.00	1.17	1	20.00	1.25	0	0.00	0.00
有优惠但未指明具体细节	19	55.88	5.54	8	23.53	10.00	5	14.71	7.35
税收政策总数	218	73.40	63.56	50	16.84	62.50	27	9.09	39.71
对税收优惠无涉及的政策	188	65.73	54.81	46	16.08	57.50	36	12.59	52.94

2. 享受的各项补贴

表8列出了政策中对创业留学人员的各项补贴。给予一定的安家补助费或安家补贴是最常见的优惠（17.82%）；10.57%的政策提到留学人员可以享受医疗、养老等社会保险；8.46%的政策提到留学人员可以享受一定数额的一次性补贴；9.97%的政策提到会给留学人员（每月）发放一定的生活津贴；6.65%的政策给予留学人员一定的住房补贴；另外，可以优惠价购买住房的政策占到了总数的4.23%。只有1/5的政策没有提到任何形式的补贴，无论补贴的形式为何，它们都在一定程度上给予了留学人员一定的经济支持，使留学人员及其家属能够安心工作。

通过比较不同行政级别政策，我们发现地市区级补贴政策总数（326项，62.45%）多于省区市级（173项，33.14%）；在不同补贴种类的政策比较中，除了医疗补贴这一项省区市级（14项，48.28%）多于地市区级（12项，41.38%）以外，其他均是地市区级多于省区市级。在省区市级补贴政策中，提到最多的是医疗补贴，占48.28%；其次是享受（政府）特殊津贴，占40.91%；再次是租房补贴或优惠，占38.46%。在地市区级补贴政策中，

表 8　留学人员创业享受的各项补贴及行政级别比较

单位：项，%

享受补贴的种类	该项具体支持政策		省区市级（N＝201）			地市区级（N＝290）		
	数量（n）	占总补贴政策数量（N＝662）比	数量（n）	占该项补贴种类比	占该地区总政策数比	数量（n）	占该项补贴种类比	占该地区总政策数比
一次性补贴	56	8.46	20	35.71	9.95	36	64.29	12.41
享受本地市民同等待遇	13	1.96	4	30.77	1.99	8	61.54	2.76
医疗补贴	29	4.38	14	48.28	6.97	12	41.38	4.14
享受（政府）特殊津贴	22	3.32	9	40.91	4.48	13	59.09	4.48
职业培训或创业培训补贴	14	2.11	4	28.57	1.99	9	64.29	3.10
享受一定的住房补贴	44	6.65	15	34.09	7.46	27	61.36	9.31
优惠价购买住房	28	4.23	8	28.57	3.98	19	67.86	6.55
一定或是每月的生活津补贴	66	9.97	19	28.79	9.45	46	69.70	15.86
租房补贴或优惠	26	3.93	10	38.46	4.98	15	57.69	5.17
享受社会保险	70	10.57	22	31.43	10.95	37	52.86	12.76
一定的安家补助费或安家补贴	118	17.82	33	27.97	16.42	83	70.34	28.62
其他（特殊岗位津贴、专利申请补贴、旅费补贴、子女教育补贴等）	36	5.44	15	41.67	7.46	21	58.33	7.24
各项补贴政策总数	522	78.85	173	33.14	86.07	326	62.45	112.41
对各项补贴无涉及的政策	140	21.15	68	48.57	33.83	61	43.57	21.03

提到最多的是一定的安家补助费或安家补贴（70.34%）；其他较多的还有一定或是每月的生活津补贴（69.70%）、优惠价购买住房（67.86%）、职业培训或创业培训补贴（64.29%）、一次性补贴（64.29%）、享受本地市民同等待遇（61.54%）。

差值在 30 个百分点以上的补贴项目为一定的安家补助费或安家补贴、一定或是每月的生活津补贴、优惠价购买住房、职业培训或创业培训补贴、享受本地市民同等待遇。将不同行政级别的补贴政策与其同级的总政策数相比较，地市区级对留学回国人员的补贴政策（326 项，112.41%）同样多于省区市级（173 项，86.07%）。值得一提的是，地市区级的补贴政策超过 100%，平均提出的每一项与留学人员相关的创业政策都涉及了一种以上的补贴政策。

通过具体比较不同地区政策，发现东部地区无论在补贴政策总数上，还是在不同种类的补贴政策数量上，均远高于中西部地区，并呈东部地区（361项，69.16%）高于中部地区（77项，14.75%），中部地区高于西部地区（61项，11.69%）的状态。但是在将三大地区同自身的纵向比较上，所涉及的各种补贴政策与各自提到的政策总数之比的差异并不悬殊，东部地区（105.25%）比中部地区（96.25%）高出9个百分点；中部地区比西部地区（89.71%）高出6.54个百分点（见表9）。

表9　留学人员创业享受的各项补贴的地区差异

单位：项，%

享受补贴的种类	东部地区(N=343)			中部地区(N=80)			西部地区(N=68)		
	数量(n)	占该项补贴种类比	占该地区总政策数比	数量(n)	占该项补贴种类比	占该地区总政策数比	数量(n)	占该项补贴种类比	占该地区总政策数比
一次性补贴	48	85.71	13.99	6	10.71	7.50	2	3.57	2.94
享受本地市民同等待遇	8	61.54	2.33	3	23.08	3.75	1	7.69	1.47
医疗补贴	20	68.97	5.83	3	10.34	3.75	3	10.34	4.41
享受(政府)特殊津贴	13	59.09	3.79	8	36.36	10.00	1	4.55	1.47
职业培训或创业培训补贴	10	71.43	2.92	0	0.00	0.00	3	21.43	4.41
享受一定的住房补贴	30	68.18	8.75	5	11.36	6.25	7	15.91	10.29
优惠价购买住房	19	67.86	5.54	6	21.43	7.50	2	7.14	2.94
一定或是每月的生活津补贴	44	66.67	12.83	10	15.15	12.50	11	16.67	16.18
租房补贴或优惠	19	73.08	5.54	2	7.69	2.50	4	15.38	5.88
享受社会保险	42	60.00	12.24	9	12.86	11.25	8	11.43	11.76
一定的安家补助费或安家补贴	87	73.73	25.36	17	14.41	21.25	12	10.17	17.65
其他(特殊岗位津贴、专利申请补贴、旅费补贴、子女教育补贴等)	21	58.33	6.12	8	22.22	10.00	7	19.44	10.29
各项补贴政策总数	361	69.16	105.25	77	14.75	96.25	61	11.69	89.71
对各项补贴无涉及的政策	76	54.29	22.16	24	17.14	30.00	29	20.71	42.65

3. 无风险资金的支持

留学人员创业及其企业获得的无风险资金支持形式也是多样的（见表10）。在不同的资金支持形式中，无论是各种行政级别还是东、中、西部三大地区，占比前三的均是创业资金支持、获得科研经费的支持和科技三项费的支持。

表 10　留学人员创业享受的无风险资金的支持及行政级别比较

单位：项，%

享受无风险资金支持的种类	该项具体支持政策		省区市级（N＝201）			地市区级（N＝290）		
	数量（n）	占该项支持总政策数量（N＝608）比	数量（n）	占该种类比	占该地区总政策数比	数量（n）	占该种类比	占该地区总政策数比
创业资金支持（包括创业启动资金、创业专项资金、创业奖励）	140	23.03	36	25.71	17.91	99	70.71	34.14
科技三项费的支持	66	10.86	22	33.33	10.95	42	63.64	14.48
享受一定的配套资金	24	3.95	8	33.33	3.98	15	62.50	5.17
科技、产业发展资金的支持	18	2.96	7	38.89	3.48	10	55.56	3.45
获得科研经费的支持	97	15.95	31	31.96	15.42	63	64.95	21.72
专项资金给予支持	43	7.07	16	37.21	7.96	27	62.79	9.31
科研（项目）启动资金的支持	59	9.70	11	18.64	5.47	47	79.66	16.21
技术开发、技术转化、技术人才支持	26	4.28	13	50.00	6.47	13	50.00	4.48
无风险资金支持政策的总数	473	77.80	144	30.44	71.64	316	66.81	108.97
对无风险资金支持无涉及的政策	135	22.20	66	48.89	32.84	61	45.19	21.03

通过具体比较不同地区政策，我们发现东部地区在资金支持政策的数量占比仍然最高，为71.67%，中部地区为15.01%，西部地区为10.57%，中西部地区差异不大（见表11）。但是在将三大地区同自身的纵向比较上，各地区涉及的各种资金支持政策与各自提到的政策总数之比分别是东部地区，98.83%；中部地区，88.75%；西部地区，73.53%。在纵向比较中，科技三项费的支持与科技、产业发展资金的支持，西部地区比东、中部高；在享受一定的配套资金，获得科研经费的支持，专项资金给予支持和技术开发，技术转化、技术人才支持上，中部地区高于东、西部地区。

虽然表面上，留学人员创业能享受很多的资金支持，但不少留学人员反映虽然不少地方政府和创业园区对留学人员企业有一次性创业启动资金、项目启动费、科研启动费，但数额和力度有限，并且申请流程烦琐，资金难以支撑企业规模产业化扩展。因此，创业资金问题不可避免地摆在了显著的位置，需要我们着力解决。

表 11　留学人员创业享受无风险资金支持的地区差异

单位：项，%

享受无风险资金支持的种类	东部地区（N＝343）			中部地区（N＝80）			西部地区（N＝68）		
	数量（n）	占该项种类比	占该地区总政策数比	数量（n）	占该项种类比	占该地区总政策数比	数量（n）	占该项种类比	占该地区总政策数比
创业资金支持（包括创业启动资金、创业专项资金、创业奖励）	107	76.43	31.20	16	11.43	20.00	12	8.57	17.65
科技三项费的支持	43	65.15	12.54	10	15.15	12.50	11	16.67	16.18
享受一定的配套资金	17	70.83	4.96	4	16.67	5.00	2	8.33	2.94
科技、产业发展资金的支持	11	61.11	3.21	2	11.11	2.50	4	22.22	5.88
获得科研经费的支持	67	69.07	19.53	18	18.56	22.50	9	9.28	13.24
专项资金给予支持	28	65.12	8.16	9	20.93	11.25	6	13.95	8.82
科研（项目）启动资金的支持	52	88.14	15.16	3	5.08	3.75	3	5.08	4.41
技术开发、技术转化、技术人才支持	14	53.85	4.08	9	34.62	11.25	3	11.54	4.41
无风险资金支持政策的总数	339	71.67	98.83	71	15.01	88.75	50	10.57	73.53
对无风险资金支持无涉及的政策	89	65.93	25.95	20	14.81	25.00	19	14.07	27.94

4. 风险资金的支持

风险资金支持是指投资者协助具有专门科技知识而缺乏资金的人创业并承担失败风险的资金，其特点是甘冒风险而追求较高的投资回报。表 12 显示，229 项政策提到留学人员创业和留学人员企业会得到风险资金的支持，占总数的 42.88%；96 项政策提到留学人员企业可以享受贷款贴息这一优惠措施，占总数的 17.98%；86 项政策提到留学人员及其企业享受担保资金的支持，占总数的 16.10%；另有政策提到留学人员企业会享受基金支持及跟进风险投资的支持。但仍有半数以上的政策并未提及给予风险资金上的支持。在行政级别比较上，地市区级在每一项的比例均高于省区市级。

通过具体比较不同地区政策，在各项上均是东部地区远多于中部和西部地区；除了基金支持外，均是中部多于西部，但相差不大。

企业创办初期出现资金不足问题是在所难免的，但是由于留学人员企业在国内没有固定资产抵押和信誉担保等诸多原因，国内银行并不愿意向留学回国创业人员放贷，并且我国目前风险投资公司发育不足、数量少，又缺乏完善的退出机制，因此对中小科技企业融资非常谨慎。

表 12　留学人员创业享受的风险资金的支持及行政级别比较

单位：项，%

享受风险资金支持的种类	该项具体支持政策		省区市级（N＝201）			地市区级（N＝290）		
	数量（n）	占该项支持总政策数量（N＝534）比	数量（n）	占该种类比	占该地区总政策数比	数量（n）	占该种类比	占该地区总政策数比
跟进风险投资	3	0.56	1	33.33	0.50	2	66.67	0.69
基金支持（种子基金、风险投资基金）	44	8.24	14	31.82	6.97	28	63.64	9.66
担保资金	86	16.10	31	36.05	15.42	50	58.14	17.24
贷款贴息	96	17.98	33	34.38	16.42	62	64.58	21.38
风险资金支持政策的总数	229	42.88	79	34.50	39.30	142	62.01	48.97
对风险资金支持无涉及的政策	305	57.12	132	43.28	65.67	156	51.15	53.79

表 13　留学人员创业享受的风险资金支持的地区差异

单位：项，%

享受风险资金支持的种类	东部地区（N＝343）			中部地区（N＝80）			西部地区（N＝68）		
	数量（n）	占该项种类比	占该地区总政策数比	数量（n）	占该项种类比	占该地区总政策数比	数量（n）	占该项种类比	占该地区总政策数比
跟进风险投资	3	100.00	0.87	0	0.00	0.00	0	0.00	0.00
基金支持（种子基金、风险投资基金）	34	77.27	9.91	5	11.36	6.25	8	18.18	11.76
担保资金	64	74.42	18.66	10	11.63	12.50	7	8.14	10.29
贷款贴息	74	77.08	21.57	13	13.54	16.25	8	8.33	11.76
风险资金支持政策的总数	175	76.42	51.02	28	12.23	35.00	23	10.04	33.82
对风险资金支持无涉及的政策	183	60.00	53.35	55	18.03	68.75	50	16.39	73.53

（四）留学人员回国创业获得的非资金支持

留学人员回国创业获得的非资金支持包括留学人员个人发展、家属安置方面的优惠、创业登记注册时享受的优惠、企业经营过程中享受的优惠、留学人员企业享受的孵化优惠以及留学人员出入境方面享受的优惠。

1. 个人发展方面的优惠措施

本报告所指个人发展方面的优惠主要涉及留学人员在专业技术职务评定时

的一些优惠措施。由表14可以看到，69项政策提到留学人员专业技术职务评定时不受指标、岗位任职时间、工作年限、出国前职称等的限制；65项政策提到留学人员在职称评定时可以较少受限；40项政策明确提到了留学人员本人可以落户；还有些政策支持留学人员专业技术职务评定时免试外语、可以破格晋升等；另有14项政策提到承认留学人员国外专业技术职务或执业资格。虽然留学人员个人发展上有这样一些优惠，但仅限于专业技术职务评定，尚有2/3的政策没有该方面的优惠。

表14　留学人员个人发展方面的优惠措施及行政级别比较

单位：项，%

个人发展方面的优惠措施	该项具体支持政策		省区市级（N＝201）			地市区级（N＝290）		
	数量（n）	占该项支持总政策数量（N＝546）比	数量（n）	占该种类比	占该地区总政策数比	数量（n）	占该种类比	占该地区总政策数比
允许从国外自带助手	6	1.10	4	66.67	1.99	2	33.33	0.69
职称评定	65	11.90	31	47.69	15.42	34	52.31	11.72
承认国外专业技术职务或执业资格	14	2.56	3	21.43	1.49	11	78.57	3.79
落户优惠	40	7.33	16	40.00	7.96	24	60.00	8.28
专业技术职务评定较少受限制	69	12.64	33	47.83	16.42	36	52.17	12.41
个人发展优惠政策的总数	194	35.53	87	44.85	43.28	107	55.15	36.90
对个人发展优惠无涉及的政策	352	64.47	127	36.08	63.18	204	57.95	70.34

在个人发展优惠政策总数的地区比较上，虽然东部地区在每一项的绝对数量最多，但通过与其自身的纵向对比，发现东部地区最少，占比为34.99%；中部地区占比最多，为62.50%；西部地区次之，35.29%（见表15）。

2. 家属安置方面的优惠措施

重视对留学人员及其家属的安置、解决其各类生活问题是各政策中最常见的优惠措施。在513项留学政策中，提到该问题的次数高达794次，平均每1项政策提到了1.5次。家属安置方面最主要的是为子女入学提供方便（28.62%）、家属就业协助解决（16.68%）和家属落户（15.42%）。这三项

表 15　留学人员个人发展方面优惠措施的地区差异

单位：项，%

个人发展方面的优惠措施	东部地区（N=343）			中部地区（N=80）			西部地区（N=68）		
	数量（n）	占该项种类比	占该地区总政策数比	数量（n）	占该项种类比	占该地区总政策数比	数量（n）	占该项种类比	占该地区总政策数比
允许从国外自带助手	2	33.33	0.58	0	0	0	4	66.67	5.88
职称评定	37	56.92	10.79	18	27.69	22.50	10	15.38	14.71
承认国外专业技术职务或执业资格	7	50.00	2.04	7	50.00	8.75	0	0	0
落户优惠	32	80.00	9.33	5	12.50	6.25	3	7.50	4.41
专业技术职务评定较少受限制	42	60.87	12.24	20	28.99	25.00	7	10.14	10.29
个人发展优惠政策的总数	120	61.86	34.99	50	25.77	62.50	24	12.37	35.29
对个人发展优惠无涉及的政策	236	67.05	68.80	46	13.07	57.50	49	13.92	72.06

占到了家属安置政策总数量的 3/5。除上述优惠措施以外，69 项政策（7.29%）提到农村户口可以农转非；57 项政策（6.02%）提到当地政府或是创业园优先解决留学人员及其家属的住房问题，如提供过渡住房等。

表 16　留学人员家属安置方面的优惠措施及行政级别比较

单位：项，%

家属安置方面的优惠措施	该项具体支持政策		省区市级（N=201）			地市区级（N=290）		
	数量（n）	占该项支持总政策数量（N=947）比	数量（n）	占该种类比	占该地区总政策数比	数量（n）	占该种类比	占该地区总政策数比
留学人员子女中高考加分、优先录取	53	5.60	20	37.74	9.95	32	60.38	11.03
享受本地市民同等待遇	19	2.01	11	57.89	5.47	8	42.11	2.76
为子女择校提供方便、免交择校费	21	2.22	4	19.05	1.99	17	80.95	5.86
家属落户	146	15.42	63	43.15	31.34	80	54.79	27.59
家属就业协助解决	158	16.68	69	43.67	34.33	84	53.16	28.97
农村户口可以农转非	69	7.29	35	50.72	17.41	34	49.28	11.72
住房问题可以优先得到解决	57	6.02	30	52.63	14.93	25	43.86	8.62
为子女入学提供方便	271	28.62	96	35.42	47.76	169	62.36	58.28
家属安置优惠政策的总数	794	83.84	328	41.31	163.18	449	56.55	154.83
对家属安置优惠无涉及的政策	153	16.16	63	41.18	31.34	78	50.98	26.90

对东、中、西部三个地区的对比发现，在本研究的每项优惠政策的比重中，东部地区都远高于其他两个地区，但在与各个地区的纵向比较中发现，留学人员子女中高考加分、优先录取与家属就业协助解决等政策是中部最高，东部最低，西部居中；在留学人员家属落户的优惠政策上，西部最高，为33.82%，中部最低，为26.25%（见表17）。

表17　留学人员家属安置方面优惠措施的地区差异

单位：项，%

家属安置方面的优惠措施	东部地区（N＝343）			中部地区（N＝80）			西部地区（N＝68）		
	数量（n）	占该项种类比	占该地区总政策数比	数量（n）	占该项种类比	占该地区总政策数比	数量（n）	占该项种类比	占该地区总政策数比
留学人员子女中高考加分、优先录取	32	60.38	9.33	12	22.64	15.00	8	15.09	11.76
享受本地市民同等待遇	14	73.68	4.08	2	10.53	2.50	3	15.79	4.41
为子女择校提供方便、免交择校费	13	61.90	3.79	6	28.57	7.50	2	9.52	2.94
家属落户	99	67.81	28.86	21	14.38	26.25	23	15.75	33.82
家属就业协助解决	102	64.56	29.74	29	18.35	36.25	22	13.92	32.35
农村户口可以农转非	44	63.77	12.83	17	24.64	21.25	8	11.59	11.76
住房问题可以优先得到解决	39	68.42	11.37	7	12.28	8.75	9	15.79	13.24
为子女入学提供方便	191	70.48	55.69	43	15.87	53.75	31	11.44	45.59
家属安置优惠政策的总数	534	67.25	155.69	137	17.25	171.25	106	13.35	155.88
对家属安置优惠无涉及的政策	95	62.09	27.70	26	16.99	32.50	20	13.07	29.41

家属安置，尤其是其配偶的安置和子女的教育问题，是影响留学生回国服务的一个重要因素，有时候甚至成为决定因素，此类问题的解决多数情况下成为留学人员回国工作的先决条件。尤其是在重集体主义、重视亲情的文化主义传统的影响下，对家属采取什么样的优惠措施无疑会极大地影响留学人员的决定。

3. 创业登记注册时享受的优惠措施

企业登记注册过程中会涉及立项审批、内资还是外资注册企业、注册资金的标准、注册资金到位状况等。83项政策允许留学人员企业登记注册资金放宽、内外资均可，占总数的16.12%；13项政策（2.52%）提到注册资金可以分期到位；其他优惠措施均涉及较少，不足2%。超过2/3的政策未提及留学人员创业登记注册方面享受的优惠措施。

通过对东、中、西部三个地区的对比，在本研究的每项优惠政策的比重中，东部地区都远高于其他两个地区，但在与各个地区的纵向比较中发现，中部地区最高，为52.50%；西部地区次之，为38.24%；东部地区最低，为29.74%（见表19）。

表18　留学人员创业登记注册时享受的优惠措施及行政级别比较

单位：项，%

登记注册过程中的优惠措施	该项具体支持政策		省区市级（N＝201）			地市区级（N＝290）		
	数量（n）	占该项支持总政策数量（N＝515）比	数量（n）	占该种类比	占该地区总政策数比	数量（n）	占该种类比	占该地区总政策数比
可优先申报项目	3	0.58	2	66.67	1.00	0	0.00	0.00
允许注册资金分期到位	13	2.52	0	0.00	0.00	13	100.00	4.48
企业登记注册资金放宽、内外资均可	83	16.12	27	32.53	13.43	57	68.67	19.66
允许以专利、技术等要素入股	8	1.55	5	62.50	2.49	3	37.50	1.03
优先审批项目	10	1.94	5	50.00	2.49	5	50.00	1.72
简化手续优先办理	8	1.55	6	75.00	2.99	1	12.50	0.34
市场准入放宽	6	1.17	3	50.00	1.49	2	33.33	0.69
其他	40	7.77	15	37.50	7.46	25	62.50	8.62
登记注册过程中的优惠政策的总数	171	33.20	63	36.84	31.34	106	61.99	36.55
对登记注册过程优惠无涉及的政策	344	66.80	139	40.41	69.15	186	54.07	64.14

表19　留学人员创业登记注册时享受的优惠措施的地区差异

单位：项，%

登记注册过程中的优惠措施	东部地区（N＝343）			中部地区（N＝80）			西部地区（N＝68）		
	数量（n）	占该项种类比	占该地区总政策数比	数量（n）	占该项种类比	占该地区总政策数比	数量（n）	占该项种类比	占该地区总政策数比
可优先申报项目	2	66.67	0.58	0	0.00	0.00	0	0.00	0.00
允许注册资金分期到位	8	61.54	2.33	3	23.08	3.75	2	15.38	2.94
企业登记注册资金放宽、内外资均可	60	72.29	17.49	18	21.69	22.50	7	8.43	10.29
允许以专利、技术等要素入股	4	50.00	1.17	3	37.50	3.75	1	12.50	1.47
优先审批项目	6	60.00	1.75	3	30.00	3.75	1	10.00	1.47
简化手续优先办理	5	62.50	1.46	1	12.50	1.25	1	12.50	1.47
市场准入放宽	3	50.00	0.87	1	16.67	1.25	1	16.67	1.47
其他	14	35.00	4.08	13	32.50	16.25	13	32.50	19.12
登记注册过程的优惠政策的总数	102	59.65	29.74	42	24.56	52.50	26	15.20	38.24
对登记注册过程优惠无涉及的政策	223	64.83	65.01	51	14.83	63.75	51	14.83	75.00

4. 企业经营过程中享受的优惠

政策中提到的企业在运营过程中享受的措施涉及生产、科研用房房租优惠，自建用房土地出让金优惠，免各项行政事业收费，生产设备加速折旧等。

表20显示，最常见的优惠措施是生产、科研、办公用房房租减免，共有78项政策提到，占到了总数的15.18%；35项政策提到企业自建厂房时土地使用权出让金、土地租金减免，占总数的6.81%；21项政策提到留学人员企业购买科研设备能享受一定的资助，并且机器、设备可以加速折旧；11项政策提到留学人员企业可以免缴行政性事业收费（一般为3年内免收）；还有一些政策提到企业生产性厂房建设方面的优惠、免费使用网络、新产品可以自行定价等优惠。65.76%的政策没有相关的优惠措施。

在东中西三个地区的比较中发现，在本研究的每项优惠政策的比重中，东部地区都远高于其他两个地区，但在与各个地区的纵向比较中发现，中部地区登记注册过程中优惠政策的总数最多，占41.25%；东部次之，占38.48%；西部最少，占13.24%（见表21）。

表20 留学人员企业经营过程中享受的优惠政策及行政级别比较

单位：项，%

企业经营过程中享受的优惠政策	该项具体支持政策		省区市级（N=201）			地市区级（N=290）		
	数量（n）	占该项支持总政策数量（N=514）比	数量（n）	占该种类比	占该地区总政策数比	数量（n）	占该种类比	占该地区总政策数比
生产、科研、办公用房房租减免等	78	15.18	15	19.23	7.46	63	80.77	21.72
土地使用权出让金、土地租金减免	35	6.81	15	42.86	7.46	19	54.29	6.55
行政性事业收费免除	11	2.14	1	9.09	0.50	9	81.82	3.10
购买科研设备享受一定的资助	21	4.09	7	33.33	3.48	14	66.67	4.83
机器设备可加速折旧	8	1.56	1	12.50	0.50	7	87.50	2.41
优先优惠获得立项	6	1.17	1	16.67	0.50	5	83.33	1.72
生产性厂房建设方面的优惠	3	0.58	0	0.00	0.00	3	100.00	1.03
提供便利服务	14	2.72	6	42.86	2.99	8	57.14	2.76
登记注册过程的优惠政策的总数	176	34.24	46	26.14	22.89	128	72.73	44.14
对登记注册过程优惠无涉及的政策	338	65.76	143	42.31	71.14	176	52.07	60.69

表 21　留学人员企业经营过程中享受优惠政策的地区差异

单位：项，%

企业经营过程中享受的优惠政策	东部地区（N＝343）			中部地区（N＝80）			西部地区（N＝68）		
	数量（n）	占该项种类比	占该地区总政策数比	数量（n）	占该项种类比	占该地区总政策数比	数量（n）	占该项种类比	占该地区总政策数比
生产、科研、办公用房房租减免等	60	76.92	17.49	13	16.67	16.25	5	6.41	7.35
土地使用权出让金、土地租金减免	26	74.29	7.58	7	20.00	8.75	1	2.86	1.47
行政性事业收费免除	6	54.55	1.75	4	36.36	5.00	0	0.00	0.00
购买科研设备享受一定的资助	17	80.95	4.96	3	14.29	3.75	1	4.76	1.47
机器设备可加速折旧	7	87.50	2.04	1	12.50	1.25	0	0.00	0.00
优先优惠获得立项	5	83.33	1.46	1	16.67	1.25	0	0.00	0.00
生产性厂房建设方面的优惠	1	33.33	0.29	2	66.67	2.50	0	0.00	0.00
提供便利服务	10	71.43	2.92	2	14.29	2.50	2	14.29	2.94
登记注册过程的优惠政策的总数	132	75.00	38.48	33	18.75	41.25	9	5.11	13.24
对登记注册过程优惠无涉及的政策	215	63.61	62.68	51	15.09	63.75	53	15.68	77.94

5. 留学人员企业享受的孵化优惠

绝大多数的政策都未提及留学人员企业享受的孵化优惠（见表22、表23）。仅有少数几项提到孵化优惠，最常见的是获得创业园区的孵化支持、优先享受孵化基地和孵化用房，可见我国在这方面做得还不是很到位。同济大学孙荣教授也认为我国吸引留学人员回国创业方面最大的问题是创业园孵化器“温度”不够。有些孵化器更像是物业管理公司，只负责收房租、水电费，甚至是车位费。应该发挥创业园和孵化器的深层作用，使留学人员企业能够很快融入国内经济发展的大潮。

表 22　留学人员创业享受的孵化优惠政策及行政级别比较

单位：项，%

创业享受的孵化优惠政策	总体数量		省区市级（N＝201）			地市区级（N＝290）		
	数量（n）	占该项支持总政策数量（N＝513）比	数量（n）	占该种类比	占该地区总政策数比	数量（n）	占该种类比	占该地区总政策数比
涉　及	40	7.80	11	27.50	5.47	26	65.00	8.97
无涉及	473	92.20	190	40.17	94.53	264	55.81	91.03

表 23　留学人员创业享受的孵化优惠政策的地区差异

单位：项，%

创业享受的孵化优惠政策	东部地区(N=343)			中部地区(N=80)			西部地区(N=68)		
	数量(n)	占该项种类比	占该地区总政策数比	数量(n)	占该项种类比	占该地区总政策数比	数量(n)	占该项种类比	占该地区总政策数比
涉　及	25	62.50	7.29	6	15.00	7.50	6	15.00	8.82
无涉及	318	67.23	92.71	74	15.64	92.5	62	13.11	91.18

6. 留学人员出入境方面享受的优惠措施

未提到出入境方面的优惠政策为 366 项，占 68.54%；99 项政策明确指出留学人员及其家属出入境手续简化、优先办理，占到了总数的 18.54%；明确指出来去自由，可以长期或是短期在某处工作或是在某地定居的共有 56 项政策，占到了总数的 10.49%；13 项政策提到留学人员可多次往返签证，占总数的 2.43%（见表 24）。其地区差异详见表 25。

表 24　留学人员出入境方面享受的优惠措施及行政级别比较

单位：项，%

出入境方面享受的优惠措施	该项具体支持政策		省区市级(N=201)			地市区级(N=290)		
	数量(n)	占该项支持总政策数量(N=534)比	数量(n)	占该种类比	占该地区总政策数比	数量(n)	占该种类比	占该地区总政策数比
多次往返签证	13	2.43	8	61.54	3.98	4	30.77	1.38
出入境手续简化、优先办理	99	18.54	48	48.48	23.88	50	50.51	17.24
留学人员来去自由	56	10.49	17	30.36	8.46	37	66.07	12.76
出入境优惠政策的总数	168	31.46	73	43.45	36.32	91	54.17	31.38
对出入境优惠无涉及的政策	366	68.54	134	36.61	66.67	218	59.56	75.17

82.85% 的政策并未指出留学人员的合法收入怎样处理；9.94% 的政策指出留学人员合法收入在税后可以换成外汇汇至国（境）外；3.90% 的政策允许合法收入税后换成外汇直接携带至国（境）外（见表 26）。

表 25　留学人员出入境方面享受优惠措施的地区差异

单位：项，%

出入境方面享受的优惠措施	东部地区（N＝343）			中部地区（N＝80）			西部地区（N＝68）		
	数量（n）	占该项种类比	占该地区总政策数比	数量（n）	占该项种类比	占该地区总政策数比	数量（n）	占该项种类比	占该地区总政策数比
多次往返签证	8	61.54	2.33	1	7.69	1.25	3	23.08	4.41
出入境手续简化、优先办理	59	59.60	17.20	25	25.25	31.25	15	15.15	22.06
留学人员来去自由	35	62.50	10.20	12	21.43	15.00	7	12.50	10.29
出入境优惠政策的总数	102	60.71	29.74	38	22.62	47.50	25	14.88	36.76
对出入境优惠无涉及的政策	255	69.67	74.34	50	13.66	62.50	47	12.84	69.12

表 26　留学人员合法收入的处理及行政级别比较

单位：项，%

合法收入的处理措施	该项具体支持政策		省区市级（N＝201）			地市区级（N＝290）		
	数量（n）	占该项支持总政策数量（N＝513）比	数量（n）	占该种类比	占该地区总政策数比	数量（n）	占该种类比	占该地区总政策数比
所得税后兑换成外汇汇至国（境）外	51	9.94	20	39.22	9.95	29	56.86	10.00
所得税后兑换成外汇携带至国（境）外	20	3.90	8	40.00	3.98	12	60.00	4.14
对合法收入处理措施无涉及的政策	425	82.85	160	37.65	79.60	245	57.65	84.48

（五）政府行为对留学人员回国创业的影响

政府采取什么样的行为也会对留学人员创业的积极性和动力产生明显的影响。政府行为上主要关注：政府是否表示留学人员的知识产权受法律的保护；留学人员企业的产品政府是否会优先购买；政府是否优先支持留学人员企业的成果转化；留学人员创业是否会受到当地政府的物质奖励或精神奖励，物质奖励主要是资金奖励，精神奖励主要是给予留学人员相应的荣誉称号。

由表 27 可以看到，25 项政策提到了留学人员的知识产权受法律的保护；10 项政策提到政府会优先购买留学人员企业的产品；46 项政策会优先支持留学人员企业成果的转化；153 项政策提到给予留学人员及其企业相应的物质和精神奖励。政府采取的一系列行为能够在一定程度上减轻留学人员的顾虑，使其能够安心地从事创业活动。行政级别和地区差异比较如表28、表29所示。

表27　政府行为的样本分布

单位：项，%

项　目	类　别	样本数	样本比例
保护留学人员的知识产权	是	25	4.87
	无	488	95.10
政府优先购买留学人员企业的产品	是	10	1.95
	无	503	98.10
优先支持成果转化	是	46	8.97
	无	467	91.00
给予一定的物质和精神奖励	是	153	29.80
	无	360	70.20

表28　政府行为对留学人员回国创业行为影响的行政级别比较

单位：项，%

政府行为种类	该项具体支持政策		省区市级（N=201）			地市区级（N=290）		
	数量（n）	占该项支持总政策数量（N=513）比	数量（n）	占该种类比	占该地区总政策数比	数量（n）	占该种类比	占该地区总政策数比
保护留学人员的知识产权	25	4.87	14	56.00	6.97	11	44.00	3.79
优先购买留学人员企业的新产品	10	1.95	6	60.00	2.99	4	40.00	1.38
优先支持成果转化	46	8.97	13	28.26	6.47	33	71.74	11.38
给予一定的物质和精神奖励	153	29.8	65	42.48	32.34	88	57.52	30.34

表29　政府行为对留学人员回国创业行为影响的地区差异

单位：项，%

政府行为种类	东部地区（N=343）			中部地区（N=80）			西部地区（N=68）		
	数量（n）	占该项种类比	占该地区总政策数比	数量（n）	占该项种类比	占该地区总政策数比	数量（n）	占该项种类比	占该地区总政策数比
保护留学人员的知识产权	15	60.00	4.37	6	24.00	7.50	4	16.00	5.88
优先购买留学人员企业的新产品	9	90.00	2.62	1	10.00	1.25	0	0.00	0.00
优先支持成果转化	32	69.57	9.33	9	19.57	11.25	5	10.87	7.35
给予一定的物质和精神奖励	95	62.09	27.70	34	22.22	42.50	24	15.69	35.29

（六）创业和商业技能方面的优惠

创业和商业技能主要涉及创业培训和企业发展两方面。在513项政策中，仅有40项政策提到给予留学人员相应的创业培训；而企业发展方面的优惠措施更少，仅有15项政策提到在项目上获得扶持或享受园区提供的用工服务，绝大多数政策没有提到这方面的优惠措施。这说明，我国人才引进战略中“重引进轻管理”的现象仍然存在。

而从发达国家引智实践来看，智力的引进至关重要，但是后期的人才管理又是重中之重，因为人才在被引进之后，发现实际的环境、条件没有达到自己期望的标准后，便会造成再一次的人才流失。高级人才的管理工作是稳定已有人才、吸引更多人才进入的保障工作，否则人才流失不可避免。这也是我国今后工作要加强的地方。

（七）留学人员在企业研发上获得的支持

在留学人员企业的研发上，513项政策中有27项提到创业园区内的企业共享信息网络平台，53项提到提倡企业与大学合作，充分利用大学的人才优惠，达到共赢。但更多的政策都没有这些方面的优惠。

经过对513项留学人员创业政策的考察，我们发现各项留学人员创业政策中的优惠措施还是比较全面的，从对本人及其家属安置、住房等各项补贴、工龄、留学人员创业享受到的税收优惠、创业获得的融资支持、创业可能的经费支持、创业登记注册过程中享受的优惠、企业经营过程中享受的其他优惠、本人及其亲属在出入境方面的优惠，到对留学人员合法收入怎样处理等一系列问题上都有优惠。

（八）对留学人员回国创业的配套政策的分析

按照创业享受的优惠措施的政策分析指标，对224项留学人员回国创业的配套政策进行编码，编码结果如表30所示。

在224项留学人员回国创业的配套政策中，60.3%的政策都涉及了资金支持，其中最多的是无风险资金支持，其次是风险资金支持；17.4%的政策涉及

表 30　配套政策对创业享受优惠措施的分析结果

单位：项，%

一级指标	二级指标	二级指标合计		一级指标合计	
		数量(n)	占比	数量(n)	占比
资金支持	税收优惠	8	3.57	135	60.3
	各项补贴	40	17.90		
	无风险资金支持	122	54.50		
	风险资金支持	54	24.10		
非资金支持	个人发展	2	0.89	39	17.4
	家属安置	25	11.20		
	登记注册	3	1.34		
	经营过程	1	0.45		
	孵化	3	1.34		
	出入境	8	3.57		
	个人收入	3	1.34		
政府行为	保护知识产权	0	0	20	8.93
	购买新产品	2	0.89		
	支持成果转化	4	1.79		
	物质和精神奖励	16	7.14		
创业和商业技能	创业培训	3	1.34	14	6.25
	企业发展	13	5.80		
研发支持	信息网络平台	1	0.45	1	0.45
	与大学合作	0	0		
其他	身份认定	39	17.40	57	25.4
	居留居住便利	13	5.80		
	户口登记	8	3.57		

了非资金支持，其中最多的是家属安置，占 11.2%；有关政府行为的配套政策占 8.93%，政府在物质和精神上的奖励占主要部分；有关创业和商业技能的政策占 6.25%；另外，仅有 1 条配套政策是关于研发支持的；在其他方面，有 17.4% 的配套政策是关于留学人员是否能成为政策实施对象的身份认定说明。

从绝对数量上来看，东部地区对留学人员回国创业的配套政策数目远远多于中部地区和西部地区，但从各项优惠措施的占比情况上来看并非如此，在与资金支持有关的配套政策数量上，中部地区占比最高（71.43%），西部地区

表 31　配套政策对创业享受优惠措施的地区差异

单位：项，%

配套政策对创业享受的优惠措施	东部地区（N＝131）		中部地区（N＝28）		西部地区（N＝26）	
	数量（n）	占该地区总政策数比	数量（n）	占该地区总政策数比	数量（n）	占该地区总政策数比
资金支持	77	58.78	20	71.43	16	61.54
非资金支持	23	17.56	3	10.71	5	19.23
政府行为	12	9.16	1	3.57	5	19.23
创业和商业技能	7	5.34	3	10.71	1	3.85
研发支持	1	0.76	0	0	0	0
其他	40	30.53	3	10.71	9	34.62

其次（61.54%），东部最少（58.78%）。在非资金支持、政府行为和其他项目上，均为西部地区占比最多。

三　提高我国留学人员回国创业政策效用的几点建议

通过对政策的梳理与分析，发现我国在留学人才创业环境的营造、海外高层次人才的吸引和保留中还存在一些问题。对此提出了下列建议。

（一）营造有利于留创人员创新创业的政策和社会环境

留学人员对留创园服务普遍表示满意，但大多数留学人员认为我国整体商务环境很不完善，出现了留创园内和社会上服务失衡的现象。因此，有必要尽快完善与留创企业相关的税收激励机制、融资担保机制、政府采购机制等政策措施，营造出有利于留学人员创新创业的政策环境。同时，加强人事、教育、科技、公安、财政等与留学人员创新创业相关部门之间的协调。对于留学生回国创新创业管理的职责，必须细化并落实到相应部门，考虑到国家科技计划对留学人员创新创业的重要促进作用，科技部可以考虑设立一个留学人员创新创业办公室，专门负责管理和协调回国留学人员的创新创业事务，为留学人员创新创业提供专项服务。

（二）增强留创园引导留创企业发展的重要作用

当前，留创园已成为孵化留学人员企业会集创新创业要素与资源的平台，成为建设创新型国家及区域科技创新体系的重要组成部分。目前，各地留创园都很重视对留创企业的孵化，给予初创阶段中小企业的服务较多，而对发展阶段中小企业的深层次支持还有所欠缺。例如，不少留创企业产品竞争对手是国际型大企业，在市场化过程中承受着巨大的压力，因市场推广而失败的个案屡有发生；还有一些企业缺乏管理经验和融资经验，因合作纠纷或融资瓶颈等问题而走向失败。尽管这些问题多属于企业自身问题，但是如果留创园对此能提供主动服务，深化对企业的支持，企业会受益良多。

（三）拓宽创业融资渠道

大多数创业企业均面临融资难问题，而它又正是创业企业成功进入发展正轨的致命要素。不难想象，由于留学回国人员在创业之前并没有太多的国内关系积累，对资本市场了解又相对较少，无法有效地进行资本市场融资。因此，作为卓越的创业环境营造的基本要素，有关创业企业融资难的问题需要首先予以解决。

（四）政府部门牵头多方解决生活配套问题

有关住房问题，大部分地区提出了以免费住房或住房补贴等基本方式加以解决，得到了广大留学回国人员的普遍认同。而子女教育问题则可以通过国家或地区相关部门确定一批学校开展双语教学，允许合理收取费用；鼓励国内知名学校开办国际部，收费比国际学校低些；鼓励和支持外资和民营企业兴办国际学校。

（五）强化创业辅导

创业环境优化需要进一步提升政府职能效率，加快政策落实力度，可以由政府牵头，建立全国性和地方性的留学人员服务中心，负责处理、协调留学人员归国创业的管理与配套服务工作，以提高工作效率，更好地吸引留学

人员回国创业与发展。而就各个地区而言，则更加需要针对当地不同行业性质下留学回国创业人员的差异发展需求，提供强化其创业热情和创业过程能力的培训与辅导，制订创业全程辅导计划，以进一步促成海外先进知识在国内得以快速稳固与发展。另外，系统的创业辅助项目还包括帮助创业企业构建卓越的创业发展环境，即在当前全国诸多留创园的基础之上，开拓出纵向视角下的与企业创业成功紧密相关的其他辅助企业或配套机构，进而形成促进创业企业快速成长的生态群落，而非仅仅停留在概念上的新创企业孵化园之上。

（六）构建全程服务

为留创企业提供发展平台、创造良好工作生活环境固然重要，但企业落户园区后，及时构建沟通交流机制、提供全程优质服务也不容忽视。应当掌握并及时更新企业信息，了解企业需求，为企业提供专业化、个性化的服务，这样才能让创业企业在当地扎根生存并不断发展壮大。

（七）完善引进人才的政策法规体系

应在国家法律法规的体系框架之下，制定引进海外人才以及人才管理的专项法律法规，使海外人才在我国工作、创业或研究等活动方面都有法可依。在制定政策时，一定要进行深入调查、缜密思考和反复推敲，避免反复变更。法规体系健全、政策稳定，这样才能增强海外华人人才回国的信心。同时，要完善外国专家的居留、优惠政策、国民待遇和权益保障等方面的政策法规，建立外国专家利益表达机制、参与机制，依法保护来华工作的外国专家的合法权益。

（八）制订合理的人才引进规划

首先，引进人才应该实事求是。各地经济发展水平不一，对人才的需求层次、类型和数量也不同的，因此，制订人才引进规划时要根据本地的实际情况，切不可盲目追求人才的“高学历”和“数量越多越好”，同时，也尽可能不使本地人才因和海外人才的差距过大而外流。其次，要围绕经济发展目标，对引进人才的结构加以调控。确定海外人才引进的重点行业和企业，集中资金引进紧缺人才。再次，做好人才评审工作。人才评审是引进人才的基础和依据。面对一些新技术、新学科方面的高端人才，其评审工作往往是国内某一具体用人单位不能胜任的，应该成立国家级的评审委员会，对所需人才建立合适的标准，严格考核，真正营造一个公平竞争、优胜劣汰的人才引进机制。最后，要发挥企事业单位引进人才的积极性。政府制定政策、宏观调控，企事业单位要根据自身需要，自主引进人才。用人单位成为人才引进的主体，变政府引进为用人单位引进，以市场机制来吸引国内外的优秀人才。

（九）各部门协调工作，成立专门的机构负责人才引进工作

吸引海外高层次人才回国（来华）工作是一项综合性工作，涉及许多部门。但是目前，我国海外人才管理工作比较分散，且积极吸收优秀人才的功能很不完善。各部门仅是从本部门角度出发开展工作，必要的沟通和有效的协调不够，影响了工作效果，造成了不必要的浪费。因此，应该明确海外人才工作的牵头单位，确立各部门的联席会议制度。做到定期互通信息，统一认识，协调步骤，统筹配合，发挥优势，做好服务。

A Comparative Study of Policies Concerning Entrepreneurial Returnees

Abstract: For a better understanding of Chinese attractive returning entrepreneurship policy environment, this report uses the policy text analysis method, Gnyawali & Fogel entrepreneurial environment framework and GEM entrepreneurial environment model to analyze the returning entrepreneurs' policy environment. We also use the various staff requirement policy and preferential measures to analyze the content of the returning entrepreneurship policy. Refer to the Entrepreneurship environment factors to find out the current policy measures status, structure, distribution, the gradient and the concentration or discrete degree

in different regions and different administrative levels, and a code analysis has been done on the basis of the returned students entrepreneurial requirements and preferential measures. In the end, the paper provides some suggestions for attracting the returning entrepreneurs.

Key Words: Overseas Students; Returnee Entrepreneurs; Entrepreneurship Policy

B.6

中国海归人才发展趋势研究

柳学智*

摘　要：

为了准确把握海归人才的发展趋势，本研究选择最新的可信数据作为研究依据，从纵向和横向的角度，全面分析改革开放以来海归人才的历史趋势，将海归人才发展与经济发展联系起来，运用回归分析方法，深入探讨海归人才发展与经济发展之间的定量关系。研究结果表明，海归人才发展与经济发展之间存在着显著的数量关系，并通过预测经济发展趋势来预测海归人才的发展趋势。根据研究结果，对当前吸引海归人才的政策和实践提出了相关建议。

关键词：

海归人才　发展趋势　经济社会发展　量化研究

一　引言

1872 年，容闳率领 120 名中国幼童出洋留学，揭开了中国出国留学的序幕。100 多年来，留学海外并学成归国的海归人才，作为新生知识分子，无论是在清王朝，还是在民国时期，无论在新中国成立初期，还是在改革开放以后，一直是中国社会向前发展的推动力量。[①] 新中国成立后，出国留学和留学回国进入了一个新的历史时期。统计显示，1950 ~ 1965 年，中国向苏联和东欧等共派遣公费留学生、进修生等 10698 人，同期回国 8013 人。1958 年前

* 柳学智，中国人事科学研究院副院长，研究员，中国人才研究会秘书长。

① 张雪蓉：《浅析建国 60 年来我国留学教育的历史变迁和时代特点》，《南京邮电大学学报（社会科学版）》2010 年第 1 期。

后，因苏联援建的工业项目，派出8000多名技术实习生。在此期间，还向苏联各军事院校派出800多名军事留学生。这样，中国内地在此期间共向社会主义国家派出各类留学人员1.8万多人①。此外，新中国还向北美和欧洲国家派出留学生，大部分为学习外语的留学人员，到1966年初，总数为1221人，分布在36个国家和地区，学习34种外国语言，只有少数是学习科学技术的留学生。②

除了派出留学生外，新中国还积极吸引新中国成立前出国的留学生回国参加祖国建设。从1949～1957年初，先后有2500～3000名主要在欧洲和北美相关国家的留学生和学者回国工作，约占1949年以前在外中国留学生、学者总数5600余人的50%。③

1966～1972年，出国留学陷入停滞状态。自1972年底到1978年初，中国先后向50个国家派出1162名语言类留学生，其中有704人结业回国。④

从新中国成立到改革开放前，由于特定的政治背景，出国留学和留学回国不仅受到国际政治的影响，派遣的留学生限定在社会主义国家，而且受到国内政治的影响，"文革"期间大部分留学活动被迫中断；同时，在留学形式和规模上，都是国家有计划派出的公费学生。

1978年，我国进入了改革开放的新时期，出国留学和留学回国迎来了一个崭新的发展时期。1978年6月23日，邓小平指出："我赞成留学生的数量增大，主要搞自然科学。要成千成万地派，不是只派十个八个。"这一重要指示在新时期出国留学史上具有重要的开创意义，也是制定我国新时期留学政策的最重要指导思想。改革开放以来，我国出国留学教育政策从1978年"突出重点、统筹兼顾、保证质量、力争多派"，到1986年"按需派遣、保证质量、学用一致"，再到1992年确定"支持留学、鼓励回国、来去自由"，显示出我国出国留学和留学回国政策逐步完善和成熟。⑤

① 程希、苗丹国：《出国留学六十年若干问题的回顾与思考（1949～2009年）》，《东南亚研究》2010年第1期。

② 同上。

③ 同上。

④ 同上。

⑤ 陈昌贵：《1978～2006：我国出国留学政策的演变与未来走向》，《高教探索》2007年第5期。

从出国留学和留学回国的规模上，据国家统计局和教育部统计，1978 年，出国留学人数为 860，留学回国人数为248，[①] 到了 2012 年，出国留学人数为 39.96 万，留学回国人数为 27.29 万，[②] 出国留学人数增加了约 464 倍，留学回国人数增加了近 1100 倍，出国留学和留学回国都有巨大的增长。

随着出国留学和留学回国规模的快速发展，学者们开始关注和研究海归人才的发展趋势。张雪蓉总结了新中国成立 60 年来我国留学教育的历史变迁和时代特点，[③] 程希、苗丹国也对新中国成立 60 年来的出国留学进行了回顾，[④] 陈昌贵梳理了改革开放以来我国出国留学政策的发展脉络，[⑤] 刘国福回顾了改革开放以来出国留学政策，并进行了一些法律思考，[⑥] 李红波从经济学的角度对“出国留学潮”进行了分析，[⑦] 等等。

然而，要使用现已公开的文献和资料提供的数据，试图详细、准确地描述中国的出国留学规模，的确是一件比较困难的事情，主要原因在于某些概念和数据的混乱、多变或不确定。[⑧] 笔者认为对海归人才发展趋势的研究，存在碎片化特征明显、实证研究严重不足、对未来趋势把握不够准确等问题，因而并运用回归分析对海归人才发展趋势进行预测。[⑨]

为了准确把握中国海归人才的发展趋势，本研究在已有研究的基础上，注重数据的可信度，广泛收集海归人才及其相关的最新数据和资料，经过反复核对和比较，选择可信数据作为研究依据。文章从纵向和横向的角度，全

---

① 国家统计局：《中国统计年鉴（2012）》，中国统计出版社，2012。

② 张航：《近 40 万人去年出国留学》，《北京晚报》2013 年 2 月 28 日。

③ 张雪蓉：《浅析建国 60 年来我国留学教育的历史变迁和时代特点》，《南京邮电大学学报（社会科学版）》2010 年第 1 期。

④ 程希、苗丹国：《出国留学六十年若干问题的回顾与思考（1949 ~ 2009 年）》，《东南亚研究》2010 年第 1 期。

⑤ 陈昌贵：《1978 ~ 2006：我国出国留学政策的演变与未来走向》，《高教探索》2007 年第 5 期。

⑥ 刘国福：《近三十年中国出国留学政策的理性回顾和法律思考》，《浙江大学学报（人文社会科学版）》2009 年第 6 期。

⑦ 李红波：《“出国留学潮”的经济学分析》，《辽宁教育研究》2004 年第 2 期。

⑧ 程希、苗丹国：《出国留学六十年若干问题的回顾与思考（1949 ~ 2009 年）》，《东南亚研究》2010 年第 1 期。

⑨ 柳学智：《海归人才总体发展趋势的量化研究》，《第一资源》2012 年第 3 期。

面分析中国改革开放以来海归人才的发展趋势；将海归人才发展与经济发展联系起来，运用回归分析方法，深入探讨海归人才发展与经济发展之间的定量关系；根据回归方程，通过预测经济发展趋势来预测海归人才的发展趋势。

二　1978～2012年海归人才的发展趋势

海归人才的发展趋势可以通过海归人数来反映。本项研究的数据来源包括：一是国家统计局发布的《中国统计年鉴（2012）》,[①] 其中有1978年、1980年、1985～2011年的留学人数和海归人数；二是卫生部发布的《中国卫生统计年鉴（2006）》,[②] 其中有1978～2003年的留学人数和海归人数；三是教育部发布的2012年留学人数和海归人数。[③] 在对上述三方面数据进行汇总整理的基础上，编制了1978～2012年留学人数、海归人数和回流率表（见表1）。为了直观地反映改革开放以来海归人才的发展趋势，绘制了1978～2012年留学人数与海归人数发展趋势（见图1）。为了描绘海归人才发展的相对趋势，计算了海归人才回流率，即海归人数占留学人数的百分比。为了直观地反映海归人才回流率的发展趋势，绘制了1978～2012年海归人才回流率的趋势图（见图2）。

表1　1978～2012年留学人数、海归人数和回流率

单位：人，%

年份	留学人数	海归人数	回流率
1978	860	248	28.84
1979	1777	231	13.00
1980	2124	162	7.63
1981	2922	1143	39.12
1982	2326	2116	90.97

① 国家统计局：《中国统计年鉴（2012）》，中国统计出版社，2012。

② 卫生部：《中国卫生统计年鉴（2006）》，中国协和医科大学出版社，2006。

③ 张航：《近40万人去年出国留学》，《北京晚报》2013年2月28日。

续表

年份	留学人数	海归人数	回流率
1983	2633	2303	87.47
1984	3073	2290	74.52
1985	4888	1424	29.13
1986	4676	1388	29.68
1987	4703	1605	34.13
1988	3786	3000	79.24
1989	3329	1753	52.66
1990	2950	1593	54.00
1991	2900	2069	71.34
1992	6540	3611	55.21
1993	10742	5128	47.74
1994	19071	4230	22.18
1995	20381	5750	28.21
1996	20905	6570	31.43
1997	22410	7130	31.82
1998	17622	7379	41.87
1999	23749	7748	32.62
2000	38989	9121	23.39
2001	83973	12243	14.58
2002	125179	17945	14.34
2003	117307	20152	17.18
2004	114682	24726	21.56
2005	118515	34987	29.52
2006	134000	42000	31.34
2007	144000	44000	30.56
2008	179800	69300	38.54
2009	229300	108300	47.23
2010	284700	134800	47.35
2011	339700	186200	54.81
2012	399600	272900	68.29
合计	2494112	1045545	41.92

资料来源：根据《中国统计年鉴（2012）》《中国卫生统计年鉴（2006）》和教育部公布的数据编制。

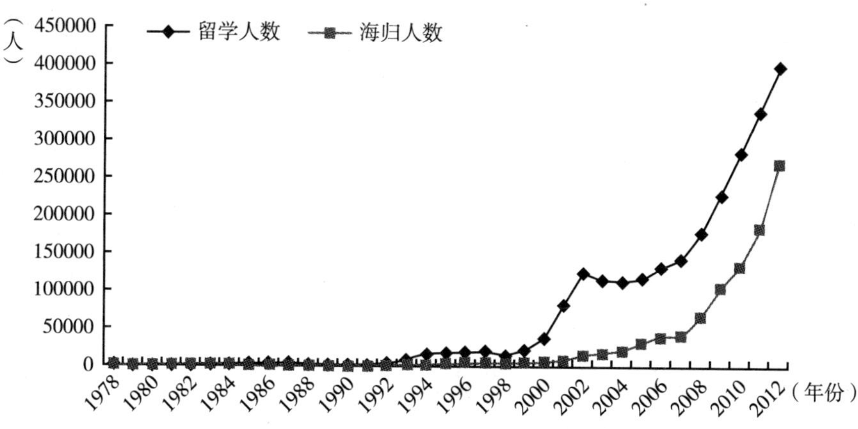

图 1　1978～2012 年留学人数与海归人数发展趋势

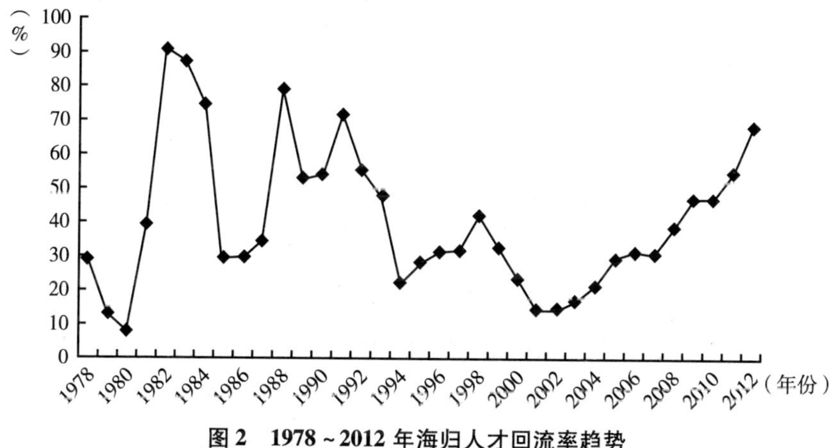

图 2　1978～2012 年海归人才回流率趋势

从表 1、图 1、图 2 的数据及相关走势来看，在改革开放 35 年中，我国海归人才的发展趋势表现出以下特点。

第一，从总量上看，留学人员累计达 249.41 万人，海归人才累计达 104.55 万人，两者之差为 144.86 万人，即海外留学人员存量已经形成了一个庞大的海外人才库。需要注意的是，有关海归人才的数据与教育部公布的数据不一致。据教育部公布的数据，从 1978～2011 年底，各类出国留学人员总数达 224.51 万人，截至 2011 年底，以留学身份出国、在外的留学人员有 142.67 万人。① 而

① 教育部：《2011 年度我国出国留学人员情况统计》，http：//www.moe.edu.cn/publicfiles/business/htmlfiles/moe/s5987/201202/130328.html。

本文对表 1 进行统计的结果是，从 1978 ~ 2011 年底，出国留学人员总数为 209.45 万人，海归人才总数为 77.26 万人，两者之差为 132.19 万人，即我国以留学身份出国、在外的留学人员总数。

第二，从发展历程上看，在改革开放后的前二十几年中，留学人数和海归人数虽然有所增长，但是规模比较小。从 2001 年起，留学人数开始了加速增长；从 2008 年起，海归人数也开始了加速增长。自此，留学人数与海归人数的规模迅速扩大，呈现出大出大进的特点。

第三，从回流率上看，在改革开放 35 年中，海归人才总体回流率已接近 42%。从回流率的变化上看，在改革开放后的前二十几年中，留学人数和海归人数都相对较少，统计指标不够稳定，回流率表现为大起大落的特点。2001 年以后，随着留学人数和海归人数的大幅增长，统计指标逐渐稳定，回流率表现出稳定增长的态势。

三　海归人才发展与经济发展的关系分析

笔者研究发现，海归人才发展与经济发展之间存在显著的定量关系，并根据 1978 ~ 2010 年海归人才数据和中国国内生产总值数据，通过预测 2011 ~ 2020 年中国国内生产总值，来预测该期间海归人才发展趋势。[①] 本研究继续采用这一研究思路，收集有关海归人才和中国国内生产总值的最新数据，对中国海归人才发展趋势进行预测和分析。

（一）1978 ~2012 年中国国内生产总值的发展趋势

本研究选择国内生产总值作为衡量中国历年经济发展的指标。为了使不同年度数据之间具有可比性，本文选择了联合国贸易和发展会议 2012 年 11 月 27 日公布的 1978 ~ 2011 年中国国内生产总值数据，[②] 其中，2011 年的数据是

① 柳学智：《海归人才总体发展趋势的量化研究》，《第一资源》2012 年第 3 期。

② United Nations Conference on Trade and Development, "1978 - 2011 Annual GDP of China in US Dollars at Constant Prices (2005) and Constant Exchange Rates (2005)," 2012 - 11 - 27, http://www.unctad.org.

估计值，这些数据以2005年不变价格和汇率折算为美元进行计算。

为了考察联合国贸易和发展会议数据年度之间的可比性，本文依据这些数据计算了中国国内生产总值的年度增长率，并与《中国统计年鉴（2012）》公布的以不变价格计算的国内生产总值指数进行比较，[①] 结果发现，两者之间的差异很小，这也说明联合国贸易和发展会议公布的数据在年度之间是可比的。

根据国家统计局发布的统计公报，按可比价格计算，中国2012年国内生产总值的增长率为7.8%，[②] 据此推算出中国2012年国内生产总值为45731.38亿美元（以2005年不变价格和汇率折算为美元进行计算）。按照联合国贸易和发展会议2012年8月28日公布的中国1978~2012年人口总数，[③] 将国内生产总值除以人口总数，得到中国人均国内生产总值。

此外，我们抽取了联合国贸易和发展会议2012年11月27日公布的1978~2011年世界生产总值，[④] 其中，2011年的数据是估计值，这些数据也是以2005年不变价格和汇率折算为美元计算的。为了比较中国生产总值与世界生产总值的发展趋势，将世界生产总值减去中国国内生产总值，得到不含中国的世界生产总值（见表2）。

表2　1978~2012年中国GDP、中国人均GDP和世界GDP（不含中国）

年份	中国GDP(亿美元)	中国人均GDP(美元)	世界GDP(不含中国)(亿美元)
1978	1886.93	200.61	208634.79
1979	2030.34	213.08	216942.63
1980	2188.71	226.68	219342.77
1981	2302.52	235.27	223472.05
1982	2512.05	253.17	224478.85
1983	2785.86	276.80	230593.90

① 国家统计局：《中国统计年鉴（2012）》，中国统计出版社，2012。

② 国家统计局：《中华人民共和国2012年国民经济和社会发展统计公报》，2013年2月22日，http://www.stats.gov.cn/tjgb/ndtjgb/qgndtjgb/t20130221_402874525.htm。

③ United Nations Conference on Trade and Development, "1950 - 2050 Annual Total Population of China," 2012 - 08 - 28, http://www.unctad.org.

④ United Nations Conference on Trade and Development, "1978 - 2011 Annual GDP of World in US Dollars at Constant Prices (2005) and Constant Exchange Rates (2005)," 2012 - 11 - 27, http://www.unctad.org.

续表

年份	中国 GDP(亿美元)	中国人均 GDP(美元)	世界 GDP(不含中国)(亿美元)
1984	3209. 31	314. 19	240913. 35
1985	3642. 57	351. 13	249402. 06
1986	3963. 12	375. 87	256903. 32
1987	4422. 84	412. 47	265388. 39
1988	4922. 62	451. 41	277096. 58
1989	5124. 44	462. 39	287656. 69
1990	5318. 90	472. 83	296395. 24
1991	5808. 74	509. 41	298900. 54
1992	6633. 27	574. 55	304180. 54
1993	7562. 15	647. 56	307797. 48
1994	8552. 68	724. 54	317301. 84
1995	9484. 90	795. 23	325686. 30
1996	10433. 37	866. 06	335637. 41
1997	11403. 67	937. 64	347594. 35
1998	12293. 24	1001. 74	355689. 60
1999	13227. 44	1068. 91	367310. 61
2000	14338. 54	1149. 91	382837. 85
2001	15528. 64	1236. 79	389056. 48
2002	16941. 75	1340. 89	396234. 12
2003	18635. 93	1466. 43	405911. 22
2004	20518. 15	1605. 61	421275. 45
2005	22836. 71	1777. 36	434610. 80
2006	25736. 97	1992. 39	450594. 89
2007	29391. 62	2263. 37	466173. 51
2008	32213. 21	2467. 93	470116. 70
2009	35176. 83	2681. 52	455445. 19
2010	38835. 22	2946. 09	471569. 41
2011	42422. 43	3148. 08	481860. 61
2012	45731. 38	3378. 50	—

资料来源：根据联合国贸易和发展会议、国家统计局等公布的数据编制。

为了直观地反映改革开放以来中国经济的发展趋势，我们绘制了 1978 ~ 2012 年中国国内生产总值的趋势图（见图 3）。

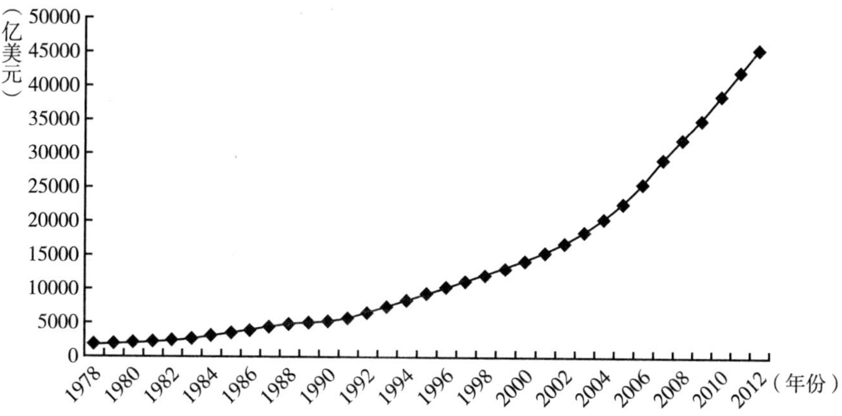

图3　1978～2012年中国国内生产总值变化趋势

从图3可以看出，改革开放以来，中国经济一直保持着持续稳定的高速增长，国内生产总值从1978年的1886.93亿美元增长到2011年的42422.43亿美元，增长了21.5倍。而同期的全球国内生产总值（不包括中国），从1978年的208634.79亿美元增长到2011年的481860.61亿美元，增长了1.3倍。

（二）留学人数与国内生产总值的定量分析

为了考证留学人数与国内生产总值之间的相关性，我们首先对两者进行相关分析。选取1978～2012年历年的留学人数和国内生产总值，计算两者之间的相关系数，结果为0.97，说明留学人数与国内生产总值之间存在相关关系。在相关分析的基础上，进行了留学人数与国内生产总值的回归分析。为了达到最佳回归效果，采用线性回归方案以及指数、对数、多项式、幂等非线性回归方案进行计算，经过反复比较，最后选定用多项式回归方案进行回归分析，结果如图4所示。

回归方程为

$$y = 0.000143638x^2 + 1.963085553x - 6411.992835$$

拟合优度$R^2=0.9746$，调整后的$R^2=0.9731$，说明拟合程度非常高。方差分析显示，回归方程通过显著性检验，其F检验统计量的p值远小于显著性

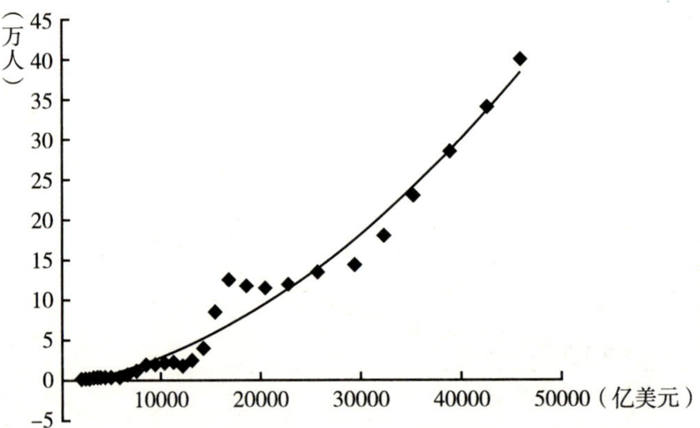

图 4　留学人数与国内生产总值的回归分析结果

水平 0.05；自变量的回归系数通过 t 检验，其 p 值小于 0.05，说明国内生产总值对留学人数有显著影响。

（三）海归人数与国内生产总值的定量分析

为了考证海归人数与国内生产总值的相关性，首先对两者进行相关分析。选取 1978 ~2012 年历年的海归人数和国内生产总值，计算两者之间的相关系数，结果为 0.88，说明海归人数与国内生产总值之间存在相关关系。在相关分析的基础上，进行海归人数与国内生产总值的回归分析。为了达到最佳回归效果，采用线性回归方案以及指数、对数、多项式、幂等非线性回归方案进行计算，经过反复比较，最后选定用多项式回归方案进行回归分析，结果如图 5 所示。

回归方程为

$$y = 0.00017831x^2 - 3.343751878x + 14053.59901$$

拟合优度 $R^2 = 0.9661$，调整后的 $R^2 = 0.9640$，说明拟合程度非常高。方差分析显示，回归方程通过显著性检验，其 F 检验统计量的 p 值远小于显著性水平 0.05，自变量的回归系数通过 t 检验，其 p 值小于 0.05，说明国内生产总值对海归人数有显著影响。

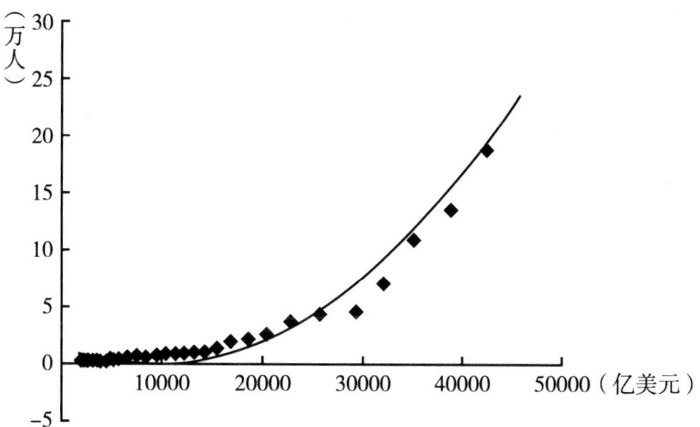

图 5　海归人数与国内生产总值的回归分析结果

四　2013～2020 年海归人才发展趋势预测

上文的回归分析表明，国内生产总值对留学人数和海归人数都有显著影响，经济发展是影响海归人才发展的主要因素之一。据此，通过预测经济发展趋势，可以相应地预测出海归人才的发展趋势。为此，本文选取 2013～2020 年为预测时间段，对这期间我国的国内生产总值进行预测，进而推测海归人才的发展趋势。

（一）2013～2020 年中国国内生产总值的预测

按照国家发展与改革委员会对 2011～2020 年中国经济增长速度高位、中位、低位的预测，“十二五”期间经济增长的高位、中位、低位分别为 9.0%、8.5%、7.5%，“十三五”期间分别为 8.0%、7.0%、6.0%，[①] 由此可以推算出 2013～2020 年国内生产总值的高位、中位、低位的数值（见表 3）。根据预测结果，到 2020 年，我国国内生产总值将达到 7.6 万亿～8.7 万亿美元。

① 国家发改委课题组：《国家经济社会发展对人才的需求和发展目标要求专题研究报告》，中央人才工作协调小组办公室、中共中央组织部人才工作局编著《国家人才发展规划专题研究报告》，党建读物出版社，2011，第 36～37 页。

表 3　2013 ~ 2020 年中国国内生产总值预测

单位：亿美元

年份	高位	中位	低位
2013	49847.20	49618.55	49161.23
2014	54333.45	53836.12	52848.32
2015	59223.46	58412.19	56811.95
2016	63961.34	62501.05	60220.67
2017	69078.24	66876.12	63833.90
2018	74604.50	71557.45	67663.94
2019	80572.86	76566.47	71723.78
2020	87018.69	81926.12	76027.20

按照联合国贸易和发展会议 2012 年 8 月 28 日公布的对中国 2013 ~ 2020 年人口总数的预测，[①] 将上述预测的国内生产总值除以人口总数，得到中国 2013 ~ 2020 年人均国内生产总值的高位、中位、低位的数值（见表 4）。根据预测结果，到 2020 年，我国的人均国内生产总值将达到 5478.29 ~ 6270.30 美元。

表 4　2013 ~ 2020 年中国人均国内生产总值预测

单位：美元

年份	高位	中位	低位
2013	3666.94	3650.12	3616.48
2014	3981.13	3944.69	3872.32
2015	4323.69	4264.47	4147.64
2016	4654.28	4548.02	4382.08
2017	5011.87	4852.10	4631.37
2018	5398.74	5178.24	4896.49
2019	5817.33	5528.07	5178.43
2020	6270.30	5903.35	5478.29

（二）2013 ~2020 年留学人数预测

根据留学人数与国内生产总值的回归方程，按照 2013 ~ 2020 年国内生产

① United Nations Conference on Trade and Development, "1950 - 2050 Annual Total Population of China," 2012 - 8 - 28, http://www.unctad.org.

总值的高位、中位、低位的预测值，可以预测 2013～2020 年留学人数的高位、中位、低位的数值（见表 5）。根据预测结果，在未来 8 年，留学人数将继续快速增长，到 2020 年，当年的留学人数将达到 97.31 万～125.21 万，累计留学人数将达到 547.18 万～638.35 万。

表 5　2013～2020 年中国留学人数预测

单位：人

年份	高位	中位	低位
2013	448346	444630	437244
2014	524286	515583	498507
2015	613647	598347	568720
2016	706780	677388	632714
2017	814607	767280	704191
2018	939508	869555	784052
2019	1084255	985961	873305
2020	1252076	1118498	973083

（三）2013 ~2020 年海归人数预测

根据海归人数与国内生产总值的回归方程，按照 2013～2020 年国内生产总值的高位、中位、低位的预测值，可以预测 2013～2020 年海归人数的高位、中位、低位的数值（见表 6）。根据预测结果，在未来 8 年，海归人数将继续快速增长，到 2020 年，当年的海归人数将达到 79.05 万～107.33 万，累计海归人数将达到 408.83 万～498.68 万。

表 6　2013～2020 年中国海归人数预测

单位：人

年份	高位	中位	低位
2013	290432	287141	280615
2014	358769	350840	335352
2015	441433	427129	399601
2016	529658	501612	459337
2017	633933	587913	527181
2018	757038	687814	604178
2019	902224	803363	691507
2020	1073293	936910	790493

为了直观地反映改革开放以来海归人才的历史发展和未来趋势，我们绘制了1978～2020年留学人数与海归人数趋势图（见图6）。综合留学人数与海归人数的预测结果，在未来8年，留学人数和海归人数都将继续快速增长，到2020年，新增海外留学人才存量将达到138.36万～139.67万。

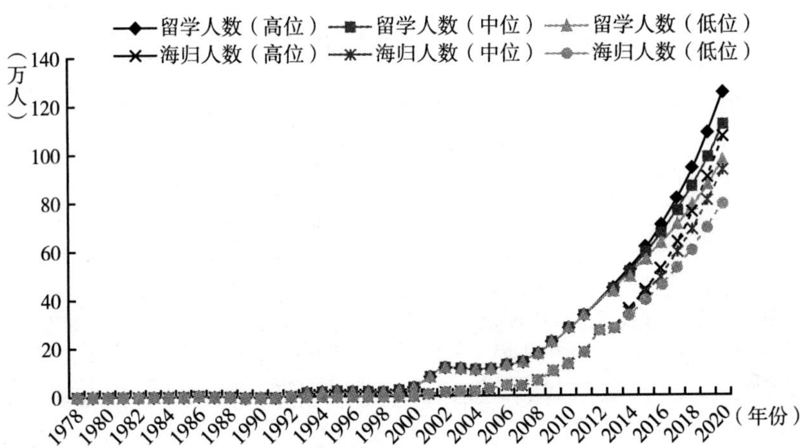

图6　1978～2020年留学人数与海归人数趋势

（四）2013～2020年海归人才回流率预测

根据2013～2020年留学人数和海归人数的高位、中位、低位数值，可以计算出2013～2020年海归人才回流率（见表7）。为了直观地反映改革开放以

表7　2013～2020年中国海归人才回流率预测

单位：%

年份	高位	中位	低位
2013	64.78	64.58	64.18
2014	68.43	68.05	67.27
2015	71.94	71.38	70.26
2016	74.94	74.05	72.60
2017	77.82	76.62	74.86
2018	80.58	79.10	77.06
2019	83.21	81.48	79.18
2020	85.72	83.76	81.24

来海归人才回流率的历史发展和未来趋势，我们绘制了1978～2020年海归人才回流率的趋势图（见图7）。根据预测结果，在未来8年，海归人才回流率将继续稳步增长，到2020年，将达到81.24%～85.72%。

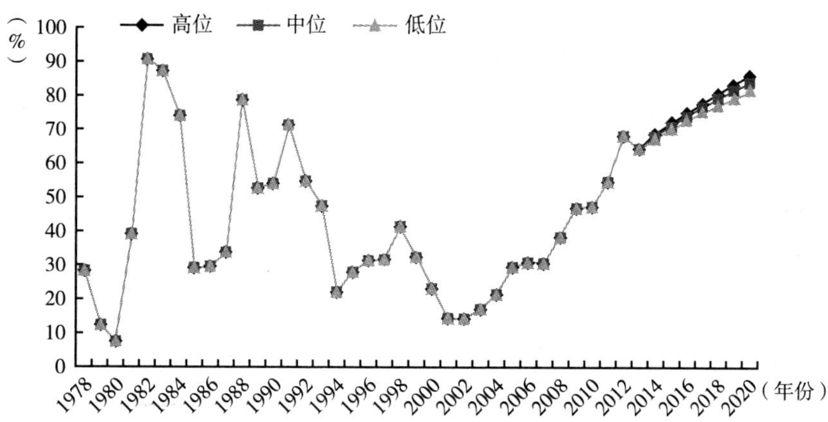

图8　1978～2020年海归人才回流率的趋势

五　讨论

本研究采用笔者以往研究的基本思路，[①] 仔细选择中国海归人才和经济发展的最新数据，对海归人才发展的历史趋势进行精确描述，在此基础上，运用回归分析，通过预测中国经济的未来发展趋势，预测海归人才的未来发展趋势。这种预测的可靠性可以从以下几个方面进行分析。

（一）海归人才与经济社会之间的关系

回顾中国海归人才的发展历史，特别是新中国成立以后的发展历史，可以看出，20世纪70年代后期进行的改革开放，成为海归人才发展的一个分水岭。在学术界，对海归人才发展阶段的划分，虽然在一些具体阶段上有不同意见，但是学者普遍认为，改革开放是海归人才发展阶段划分的一个明显

① 柳学智：《海归人才总体发展趋势的量化研究》，《第一资源》2012年第3期。

标志。

从新中国成立初期到改革开放前，海归人才发展深受政治的影响，不仅在新中国成立初期受到当时国际政治的影响，留学主要集中在苏联、东欧等社会主义国家，而且在“文革”期间，受到国内政治的影响，大部分留学活动被迫中断。这一时期，政治对出国留学和留学回国的影响十分巨大，从某种程度上说，政治甚至起到决定性作用。改革开放以来，我国政治稳定，经济持续高速增长，出国留学和留学回国迎来了崭新的发展时期，留学人数和海归人数都有巨大的增长。在这一时期，虽然政治仍然对海归人才的发展产生重要影响，但表现出相对稳定的特点；与此同时，中国经济的持续快速发展，对海归人才的影响也越来越明显。

本研究选择国内生产总值作为经济发展的指标，进行了留学人数、海归人数与国内生产总值的回归分析，从回归效果看，拟合优度 R^2 均超过 0.95，也就是说，留学人数和海归人数 95% 的变化可以用回归方程来解释，经济发展成为影响海归人才发展的主要因素之一，这进一步从实证的角度证实了经济发展对海归人才发展的影响。

实际上，海归人才发展是复杂的经济社会现象，受到各种经济社会因素的影响，很难用单一因素来将其解释清楚。在本研究中，回归方程的建立是基于中国当前稳定的政治、经济和社会环境，可以假定这些环境因素的影响是恒定的，在此基础上研究经济因素对海归人才发展的影响，因此，在回归分析中可以不包含这些环境因素，但是环境因素影响恒定是回归方程存在的前提条件。如果环境条件发生较大的变化，环境因素的影响不再恒定，上述回归方程存在的前提条件将不复存在，回归方程也将不再有效，基于回归方程所做的预测也将不再有效。

虽然在本研究中进行了留学人数、海归人数与国内生产总值的回归分析，国内生产总值为自变量，留学人数和海归人数为因变量，似乎在国内生产总值与留学人数、海归人数之间存在着因果关系，但这只是从研究的角度使问题的分析更为深入。在实际中，海归人才与经济社会之间的关系是一种相互影响、相互作用的关系。海归人才发展既受各种经济社会因素的影响，同时又反作用于经济社会，影响经济社会的发展。

本研究重点考察了经济发展对海归人才发展的影响，在影响海归人才发展的各种环境因素作用恒定的前提下，经济因素的影响十分显著，紧紧抓住经济因素，也就抓住了问题的关键，因此，保持经济持续增长的态势对海归人才发展至关重要，在制定有关海归人才的政策措施时，从经济的角度思考问题尤为重要。

同时，也必须看到，海归人才还对中国经济社会发展产生重要影响。在本研究中可以看到，海归人才迎来了前所未有的高速发展时期，海归人才在中国人口总数，特别是适龄教育人口总数中所占的比例越来越高，这将使中国社会阶层结构发生深刻变化，对中国经济社会发展产生深远影响，特别是在为中国营造和谐稳定的国际发展环境、推动中国全球化等方面将发挥重要作用。

（二）数据的有效性

海归人才的历史数据是否真实地反映了历史发展？预测数据是否准确地描绘了未来趋势？在量化研究中，要保证研究的有效性，首先必须保证数据的有效性，这些数据可能是实测数据，也可能是预测数据。

在本研究中，为了保证实测数据的有效性，留学人数和海归人数的实测数据都选自权威部门公布的数据，并从多个数据来源进行核对；国内生产总值的实测数据，选自联合国贸易和发展会议公布的最新数据，这些数据是以2005 年不变价格和汇率折算为美元计算的，这样不同年度的数据就有了统一的度量单位，不同年度之间就能进行比较。为了保证预测数据的有效性，国内生产总值增长率的预测数据选自权威部门国家发改委所做的预测研究。需要注意的是，国家发改委对国内生产总值增长率预测的科学性，直接影响国内生产总值预测的有效性，进而直接影响留学人数和海归人数预测的有效性。

（三）把握发展趋势

本研究依据改革开放以来海归人才和经济发展的数据建立回归方程，对未来经济发展和海归人才发展进行预测。需要说明的是，此项研究重点是对海归人才发展趋势的把握，而不在于某个具体年度实测数据与预测数据的差距。在未来趋势上，依据回归方程进行预测，就是根据经济发展对海归人才发展进行预测，意味着海归人才发展趋势只受经济发展的影响。实际上，环境因素的影响依然存在，只是假定其影响恒定，当环境因素的影响不再恒定时，通过回归方程所做的预测值与未来的实际值之间会存在差异，有时甚至差异较大。但是从发展趋势上看，只要环境因素影响比较恒定，回归方程所刻画的发展趋势应该能够比较准确地代表未来发展趋势。

需要注意的是，由于海归人才的发展还处于高速增长期，特别是近期，高速增长的数值很大，对回归方程的影响很大。如果这些近期数值严重偏离发展趋势，回归方程对总体趋势的刻画将出现偏差，从而影响对总体发展趋势的把握。为了全面了解海归人才的发展，本研究不仅描绘了海归人才发展的绝对趋势，还分析了海归人才发展的相对趋势。从绝对趋势上，在过去35年中，海归人数持续增长，海归人才的累计人数已经达到104.55万；在未来8年，海归人数将继续快速增长，累计人数将达到408.83万~498.68万，为改革开放以来35年的4倍左右。从相对趋势上看，在改革开放后的前二十几年中，海归人才的回流率大起大落，2001年以后，回流率稳定增长，在过去35年中，海归人才总体回流率已接近42%；在未来8年，海归人才的回流率将持续增长，到2020年，回流率将达到81%~86%，为改革开放35年总体回流率的2倍左右。

六　结论和建议

改革开放以来，中国政治稳定、经济繁荣、社会和谐，这为海归人才的发展创造了良好的环境，也成为其发展的前提条件，海归人才迎来了前所未有的高速发展时期。本研究继续采取已有的研究思路，在广泛收集和仔细比较改革开放以来有关数据的基础上，准确描述了海归人才的历史发展趋势；在历史数据的基础上，基于中国当前稳定的政治和社会环境，对留学人数、海归人数与国内生产总值进行了回归分析；在回归分析的基础上，本研究根据留学人数、海归人数与国内生产总值的回归方程，通过预测中国经济的未来发展趋势，进

而预测海归人才的未来发展趋势。基于本研究结果，对当前中国吸引海归人才的政策和实践，提出如下建议。

第一，保持中国经济持续稳定发展的趋势。改革开放以来，中国经济持续高速发展，这是一个难得的历史发展机遇。在今后的发展中，中国也必须牢牢地抓住这个机遇，继续保持中国经济持续稳定发展，最终实现中华民族的伟大复兴。要保持中国经济持续稳定发展，也面临很多困难和挑战，它们来自很多方面，既有经济的，也有政治的、社会的；既有国内的，也有国际的。如果不能及时应对和妥善处理这些困难和挑战，有可能减缓甚至改变中国经济持续稳定发展的趋势，使我国失去这一难得的历史发展机遇。保持中国经济持续稳定发展，是促进海归人才发展的根本前提。

第二，将吸引海归人才的政策重点放在提供发展机会上。中国经济的持续高速发展不仅为中国迎来了历史发展机遇，也为海归人才提供了巨大的发展机会。本研究表明，海归人才发展与经济发展之间存在着显著的数量关系，经济发展是海归人才发展的主要影响因素之一。因此，要吸引海归人才，应将政策重点放在提供发展机会上，帮助海归人才抓住这一难得的机会。从各地制定的吸引海归人才的政策来看，不少政策重点不够突出，对发展机会关注不够，甚至出现纯粹拼资金、拼优惠政策的现象，政策效果大打折扣。

第三，吸引海归人才要坚持发挥市场配置人才的基础性作用。中国的经济成就是在经济全球化背景下取得的，在全球市场的作用下，海归人才代表着最活跃的先进生产力和最重要的生产要素，在全球范围内自由流动和配置。随着全球化的快速发展，各国对国际人才的需求越来越大，对国际人才的竞争也随之加剧，为了吸引国际人才，各国纷纷消除影响国际人才自由流动的限制。发挥市场配置人才的基础性作用，就是要尊重人才和用人单位的市场主体地位，让人才和用人单位在市场中自主结合；同时，要消除影响人才自由流动的不合理的体制机制障碍，实现人才的自由有序流动。在当前吸引海归人才的政策和实践中，不少地方出现“政府热、企业冷”的现象，主要原因就是政府成为引进海归人才的主角，没有充分发挥市场配置人才的基础性作用。

An Examination of the Trend of the Development of Chinese Returned Talents

Abstract: In order to follow the general developmental trends of returned talents in China, recent reliable data are collected and analyzed from longitudinal and horizontal perspectives in this paper. The historical trends of returned talents since China's reform and opening-up are examined carefully and thoroughly. The development of returned talents is connected with China's economic development, and quantitative relationships between the development of returned talents and economic development are explored by means of regression analysis. The results show that significant quantitative relationships exist between the development of returned talents and the economic development, which indicates that the economic development is the main factor influencing the development of returned talents. The general developmental trends of returned talents are predicted through predicting those of China's economy. Some recommendations are provided for policies and practices in attracting returned talents on the basis of research results.

Key Words: Returned Talent; Developmental Trend; Economic and Social Development; Quantitative Research

B.7

回到中国科学院：稀缺、环境与激励*

崔大伟**

摘　要：

中国科学院（CAS）一直是中国吸引海外人才的重要载体之一。本文将讨论中国科学院吸引海外人才的各项政策，并分析这些努力所遇到的阻力。本研究通过对中国科学院多个研究所海归和非海归科研人员进行问卷调查，着重分析技术的稀缺性、机构的内部环境以及对海归人才的激励措施这三个方面。通过多变量回归模型，本文发现海外学习经历、对住房条件的主观评价、单位内部的人际关系以及海归在本单位发挥作用的能力等都是决定受访科研人员工作满意度的重要因素。发现海归和非海归科研人员在贡献程度、经费和跨国联系方面存在显著差异。同时，还发现非海归科研人员对海归科研人员存在一定程度的偏见，而后者更能与国际科研规范接轨。

关键词：

海归　非海归

一　导言

中国政府于1978年开放了与美国的学术和科技交流，并指派教育部和中国科学技术协会主管该项目。时任中国科学技术协会执行主席，同时也是中国

* 笔者对中山大学陈昌贵教授深表感谢，他在收集数据方面提供了重要帮助。这项研究的部分经费来自香港研究资助局（Research Grants Council）。

** 崔大伟，香港科技大学人文社会科学学院副院长、社会科学部讲座教授，南方国际人才研究院副院长。

科学院（以下简称“中科院”）副院长的周培源负责访问美国并与美方签订学者出国学习和交流的相关协议。① 由于中科院在“文革”期间曾受重创，所以邓小平在1975年进行第一次整顿时便将中科院和各所大学作为整顿工作的重中之重。自1979年以来，中科院已经以“访问学者”的名义输送数以千计的科研人员出国学习和交流。由于中国科研人员存在“人才断层”（missing generation），所以送学者和学生去海外接受训练便成了中国在科技上追赶发达国家的重要方式。

同时，包括中科院在内的研究机构是推动中国自身科技进步的重要力量。② 中科院致力于输送科研人员出国学习，在中国的科技转移工程中发挥着重要作用。从1996年开始，中科院便以“百人计划”的名义公开吸引和奖励那些有新想法或者能填补中国科技空白的海归科研人员。然而，其研究环境和研究经费依然存在一些问题，使得这些激励措施虽然对海外的博士后和初级研究者颇具吸引力，却很难吸引顶尖的学者，很多顶尖学者并不愿意以全职的方式回国工作。

长期以来，由于中央政府对基础科学投入不足，很多出国学习的科研人员选择留在海外，或者回国后由于薪资太低而投身商界。中科院的高能物理研究所是一个具有世界领先水平的机构，2002年笔者访谈该所时，该所还很少有海归博士。笔者当时采访其主任时，他说该机构一直面临“人才流失”问题。

（一）分析框架：稀缺、环境/机遇与激励

这部分提出讨论“回溯性迁移”（return migration）的分析框架，该框架有三个组成部分：稀缺（shortage）、环境/机遇与激励（rewards）。所谓“稀缺品”，是指那些相关领域急需的技能、资源、资本、技术、关系网或信息。海归可以在国外获得这些东西并带回国形成自己的比较优势。海归可以将这些技能、

---

① Mary B. Bullock, “American Science and Chinese Nationalism: Reflections on the Career of Zhou Peiyuan,” in Gail Hershatter, Emily Honig, Jonathan Lipman, and Randall Stross, eds., *Remapping China: Fissures in Historical Terrain* (Stanford, C. A.: Stanford University Press, 1996), pp. 210–223.

② Denis Fred Simon and Cong Cao, *China's Emerging Technological Edge: Assessing the Role of High-End Talent* (Cambridge, U. K.: Cambridge University Press, 2010), p. 78.

知识或者关系网直接变成他们个人能力集或者人际关系网的一部分，这就意味着掌握一些国内相对短缺的技术，便能拥有“跨国资本”（transnational capital）。①

1. 稀缺性

“稀缺性”借用了劳动迁移新经济学（New Economics of Labor Migration）的观点，即海归在国外寻求的那些国内相对短缺的资源、信息或者技术。根据博尔基亚斯（Borjias）和布拉特斯伯格（Bratsberg）的观点，出国的人应该带回来那些在他们回国后能带来最大利益的技能。② 掌握这些技能会给他们带来在国内市场的相对优势，因为这些因素正是那些未出国人员所不具备的。

因为这些技能是在国外获得的，所以海归事实上是在转移技术，③ 而这也正是他们实现重新安置的基础。④ 由于这些带回来的技术能够填补本国的技术空白，相关国家会为这群人提供特别的激励以吸引他们回来。各种实验室、公司和大学也会鼓励这种技术转移，因为这可以提高它们的竞争力。中国政府公开承认科技短缺的存在，也意识到弥补这些差距的重要性。上海政府 1999 年的一份文件指出，上海想吸引的海归人群是“那些有专利和发明，或者拥有国际领先或能满足国内急迫需要的技术……以及那些在急需的专业领域拥有博士学位的人”。⑤ 魏祖钰是中国关于海归政策研究最为透彻的研究人员之一，

---

① 在此，将“跨国资本”与基于国内联系的“社会资本”区分开来。具体可参阅 David Zweig, Wilfried Vanhanocker and Chung Siu Fung, “Transnational or Social Capital? Returned Scholars as Private Entrepreneurs,” in Anne S. Tsui, Yanjie Bian and Leonard Cheng, eds., *China's Domestic Private Firms: Multidisciplinary Perspectives on Management and Performance* (Armonk, N. Y.: M. E. Sharpe, 2006), pp. 65 – 81。

② G. Borjas and B. Bratsberg, “Who Leaves: The Outmigration of the Foreign-born,” *Review of Economics and Statistics*, vol. 78, No. 1 (1996): 165 – 176.

③ Leo A. Orleans, “Chinese students and technology transfer,” *East Asia*, Vol. 4, No. 4 (1985): 3 – 25. Mahroum 认为，所有的海归人才，特别是那些拥有稀缺技术的海归人才，都在从事某种形式的技术转移，这便将移民与国家的科技政策联系在一起。参见 S. Mahroum, “Highly Skilled Globetrotters: Mapping the International Migration of Human Capital,” *R&D Management*, No. 30 (2000): 23 – 32。

④ 一般而言，这些“稀缺品”应该是某种可以适应目前科学、产业以及文化状况的“适用技术”（appropriate technology）。根据西蒙和曹的研究，那些拥有专利或者重要技术的海归尤其珍贵，可参阅 Simon and Cao, *China's Emerging Technological Edge*, p. 237。

⑤ “Some Provisions of the Shanghai Municipality on Attracting the Advanced Chinese Students or Scholars from overseas,” http://pudong.shanghaichina.org/pudong/human/eyjhw.html, accessed on 26th May, 1999.

他强调中国必须吸引那些经济建设与发展最紧缺也最需要的人才。2006 年，他援引中央人才工作协调小组的一份会议文件，号召努力吸引海外的“紧缺人才”回国。①

2. 创造机遇并扫除障碍

海归对自身“跨国资本”的运用依赖于政府或相关组织创造有利于他们个体或者群体（组织、公司或者城市）发挥比较优势的国内及国际环境。本文把这种环境定义为“机遇”（opportunities）。政府可以发挥作用，比如放松对国内经济的管制，并创造对海外本国人员具有吸引力的政治、法律、社会以及市场环境。因此，发展中国家如果想要吸引人才回国，就必须推动教育、科学与经济的发展，以提高整体的科学环境，就必须在这些方面投入重金。根据卡斯特尔（Castell）的说法，“政府通过拖延、放纵或者引导技术创新而在整个过程中扮演了至关重要的角色，因为它可以传递信息并将在特定时空里占主导地位的社会文化力量组织起来”。② 政府也必须从制度、法律或者文化上扫除对海归的“偏见”，因为这些偏见会阻碍海归实现他们独特的价值。同时，也需要政府、媒体或者人际网络将这些关于环境改善的信息公开告知那些掌握着稀缺资源、跨国资本或者比较优势的海外人员，让他们了解回国后可以得到回报。

中国的一些研究机构高度官僚化，而且相对于私营企业，这些组织往往有些等级化，且缺乏市场机遇。就中科院而言，海归可以在回国之前与之讨价还价。但是，一旦他们回国了，这些机构的人事部门便有可能取消之前的允诺。就在不久之前，中科院的科学家仍不被允许创立公司或将自己的科学发现投入市场，除非他们彻底离开中科院。

3. 激励可能带来的问题

总而言之，海外人才大多数是因为相对更高的回报才会回来。这些回报可能是更高的薪资、更好的生活质量、更高的社会地位、更好的工作环境或者是某种满足感，比如，孝顺（照顾年事已高的父母）或者为祖国建设添砖加瓦。

① 中央人才工作协调小组第四次会议：《关于进一步加强人才工作的决定》，转引自魏祖钰《对新时期留学人才回国工作与为国服务工作的几点思考》，《出国留学工作研究》2006 年第4 期。

② Castells，p. 13，转引自 Zhou，*The Inside Story*，p. 23。

地方组织，比如大学、实验室或者公司，是这些激励的主要供给者。然而，这些提供给海归的特别激励措施却创造了一个非平均的竞技场，它将海归放在了相对具有优势的位置上，这在提供实验室的资金和经费上尤为明显。海归科研人员能在回来之前通过协商争取这些特殊待遇。相比之下，那些非海归科研人员的薪资却是由服务时间长度、年龄和职称等因素而定，这些相对死板的规定使他们与海归相比，工资更低，行政任务更重，教学任务更重，且少有秘书帮助。① 如果在一个机构里对海归的反对声音占主要地位以至于海归得不到那些期待的回报，海归的这种回溯性迁移便很难发生。而且，如果这种相对的回报不用迁移或者打乱家庭生活便能在海外获得，这些在海外的人也许更愿意留在海外。②

（二）科学家短缺与对海归的需求

由于中科院的科学家大多数以访问学者的身份出国，并受政府资助，所以其出国学习人员得以保持比较高的回国比例。③ 然而，缺乏训练的下一代科学家——有人称之为“断生”，意味着中科院仍然急需一批人才来推动一个具有创新能力的经济体。根据联合国开发计划署（UNDP）发布的《世界发展报告（2001）》，1987～1997 年，中国每 10 万人中有 454 个科学家或工程师，而同时期的日本是 4904 个，美国是 3676 个，俄罗斯是 3587 个，韩国是 2194 个，为中国的 5～10 倍。④

在 20 世纪接近尾声的时候，中国的科学家群体也面临着严重的老龄化问题。中科院那些年长的科学家们掌控着令人嫉妒的职位和分配资源的权力。《南方周末》在 1994 年的一份报告中比较了中国的和其他国家具有相似职称的科技工作者的年龄，该报告发现，中国各个不同级别的科技工作者的年龄都

① 黄建斌（音译）：《土洋博士的差距》，《中国大学生》2002 年第 3 期，转引自 *Chinese Education and Society*，vol. 37，No. 2（March/April 2004）：18－20。

② 如果留在国外机遇很少，人们便可能因为很少的回报就回国。这群人也许很少有跨国资本或者根本没有稀缺技术，回国获得的回报也少。

③ 陈学费等：《留学教育的成本与效益：我国改革开放以来公派留学效益研究》，教育科学出版社，2003。

④ 苗丹国：《出国留学六十年》，中央文献出版社，2010，第 582 页。

要显著大于其他国家同级别的科技工作者。[①] 其中，讲师的年龄差距是 12 年，副教授的年龄差距是 16 年，教授的年龄差距是 14 年。在 744 个学科的学术带头人中，有 61.5% 年龄为 56 岁或更大，有 28.4% 在 51 ~ 55 岁，而仅有 10.1% 等于或者低于 50 岁。因为人最具有创新能力的年龄通常在 40 多岁，所以这样的年龄结构阻碍了重大科学突破的实现。同时，中科院各研究所的青年科学家也纷纷表示他们难以影响全国性的研究计划。从 1998 年开始，中科院开始尝试填补这一年龄上的差距，[②] 但是真正的起色发生在 2003 年之后。

在改革开放后的大多数时间里，中科院面临着人才和资金的短缺，最终导致中国的科研机构出现了萨特米尔（Suttmeier）和曹聪（Cao）所说的“稀缺文化”（a culture of scarcity）。[③] 在他们看来，资金不足加剧了人才流失和人力资源问题，并被反映在“谁在什么上以何种性质花了多少钱”上。他们在 1999 年提出该问题，但直到现在仍未解决。[④] 老一代科学家仍然占据主导地位，这也是青年科学家对回国犹豫不决的原因之一，因为这一主导地位意味着经费的分配、职位、奖励和工作补贴都由年长的科学家控制。

同时，中科院也面临着内部人才流失的问题。他们尽全力挽留那些在国外学习过的人才，却只能看着他们离开并加入跨国公司或者创业。令人惊奇的是，当笔者在 2002 年访问物理研究所的时候，那里居然没有任何一个有博士学位的海归。所有拿到博士学位的海归回国后都找到了更好的出路，比如自己创业，或者受聘于跨国公司。同时，那些不太具有吸引力的城市，比如中国东北的长春，也很难留住那些最好的人才，因为好的人才最后总能想方设法地去北京或者上海。[⑤] 事实上，中科院在 2006 年共有 70000 个雇员，其中仅有 12.9% 和 9.5% 的人分别有博士和硕士学位。[⑥]

---

① 《大陆面临严重人才短缺》，《南方周末》1994 年 1 月。

② 在中科院生物物理研究所外事办公室（Foreign Affairs Office）的采访，2004 年 10 月。

③ Richard P. Suttmeier and Cong Cao, “China Faces the New Industrial Revolution: Achievement and Uncertainty in the Search for Research and Innovation Strategies,” *Asian Perspective*, vol. 23, No. 3 (1999).

④ Suttmeier and Cao, “China Faces the New Industrial Revolution.”

⑤ 在长春的采访，2003 年 4 月。

⑥ Simon and Cao, *China's Emerging Technological Edge*, 2010, p. 97.

（三）鼓励科学家回国的政策

在中国教育开放政策刚开始实行的时候，中科院的主要任务是将一些院士与顶级人才送到西方国家“进修”并要求他们短时间内回来，很少鼓励他们攻读博士学位。施内普（Schnepp）在1984年采访了美国多个为来自中科院的访问学者提供资助的机构，他发现这些学者中大约有17%转入了博士项目。[①] 同时，他发现截至20世纪80年代中期，沿海地区的中科院各研究所中有14%的研究者作为访问学者在国外学习一到两年并回国。[②]

在本文所分析的时段里，中科院基本能成功地让那些出国访问的学者回国工作。1997年的数据表明，在受中国政府资助的出国人员（大多数来自中科院）中，回国的比例大约为80%。在1996年，按照“科教兴国”战略要求，中科院开始实施其“百人计划”，最初计划从海内外引进并培养100位青年学术带头人，也即“百人”。到1997年，该计划共引进了151位优秀人才。但到2001年为止，该计划已经转化为三个计划：两个计划瞄准国外人才——“国外杰出人才”和“海外知名学者”，还有一个是“国内百人计划”。[③] 到2004年底为止，“百人计划”共支持了1281名科学家，其中897位是海归（110位为“海外知名学者”），246位是从国内选拔的优秀人才。[④] 这种在中国相对比较新颖的竞争模式激励着竞争者带回中国急需的重要新技术。从表1可以看出，到2010年底，总共有超过2000位科学家在“百人计划”的名义下受到奖励，其中超过70%是海归。

---

① Otto Schnepp, “The Impact of Returning Scholars on Chinese Science and Technology,” in Denis Fred Simon and Merle Goldman, eds., *Science and Technology in Post Mao China* (Cambridge: Harvard Contemporary China Series, 1989), p. 195.

② 施内普有19个中科院研究所海归科研人员的数据，我取了平均数。参见Schnepp, “The Impact of Returning Scholars,” pp. 193 – 194。

③ 中科院人事教育局：《中科院回国为国服务项目总览》，《神州学人》2006年10月，第44 ~ 46页。

④ 另有138位“国家杰出青年科学基金”获得者也受到“百人计划”支持，参见李和风、杨鹏《“百人计划”十年回眸》，《神州学人》2005年1月，第42页。

表1　中科院“百人计划”*

单位：人，%

时间	新招聘人员			选择性资金支持（Selective Financial Support）**		
	总计	“国外杰出人才”	海归比例	总计	海归	海归比例
2008 年	195	147	75.4	104	96	92.3
2009 年	231	176	76.2	108	104	96.3
1994～2010 年	2023	1448	71.6	—	—	—

注：* 中国科学院：《中国科学院年鉴（2009）》，科学出版社，2009；中国科学院：《中国科学院年鉴（2010）》，科学出版社，2010。** 在中科院工作一年以上才能获得选择性资金支持，所以他们不是表中左侧“新招聘人员”中的一部分。

入选者将会得到200万元经费、教授的职称、实验室、研究团队以及住房，且经费的20%可用于补充海归科研人员的薪资。研究所可以提名候选人，但最后决定权掌握在中科院领导层手中。在2001年，大多数入选者是刚刚出站的博士后，他们的研究多数不是自己设计的，而是由在海外的博士生导师或者博士后导师设计的，这也意味着他们从未领导过一个研究团队。① 同样，曹聪报道，在466名中科院从国内外引进的杰出人才中，只有11.6%是正教授或者副教授，10%是助理教授，其他都是研究员（researcher）、访问学者和博士后。因此，2002年，笔者访问中科院时的一个关键议题便是如何调整这个制度，因为它其实是在奖励那些从未自己开展过研究的科学家。

另外，一个旨在吸引海外科学家的项目便是国家自然科学基金委员会的“杰出青年科学基金”（Excellent Young Scientist Award），该计划对国内外学者同时开放，为从事理论与经验研究的学者提供不同层次的经费，而后者的经费多于前者。到2006年为止，在此计划下的资深研究员可以拿到四年200万元的经费，这与“百人计划”提供的经费数量相同。根据曹聪的研究，1994～

① Jonkers采访的大多数人刚刚博士后出站，对他们而言升到正教授的职位极其重要。参见Jonkers，p. 115。

2002 年，该基金共给出了大约 860 批经费，其中 80% 被给予了那些在国外学习过或者工作过的科学家。[①]

2003 年，中科院对“百人计划”进行变革，将招聘的权力彻底下放到了各研究所。[②] 并改革那种似乎是在给未经训练的人提供奖励的制度。[③]“国外杰出人才”任期长，必须在国外拥有助理教授职称，而不再是博士后，且必须有连续 4 年以上的研究经验。他们也必须在海外领导过研究团队，在权威期刊上发表过具有影响力的研究成果，并且愿意辞去国外的职务，全职地在中科院工作。在向中科院递交申请时，申请人还需要说明长期研究计划，展示他们在某个研究领域的领导能力，并说明他们的海外研究团队是如何“站在国际研究的前沿并产出了世界领先的研究成果”。[④]

“海外知名学者”指在各自领域有丰富研究经验的学者与专家。他们在海外要有副教授或者更高职称，每年需要在中科院工作至少 3 个月，而在此期间他们不得为任何其他机构工作。为了防止一些人为亲友寻求职位，只允许“必要职位招聘”（hiring for necessary posts），而且在整个过程中要求公开招聘，严格筛选，择优支持，并进行合约化管理。为避免受聘人员盗取他人的技术或专利的情况发生，2006 年的一份报告强调“学术道德和团队精神方面的评价”。[⑤]

该制度给受聘人员的称号是“创新研究员”，并且给予“不少于 70 万元人民币的科研启动经费”。[⑥] 他们同时也能得到新的实验室，可以招收博士研究生和博士后，或者吸收本土博士进入研究团队。作为福利之一，他们也可以得到住房。工作 6 个月之后，“百人计划”入选者便能申请中科院择优支持，如果申请失败了，他们还能在两年内再次申请。如果两次都未获得中科院择优支持，该入选者则可能被解聘。但是，研究所仍然可以保留其资格，并给予不

---

① Cao，2002.

② 中科院人事教育局：《中科院回国为国服务项目总览》，第 44 页。

③ 中科院人事教育局：《中科院回国为国服务项目总览》，第 44～45 页。

④ 同上。

⑤ 李和风、杨鹏：《“百人计划”十年回眸》，第 42 页。

⑥ 同上。旧制度规定入选者将自动获得 220 万元的经费，现在则要求有一段时间的观察期，他们必须在这段时间内成功入选“百人计划”。

低于200万元的支持，保留资格者三年后将统一参加“百人计划”终期评估。

20%最优秀的入选者将得到50万～100万元不等的后续经费支持。这种先试用再给予“百人计划”身份的做法让该制度更加贴近于全球的普遍规范。然而，那些在头两年没有得到经费的人依然可以留下，这仍可能滋生偏袒之风。而且，由于只有最优秀的20%才能得到特殊对待，中科院事实上把入选者区分开来了，并给最优秀的人更多的资助。这种做法在中国并不常见。

在21世纪一开始时，中国政府，特别是财政部，便开始对中科院投入重金，希望吸引海外人才。笔者在2002年11月拜访高能物理研究所时发现，该研究所没有一个在海外取得博士学位的研究者——那些在国外取得博士学位的研究者都离开了研究所并加入私人企业。但是，该情况在2004年得到了好转。中科院下属的生物物理研究所也得到了很多的特别资助，以用于吸引海外博士。在2000年时，他们只有5个“百人计划”的名额，但是在2002～2004年，他们得到了13个，并很有可能在2004年底再多争取5个。一位来自外事局（Foreign Affair Bureau）的官员说，中科院已经给生物物理研究所提供了更多的资金用于招聘海外人才。①

表2　2001～2011年中国研发投资

单位：亿元，%

年份	2001	2002	2003	2004	2005	2006	2007	2008	2009	2010	2011
研发费用	1042.5	1287.6	1539.6	1966.3	2450.0	3003.1	3710.2	4616.0	5802.1	7062.6	8687.0
增长率	14.1	22.8	16.5	19.5	19.9	18.1	14.8	15.4	26.5	21.7	23.0
占GDP比率	0.95	1.07	1.13	1.23	1.32	1.39	1.4	1.47	1.7	1.76	1.84

资料来源：中国科技部，http://www.sts.org.cn/sjkl/kjtjdt/data2012/科技统计数据2012.pdf。

中科院于2007年初公布了其2006～2010年的“五年计划”，计划引进547位新研究者。各领域分配到的名额为生物学占20%（112人），化学占8%（46人），材料科学与工程占6.6%（36人），电子科学与技术占5.3%（29人），环境科学与工程占3.7%（20人）。其他的重要领域包括地质学、

① 对中科院的访问，2004年10月18～19日。

天文学、信息与通信工程、控制科学与工程、地球物理学和地理学，占用剩余名额。[①]

此外，还有一些其他的项目帮助海归保持与海外的联系，以及帮助在国内的“百人”与海外学者建立联系。2001 年中科院开始实施“创新队伍国际合作伙伴计划”，“百人计划”入选者、长江学者和其他项目中的科学家得以与国外华裔学者共同工作。[②] 到 2005 年为止，此计划共建立了 35 个团队，362 个中国科学家（很多是海归）与 224 位海外科学家成功进行互动交流。在公布“千人计划”之后，时任中科院副院长（现任院长）的白春礼宣布了 4 项旨在吸引海归人才的计划，其中包括在五年内将“领军人才”的数量提高到 600 人。[③] 在“创新类人才”项目中，有 14%（70 人）是来自中科院的科院人员。到 2010 年底为止，共招募了 932 名“创新类人才”，其中 101 人（10.8%）在中科院工作。[④]

中科院在 2009 年推行了一项重要改革：受雇科研人员可以自己开办公司而不必从中科院辞职。之前，正如我们在应用物理研究所看到的那样，如果有人想将自己的技术商业化，则必须退出中科院。这样一来，中科院尽管有超过 100 家研究所，却在开发新产品和开办公司方面不尽如人意。然而，在这项由联想的 CEO 倡导的新计划下，20 位中科院的科研人员受到培训，并与 10 位非中科院人员合办了一家公司。中科院从公司利润中抽取 25% 的资金，而该公司 CEO 的薪资为每月 15000 元。[⑤] 然而，在不同的研究所，领导们对这项政策褒贬不一，开办一家公司需要中科院投入资金，而那些不能从中受惠的人便会心存嫉妒。

二　实证分析

（一）数据介绍

这篇报告涉及的数据多数来自中科院。2001 年，中山大学陈昌贵教授领

---

① 《中科院“百人计划”五百余岗位虚席以待》，《神州学人》2007 年 1 月，第 43 页。

② 黄慧靖：《中科院“创新团队国际合作伙伴计划”》，《神州学人》2007 年 2 月，第 44 ~ 45 页。

③ 苗丹国等：《出国留学工作 60 年大事记》，第 74 页。

④ 《中科院共引进“千人计划”入选者 70 人》，《中国人事报》2010 年 8 月 5 日。

⑤ 在广州的采访，2011 年 10 月。

导研究小组访问了中科院在广州、昆明和武汉的研究所。此后，作为补充，崔大伟教授（David Zweig）访问了一个位于长春的中科院研究所（2003 年 10 月）和另外两个位于北京的研究所（2004 年 10 月）。① He，Chen 与 Chung Siu Fung 也于2004 年5 月采访了位于昆明的云南社会科学院（见表3）。在每个受访的研究所内，研究小组都尝试寻找一个控制组，即那些没有出过国的非海归科研人员，以评估海外学习经历的真正影响。然而，这并非易事，因为非海归往往比海归更年轻，但研究水平相对较差。并且，在很多研究所里，几乎找不到从未出过国的科学家。2001 年的一次调查显示，在昆明受访的非海归科学家跟海归科学家并非来自同一个机构，因为调查人员发现在海归科学家工作的

表3　采访地点（2001 ~ 2004 年）

单位：人，%

机构名称	指数	海归	非海归	总计
长春应用化学研究所(长春)	人数	14	7	21
	占比	16.3	14.9	15.8
广东词源研究所(广东)	人数	3	0	3
	占比	3.5	0.0	2.3
云南天文台(昆明)	人数	0	21	21
	占比	0.0	44.7	15.8
南海海洋研究所(广州)	人数	5	0	5
	占比	5.8	0.0	3.8
生物物理研究所以及分子生物学研究所(北京)	人数	8	4	12
	占比	9.3	8.5	9.0
动物研究所(昆明)	人数	3	0	3
	占比	3.5	0	2.3
植物研究所(昆明)	人数	37	6	43
	占比	43.0	12.8	32.3
多个中科院研究所(武汉)	人数	16	9	25
	占比	18.7	19.2	18.8
总计	人数	86	47	133
	占比	100	100	100

① 长春的数据由中山大学陈昌贵教授收集，在中科院的采访得到了毕建海（音译）博士的帮助，他当时在香港科技大学中国跨国关系研究中心担任博士后。

研究所里已经没有从未出过国的人员了。在崔大伟采访的北京与长春的研究所里，控制组更加适合些，但是素质相对较低仍然是个问题。

数据收集过程中困难重重。首先，很难找到用为控制组的具有可比性的非海归科学家。因为到 2001 年，好的科学家基本有至少一年的海外经历。因此，研究小组去昆明和广州找到足够数量的本土训练的科学家来填补不足的名额。结果，在期待用做对比组的非海归科学家中，有 45.3%（39/86）来自省级或者更低级别的研究所，而这降低了他们的可比性。与在国家级研究所工作的非海归科学家相比，那些在级别更低的研究所工作的非海归科学家的年龄更小，职称更低，并更难获得资源。因此，本分析只比较那些在国家级中科院研究所的海归和非海归科学家。这种做法将样本里的非海归科学家降到了 47 人，即原来控制组的 54.7%。

50%（23/46）的非海归科学家有大专或者本科文凭，34.2% 有硕士文凭。而差不多一半的海归有博士文凭：28% 在国内获得博士学位，然后在国外进行博士后阶段的研究；20.7% 在国外获得博士学位。相比之下，海归在职位上工作的时间更长，这影响了他们的人力资本。大多数（67%）海归到受访时已经在本单位工作了超过 10 年，而非海归科学家则入职晚一些，因为他们更加年轻。

（二）稀缺性分析

在单纯的学术考虑之外，科学家的行为符合“迁移新经济学”（New Economics of Migration）的理论。该理论认为“回溯性迁移是整个迁移计划的一部分（这被视作‘经过计算的策略’）；移民一旦在目的地国实现了计划，便会回国”。① 我们在对海归科学家的采访中发现，这种策略相当具体：出国寻找国内短缺的技术、商业技能或者方法——这些东西甚至不必是世界领先的，并将其带回来以在国内市场取得优势。

在长春的中科院应用化学研究所里，有两位海归科学家重复述说他们在国外如何寻找“稀缺品”的故事。其中一位“百人计划”入选者在化学跟生物

① Jean-Pierre Cassarino，“Theorising Return Migration：The Conceptual Approach to Return Migrants Revisited.” *International Journal on Multicultural Societies*，6，No.2（2004）：253－279.

的交叉领域进行研究，他当初选择这个领域是因为哈佛大学将其化学系变更为“化学与生物化学系”。他在中国获得博士学位后在美国留了六年，期间曾在加州理工学院（Caltec）工作过。他觉得只有发现了“新领域”，才能在中国得到资助，因此他要出国学一些新的东西让自己变得“强大”。[①] 一位从日本回来的海归认为至少要花三年（最好是一个博士项目）才能将一项新技术内化并带回中国。他把这种新技术叫做“缺门”。他说他曾在日本的图书馆里寻找那些在中国落后的技术。这种做法很有策略性，而多数的学者则以这种方式选择他们博士论文的题目。还有一位海归离开了原来的单位并在北京工作，其原因在于年龄大的科学家不退休。他觉得在老单位前途无望，所以去美国寻找研究中药的新方法。在他进行研究工作的美国国家卫生研究院（National Institutes of Health）里，热门之一便是用质谱法（mass spectrometers）来研究蛋白质（而不仅仅是分子）。他颇具慧眼地换了领域，并回国主持一个类似的叫做“蛋白质研究平台”（Protein Research Platform）的项目。当他还在美国的时候，便开始与研究所的主任协商实施这个项目。他们为新的仪器建立了新的实验室，尽管在笔者进行访问的时候，该仪器尚未到达。

笔者在2004年采访了另一个海归科学家，他在北京工作并曾出国3年。当时，他带回了技术并建立了全国第4家拥有该设备的实验室，该技术对他所在的研究所来说仍旧很新。他说出国的第一年主要是寻找能够为他在中国赢得机遇的技术，第二年掌握该技术，而第三年则准备回国。这一观点得到了中科院2003年一项问卷调查的支持。该研究发现，海归认为他们进行了大量的技术转移。当被问及在海外的经历如何影响研究时，他们很多人认为自己带回了“先进的研究发现”“新的研究方法”或者“为中国开创了新的研究领域”。[②]

研究小组2001~2004年的问卷调查证实了该假设，即海归科学家拥有中国稀缺的技能或技术（见表4）。尽管有相近比例的海归和非海归科学家认为他们的专长“非常稀缺”（9/85:5/46），但更多的海归认为他们的专长“相对稀缺”（47/85:17/46）。

---

① 在长春的采访，2003年4月。

② 李晓璇（音译）：《中国科学院出国留学效益研究》，《出国留学工作研究》2003年第1期，转引自 *Chinese Education and Society*, vol. 37, No. 2 (March/April, 2004): 61-87。

表 4 中科院人才供给：海归与非海归（2002 年）

单位：人，%

专长类别	指标	海归	非海归	总计
非常稀缺	人数	9	5	14
	占比	10.6	10.9	10.7
相对稀缺	人数	47	17	64
	占比	55.3	37.0	48.9
不太稀缺	人数	26	7	33
	占比	30.6	15.2	25.2
不稀缺或过剩	人数	1	11	12
	占比	1.1	23.9	9.2
不清楚	人数	2	6	8
	占比	2.4	13.0	6.1
总计	人数	85	46	131
	占比	64.9	35.1	100.0

注：卡方检验 p 值 <0.000；皮尔森相关系数为 0.222，其 p 值 <0.01。

一些科学家可能不能等几年才回国，因为他们的专长并不热门，所以如果他们稍加犹豫，更多掌握相同技术的人可能就先回去了，这将显著降低他们的比较优势。并且，对国内的一些单位而言，他们的价值在于其技术在国内可以带来利润，而如果很多人都掌握了这项技术，他们的价值也就会下降。笔者在 2004 年采访的一个制药研究者认为，国外的药太贵，那时想要改善这种状况有很好的机遇。但是，如果他当时迟疑片刻，外国的药就会占领整个国内市场。

另一个新近受访的科学家强调一个事实。在 2005 年之前，中国人在国外学的很多先进技术和产品太先进了，以至于它们在中国市场没有一席之地，因此，他们不需要带回最发达的科技。然而，到 2011 年，必须带回最好的技术，否则将找不到市场。过去，很多人犹豫是否回国，因为他们可能被看做失败者，但是现在中国的市场需求如此大，回中国将有更多的机遇且更可能获得成功。①

① 在广州的采访，2011 年 10 月。

（三）跨国人力资本对比分析

海归是否比非海归拥有更多的“跨国人力资本”（见表5）？很难相信那些出国却没有学任何新东西、没有建立新联系的科学家能给自己增加任何价值。而且，如果他们没学到新东西，便不会在中科院找到工作。这两组人的差异能说明海归在提升自己人力资本方面的能力，尽管有一些海归也许并不是在中国最好的研究机构工作。

1. 海归在做研究生导师和获取经费方面更有优势

80%的海归科研人员可以成为研究生导师，而只有27%的非海归可以做研究生导师（p 值 < 0.00）。而且，57%的海归“大量地”或者“较多地”使用国际交流成果，而那些从未出过国的人中只有25%可以这样做（p 值 < 0.00）。教师们把在国外获得的信息传递给学生，有助于培养出中科院所期待的下一代科学家，也是鼓励这些人回国的一个很好理由。

在经费方面，这86个海归参与了160个项目，其中有1个人参与了26个项目，而47个非海归科学家参与了37个国家级项目。在采访的科学家中，海归参与了28个本土商业项目，而非海归则参与了37个，尽管其中有1人参与了15个。可以预计，非海归科学家更多地参与本土商业活动，而海归则拥有中国需要的专利和技术。最后，海归参与了44项国际项目，而非海归则只参与了10个国际项目。

2. 海归的知识转移及国际交流更频繁

跨国人力资本的其他重要因素包括跟海外取得联系的能力以及使用该联系为祖国效力的能力。对科学家而言，这种联系可能以很多形式出现，包括帮助同事安排海外项目，安排国际合作项目，把外国科学家请来做讲座、咨询或做项目，或者把技术或资本带回国。被采访的海归做过很多这样的事情，而且肯定比那些从未出国学习或者工作的人做得多。比如，39.5%的海归曾安排外国专家到他们单位参访，而只有12.8%的非海归这样做过。有更多的海归带回来外国资本、帮助建立国际合作项目和帮助同事出国（见表5）。

表5　测量跨国人力资本：海归与非海归

单位：%

类　　别	海归	非海归
外语:优秀或者相对较好	77.7 ***	33
国家级或者省级学术委员会委员	19.8 *	8.5
博士生导师	80 ***	26.7
使用交流成果来训练学生:非常频繁或者相对频繁	73.8 ***	25
与海外联系:一周一次或更频繁	58.2 ***	29.8
从海外引入资本	12.8 **	2.1
帮助他人出国	43 ***	6.4
帮助促成国际合作	41.9 ***	14.9
引入外籍专家	39.5 ***	12.8
在过去两年里有出国经历	69.6 ***	31

注：***，** 和 * 分别表示 p 值 <0.001，p 值 <0.05，p 值 <0.10。

海归与国外保持着很强的联系。相比于非海归科学家，有更多的海归科学家每天都跟国外联系。44.2% 的海归每周都跟国外互动，而非海归的比例为 23.4%。近 80% 的海归每个月至少跟海外互动 2～4 次，这些人显然是国际学术界的活跃分子（见表 6）。根据西格森（Sigurdson）的统计，到 2002 年为止，中国学者跟海外学者合作发表论文的数量已经显著上升。① 但笔者怀疑很多的海外学者其实是留在国外的中国人。

表6　与海外联系频率：海归与非海归（2001～2004 年）

单位：人，%

频　　率	指标	海归	非海归	总计
几乎每天 1 次	人数	12	3	15
	占比	14.0	6.4	11.3
每周 1 次	人数	38	11	49
	占比	44.2	23.4	36.8
每月 2～4 次	人数	17	11	28
	占比	19.8	23.4	21.1

① Jon Sigurdson，"A New Technological Landscape in China," *China Perspectives*, No. 42（July－August, 2002）：37－53.

续表

频　率	指标	海归	非海归	总计
每年6~12次	人数	12	4	16
	占比	14.0	8.5	12.0
少于每年1次	人数	3	5	8
	占比	3.5	10.6	6.0
从来没有	人数	1	11	12
	占比	1.2	23.4	9.0
未回答	人数	3	2	5
	占比	3.5	4.3	3.8
总计	人数	86	47	122
	占比	100	100	100

注：卡方检验 p 值0<0.00。

并且，海归比非海归更可能因公出国（见表7）。在海归中，62.3%的人每年出国出差1~2次，2.9%的人每年出国3~4次，有1.4%的受访海归每年出国6~12次。然而，仍然有超过30.4%的人不出国。在非海归中，69.0%的人从未出国，21.4%的人一年出国1~2次。

表7　2001~2004年因公出国频率：海归与非海归

单位：人，%

频　率	指标	海归	非海归	总计
从未出国	人数	21	29	50
	占比	30.4	69.0	45.0
每年1~2次	人数	43	9	52
	占比	62.3	21.4	46.8
每年3~4次	人数	2	1	3
	占比	2.9	2.4	2.7
每年6~12次	人数	1	0	1
	占比	1.4	0	0.9
未回答	人数	2	3	5
	占比	2.9	7.1	4.5
总计	人数	69	42	111
	占比	100	100	100

注：缺失值为22个。

尽管互动频繁，对海归而言，一个潜在的问题在于回国后他们可能会与国际科学界隔绝。出于这种顾虑，一位2004年在多伦多受访领事官员称，他更偏好一种方案，即海外科学家留在海外，只要他们能与大陆进行科学交流就好。这种观点与中国“为国服务”政策相吻合。但是，科学家们真的与国际学术界隔绝了吗？虽然没有直接问受访者这个问题，这却是“什么是你回国后遇到的主要问题”这个问题的选项之一。

虽然只有1%的人选择“国际交流不足”作为第一选项，但有很多人将之视为第二（11%）或者第三选项（13%），这说明交流太少的确是个严重问题。“消息不灵”是5%的海归的第二选择、7%的人的第三选择。然而，值得一提的是，很多受访者都在昆明，而那是一个相对封闭的城市。

3. 海归的语言能力比非海归要好很多

对中国人来说，想要参与全球性学术活动，就必须提高自己的语言能力。如果没有经过专门的语言训练，仅仅是在国外短期逗留很难形成那种可以用于学术交流的语言能力。在被采访的中科院海归中，77.7%认为他们的语言能力“非常好”或者“相当好”；相比之下，只有34%的非海归如此认为，65.9%（31/47）的非海归科研人员认为自己的外语水平“一般”“相当弱”或者“非常弱”。语言能力不强可能会减少国际性的论文发表、项目和其他专业性活动，因为这些都需要比较好的语言能力。

研究发现，语言能力与职称之间存在相关性，尽管这种相关性很弱（相关系数 = -0.156，p 值 <0.08）。令人惊奇的是，研究发现，年龄比较大的学者有更好的语言能力。那些拥有“非常好”或“相当好”的语言技能的人将他们大多数的论文发表在国外，而那些仅有“一般”语言能力的海归几乎没有在国外发表任何论文。语言也方便了跨国交流，海归的外语越好，他们越能帮助其他人出国（p 值 <0.00）、参与国际合作（p 值 <0.01）或邀请海外专家来访（$p<0.00$）。

在国外高影响因子期刊上发表论文能够显著提高科学家的收入。[①] 在影响因子为5以下的期刊上发表论文，影响因子每上升1点，得到的奖励便会上升

① 在中科院微生物研究所的采访，北京，2004年10月。

5000 元；如果期刊影响因子为 5 ~ 7，影响因子每上升 1 点，奖励上升 7000 元。所以，一篇发表在影响因子为 7 的期刊上的论文价值为 49000 元。《科学》（*Science*）杂志的影响因子为 30，在该期刊上发表一篇论文可获得 30 万元的奖励。另外，包括核心期刊在内的国内期刊很少有影响因子，即使有也很低。所以，有一个受访者从不在国内期刊上发表论文，因为这对他年底的财务评估没有任何影响。因为国外很多期刊有影响因子，所以他们通常选择在英文期刊或者其他主要外语的期刊上发表文章，而这对那些从未拿到海外学位的人而言是相当困难的。

（三）阻碍科学家回国的因素分析

1. 工作环境

中国科学家不愿回国的主要原因之一便是国内目前相对狭隘的工作环境与经费资助。一项 2001 ~ 2004 年的研究证实了这些问题，其中也发现了国内科学家对海归的偏见，而这一点目前已经扩散到了已经担任要职的那些回国较早的海归与将要回国的海归之间的冲突。

研究环境，不论是微观的还是宏观的，对科学家至关重要，其中的一个重要原因便在于科学工作的“强关系因素”（strong relational component）。[①] 一个麻省理工学院（MIT）的生物科学家指出了国内研究环境的 9 个问题：①政治干预或者自上而下的管理上的干预；②无法自由上网获得信息；③上网收费；④难以接触最新的研究期刊或者书籍；⑤研究项目的选择受到干涉；⑥晋升和经费申请基于年龄和人际关系而非才能；⑦缺乏最先进的设备与训练；⑧获得研究材料速度慢；⑨缺乏自由的思想交流，不利于促进有效的合作。[②] 另一个问题在于嫉妒，那些未出过国的人可能对海归怀有敌意，并设法阻碍他们成功。[③] 此

① Koen Jonkers, *Mobility, Migration and the Chinese Scientific Research System* （New York：Routledge Contemporary China Series，2010）.

② Shuguang Zhang，“Basic research in China（Letter to Editor），” *Science*，vol. 283（19 March 1999）：1850 – 1851.

③ Cong Cao and Richard P. Suttmeier，“China's New Scientific Elite：Distinguished Young Scientists，the Research Environment and Hopes for Chinese Science，” *The China Quarterly*，No. 168（2001）：960 – 984.

外，还有一个不尽相同的问题在于环境，在被调查的海归中，有19.2%的人认为“人际关系复杂”是他们回国遇到的最大问题。我们的数据同时也显示缺乏经费是个大问题，而这对年轻学者尤为严重。1986~1993年，国家自然科学基金80%的获得者年龄在45岁以上。①

到2011年，经费仍然存在严重困难。饶毅与施一公这两位顶尖人才分别担任北京大学和清华大学的生命科学院院长，他们批评中国科研系统的研究资源分配制度，认为该制度偏好关系甚于研究质量。② 财政部与中科院只划拨各研究所上报的经费总额，而所内的经费分配权力则由本所控制，这种经费分配方式加剧了上述问题。饶毅与施一公认为，目前的这种问题发生在回国早的海归和回国晚的海归之间，前者把持重要职位而后者拥有先进技术。③ 相似地，Jonkers认为那些与中央政府政策相关的科学精英所组成的圈子便是被Crane称做“国家无形学院”（national invisible college）的圈子。最终，由这些精英决定哪些话题和方法值得经费资助，并给予重点关注。④

最近的一份采访也突出了新近回国者在经费上的困难。在采访中，他说：“新近回国人员更难获得研究经费。至少要花三年时间才可能得到别人的了解和信任。受理申请时要看两方面：一是项目计划，这在评审中占60%~70%；二是关系，这在评审中占到30%~40%，这在中国社会是不可避免的，特别是在每个人都能猜出申请人是谁的情况下。而且，尽管大多数经费直接拨给申请人，研究所的领导可以决定谁能递交申请。”⑤ 因此，与机构领导建立良好关系是海归在头两年获得经费的重要条件。

鉴于年长的科学家一直占有岗位并且持续地设定科学发展的方向，年轻科学家回国时必须在这件事上提高警惕。⑥ 曹聪（Cao）和萨特米尔（Suttmeier）

① 《大陆面临严重人才短缺》，《南方周末》1994年1月。

② Yigong Shi and Yi Rao, “China's Research Culture,” *Science*, vol. 329, No. 5996 (3rd September, 2010): 1128.

③ 在清华大学对施一公的采访，2011年4月。

④ D. Crane, *Invisible Colleges: Diffusion of Knowledge and Scientific Communities* (Chicago: University of Chicago Press, 1972)，转引自Jonkers, *Mobility, Migration and the Chinese Scientific Research System*, p. 8。

⑤ 在广州的采访，2011年10月。

⑥ 本段主要来自Cao and Suttmeier, “China's New Scientific Elite.”

通过比较两位癌症研究者，阐明了“小环境”（local environment）的重要性：其中一位研究者受到单位的良好资助，开发出很多具有前景的抗癌药物，而另一位则很少受到资助，所需得不到保证，使得教育部跟组织部不得不进行干预。同样，青年学者也不太愿意在讨论重大项目的时候当着院士的面畅所欲言。知情人士透露，“一些老派的资深学者经常决定了年轻学者的命运并经常跟他们竞争研究经费。就像一段采访说的那样，‘如果这些70岁甚至80岁的学者仍然在争夺研究经费，中国科学的希望跟未来能在哪儿呢?’”。[①] 而且，如果新近回国的博士得不到资深研究者的帮助，他们在起步阶段将晋升缓慢。

因此，想回国在科研单位工作的那些海归更青睐那些在科学和管理上对新想法持开放态度的单位。一些科研机构的自然天性让它们具有保守的特质，抗拒变革，所以海归只有在觉得经费分配系统具有足够大的自由度以保证他们的能力不会被束缚的情况下才会回来。有一位海归到北京一家单位工作就是被其工作环境所吸引，他告诉Jonkers，在该单位“很多人都有海外工作经验，而且他们的工作环境比北京之外的单位更接近西方科学的标准”。“在单位被孤立会让人很难取得进步，但是如果在周围有很多具有相似经历的同事，就会容易得多”。[②] 然而，由于管理上的变革缓慢，她和她的同事一直尝试进行改善。

人事部门可能拒绝恪守当初为吸引海归回国做出的承诺，破坏内部环境。一位中科院的知情人士将之视为他到北京之后的首要难题。同样，一些海归强调“依法治国”的缺失，并将人事部门视为破坏合约的罪魁祸首。据说，即使是单位主任也很难影响人事部门的领导。在被采访的对象中，有2.6%遇到过此类问题。

2. 对海归的偏见

虽然管理上的不足可能导致某些问题，但单位同事也可能创造敌视海归的工作环境。海归和非海归博士之间的冲突受到广泛关注，这种冲突显然阻碍了海归的工作，因为他们要花时间保卫自己的特权。然而，有一位受访的海归认为虽然这个问题仍然存在并将继续存在10年左右，但对海归的重视已经下降

---

① Cao and Suttmeier, “China's New Scientific Elite.”

② Jonkers, *Mobility, Migration and the Chinese Scientific Research System* (London, Routledge: 2010).

了，这主要源于中国整体的经济增长以及海归们自己训练出来的本土博士数量的增加。[①]

在晋升速度方面，海归们认为自己的晋升速度相对较快，而非海归科学家则认为海归的晋升速度要比他们快得多。在海归中，只有12.9%的人认为他们的晋升速度比非海归“快得多”，而在非海归中这一比例是38.3%。同样，认为海归跟非海归科研人员的晋升速度“差不多”的人分别占海归的31.8%与非海归的14.9%（p值<0.01）。

很多非海归科研人员认为国家政策偏袒海归。当被要求评价政府对海归的态度的时候，36.2%的非海归科研人员认为国家的重视程度“非常高”，这一比例在海归中为14.1%；“3”表示“不是非常高”，有44.7%的海归和17.0%的非海归科研人员持这种观点（见表8）。相似地，非海归认为海归的研究经费比他们要充足得多。有18.6%的海归和42.6%的非海归分别认为海归的经费要“多得多”；同时，有18.6%的海归和6.4%的非海归分别认为海归和非海归的经费“差不多”（p值<0.02）。

表8　评价政府对海归的重视程度

单位：人，%

重视程度	海归		非海归		总计	
	数量	占比	数量	占比	数量	占比
1. -非常高	12	14.1	17	36.2	29	22.0
2. -比较高	24	28.2	11	23.4	35	26.5
3. -不是非常高	38	44.7	8	17.0	46	34.8
4. -非常低	2	2.4	1	2.1	3	2.3
不知道	9	10.6	7	14.0	16	12.1
未回答	0	0.0	3	6.0	3	6.4
总　计	75	—	47	—	122	—

注：卡方检验p值<0.002；皮尔逊系数=0.146，p值<0.095。

当向非海归科研人员问及本单位海归科研人员的水平时，一些偏见便显现出来。其中一个问题是评价是否海归科研人员有能力“发挥他们的作用”（见

① 在广州的采访，2011年10月。

表9)，另一个问题要求比较海归和非海归的“成果”（见表10）。结果发现，有78.8%的海归认为他们在发挥自己作用方面做得“非常好”或者“相对较好”，而只有50.0%的非海归对他们的海归同事做出如此评价。相似地，有15.3%的海归认为他们在这方面是“一般”水平，而有25.0%的非海归对海归做出如此评价。

表9　本单位海归“发挥他们的作用”的能力

单位：人，%

评价	海归		非海归		总计	
	数量	占比	数量	占比	数量	占比
非常好	8	9.4	3	6.8	11	8.5
相对较好	59	69.4	19	43.2	78	60.5
一　般	13	15.3	11	25.0	24	18.6
相对较弱	0	0	1	2.3	1	0.8
不知道	5	5.9	7	15.9	12	9.3
未回答	0	0	3	6.8	3	2.3
总　计	85	—	44	—	129	—

注：卡方检验p值<0.007；皮尔逊相关系数=0.258，p值<0.003。

表10　海归的工作成果（相对于非海归）

单位：人，%

评价	海归		非海归		总计	
	数量	占比	数量	占比	数量	占比
多很多	7	8.9	2	4.7	9	7.4
多一些	56	70.9	23	53.5	79	64.8
一　样	12	15.2	12	27.9	24	19.7
少很多	1	1.3	0	0	1	0.8
不知道	3	3.8	5	11.6	8	6.6
未回答	0	0	1	2.3	1	0.8
总　计	79	—	43	—	122	—

注：卡方检验p值<0.10；皮尔逊相关系数=0.191，p值<0.003。

同样，当被问及海归与非海归相比谁的成果更多的时候，79.8%的海归认为海归的成果要“多很多”（8.9%）或者“多一些”（70.9%），而只有一半

多（58.2%）的非海归这样认为。在另一个极端，只有15.2%的海归认为这两个群体成果相当，但是在非海归中，这一比例为27.9%。

一些本土训练的科学家对这种特权感到非常气愤。一位毕业于中国东北某高校的博士于1999年加入中科院。得到这种工作机会后，他没有考虑出国做博士后。而且，在他所在的城市，也很少有人考虑出国。但是，到2004年，事情发生了变化，每个人都出国并且有一部分人回来了。因此，尽管他以前对自己的工作很乐观，现在变得相当沮丧，因为他周围的那些具有海外博士学位的人有着更多的优势。不像那些在海外受训的博士，他不能被迅速提拔到教授。然而，作为一个副教授，他没有博士生导师资格；没有博士生或者研究生研究就会受阻，又反过来拖延他的晋升速度。事实上，他也没有自己的实验室，而是在作为团队成员在一个海归主持的实验室工作。在私下里，他告诉笔者，这种情形让他“感觉像个学生”。他说在目前情况下“不出国，没出路”。但是，他必须先要有好的研究结果才能申请出国。他赞成吸引海外人才回国，但是他同样认为这样做非海归学者的积极性容易受到打击。

然而，2004年，北京中科院机构的海归却认为他们在自然科学基金的分配上受到歧视，觉得该基金的分配主要看关系。一个海归说，“海归缺乏社会关系，因此政府倾向于将项目给那个他们了解的本土人”。另一个海归则被自然科学基金拒绝过三次，觉得该基金越来越不公平了；而另一位研究工作做得不如他好的研究者，却能通过父亲建立良好的社会关系从而稳拿经费。他认为所有的科学项目，比如“863计划”和“973计划”，都是“非常腐败的”，“但是官员并不愿意调查”。他甚至认为项目评审人员是主要的受贿者。

在被问及什么是工作中遇到的主要问题时，海归与非海归科研人员也有分歧。尽管两者都认为“研究经费不足”是主要问题，但海归认为第二严重的是“人际关系复杂”和“社会影响差”。前者主要指内部工作环境，后者则主要是指赚钱、剽窃以及其他一些与科学研究环境格格不入的因素带来的整体压力。海归将中科院的僵化管理视为一个重要问题，对内部环境的担忧仅仅次于经费。对非海归科研人员而言，“设备陈旧”和“国际合作不足”是非常重要的问题，没有大的项目经费，他们很难更新实验室的设备（见表11）。

表 11　在中科院工作的困难排序：海归与非海归（2002 年）

单位：人

问题	第一选择		第二选择		第三选择		总　共	
	人　数		人　数		人　数		总点数*	
	海归	非海归	海归	非海归	海归	非海归	海归	非海归
研究经费不足	17	13	11	7	7	3	125	89
设备陈旧	11	5	6	7	3	4	76	50
国际合作不足	1	6	8	3	4	5	33	44
工作不被认可	5	3	4	8	3	2	40	41
社会影响差	13	3	8	1	7	7	96	25
人际关系复杂	11	3	9	1	14	6	96	24
管理僵化	8	3	9	1	7	2	74	20
信息不畅	8	2	4	2	4	1	56	17
缺乏研究机会	2	1	3	4	2	0	21	17
没有问题	2	3	0	0	0	0	10	15
其他	6	2	3	1	0	0	39	13

* 总点数如此计算得到：第一选择记为 5，第二选择记为 3，第三选择记为 1，然后加总得到。

但是，在被问及他们本单位的人际关系时，海归的回答要比非海归更乐观。其中，37.6% 的海归科学家认为单位里的关系“非常好”或者“相对好”，而只有 21.3% 的非海归同意这一观点。另外，15.3% 的海归认为单位里的关系“相对坏”或者“非常坏”，而持相同意见的非海归比例是 19.2%。[①] 海归与非海归都认为单位领导是热情的（welcoming）。事实上，更多的非海归科研人员认为他们单位领导是“相当热情”的（55.3%），而 27.1% 的海归和 10.6% 的非海归认为领导持“无所谓”态度。[②]

最后，很多实验室的环境并不鼓励海归回国，因为年龄大的教授们不愿意退休，把持着实验室或者研究所的领导位置。海归回来后需要先在他们的领导下工作几年，而这正是海归们不愿意接受的。因此，中科院如果想要吸引海外学者回来，就必须帮助他们建立自己的实验室。

① 卡方检验 p 值 =0.05；皮尔逊相关系数 =0.253，p 值 =0.003。

② 该发现不具有统计意义上的显著性，主要因为两方都认为领导“非常热情”。

（四）海归的相对激励

要成功地把优秀的海外科学家吸引回来，该政策需要具备第三种因素，即具有诱惑力的激励。这些激励可能是家庭的舒适、经济上的富裕、社会或职业上较高的地位以及丰富的研究机遇。

当被问及最近五年的晋升速度（对比与他们眼中海归的一般晋升速度）时，有36.9%的海归认为自己晋升“非常快”（14.3%）或者“比较快”（22.6%），而相比之下，只有9.7%的非海归科研人员如此认为（只有1个人认为他的晋升速度“非常快”）。因此，非海归科研人员认为他们的晋升速度相对慢得多（见表12）。

表12　2001～2004年的晋升速度

单位：人，%

晋升速度	指标	海归	非海归	总计
非常快	人数	12	1	13
	占比	14.3	2.4	10.4
比较快	人数	19	3	22
	占比	22.6	7.3	17.6
不快也不慢	人数	21	10	31
	占比	25.0	24.4	24.8
比较慢	人数	14	13	27
	占比	16.7	31.7	21.6
非常慢	人数	12	10	22
	占比	14.3	24.4	17.6
总计	人数	84	41	125
	占比	67.2	32.8	100

注：卡方检验 p 值 <0.012；皮尔逊相关系数 $=0.151$，p 值 <0.08。

在中科院，海归科研人员比非海归科研人员的住房条件好得多。在受访的133位科学家中，有23.3%住在两居室的公寓中，而这一比例在海归科学家与本土科学家中的比例分别是12.8%和42.6%。在住在三居室或者四居室公寓的人群（样本的66.1%）中，34%是非海归而83.7%是海归。然而，在被问及海归与非海归相比谁的住房条件更好一些的时候，67.4%的海归认为“差不多”，而只有34.0%的非海归这样想。显然，海归的观点并不符合现实。相似地，我们的样本中有39.9%的人认为海归的住房条件要“好一些”（27.1%）或者“好很多”（12.8%），有60.0%的非海归认为海归的住房条件更好，而只有27.9%的海归同意这种说法（见表13）。①

表13　相对激励：海归与非海归（2001～2004年）

单位：%

相对激励	海归	非海归	总计
海归得到“多得多”的研究经费	18.6	42.6	27.1
目前住在两居室公寓	12.8	42.6	23.3
海归的住房条件要“好一些”或“好很多”	27.9	60.0	39.9
海归的晋升速度“快很多”	12.9	38.3	22.0
海归与非海归的晋升速度“差不多”	31.8	14.9	25.8

注：所有的差别都在95%的显著水平上显著。

最后，海归的薪资的确比非海归高，那些“百人计划”入选者更是如此。在该计划下，获奖者可以用经费的20%来弥补薪资，也就是40万元，这使得海归与非海归的薪资水平有显著差别。而且，他们似乎也能得到更多的研究经费。“百人计划”是一个品牌，一旦得到了这个标签，也更加容易获得其他的经费，比如中国自然科学基金。

另外，大约从2002年开始，直接给海归教授职称这一做法饱受批评。中科院的一些人，包括海归科学家，反对这种过于迅速的晋升，特别是在如果海归在海外只有助理教授职称的情况下。在他们看来，将这些人升到副教授更加合适，这也使他们有更多动力去做研究和发表成果。“那些在做完博士后回国的人还没有证明他们有能独立做研究的能力。因此，让所有海归都成为主要研究员（PI）的做法并不好，要多留些时间让他们证明他们能做成”。但是，此人也曾说：“因为我们在提高研究环境上能做的很少，所以要给他们这种‘教授’的名义职称。这也许是吸引他们回国的良策，但并不合理，因为他们还

① 所在城市直接影响了他们的住房条件。在被访问的76位具有副研究员或者研究员职称的海归中，在昆明和广州的住房面积（14个人中13个人住在四居室公寓）要显著大于住在北京跟武汉的住房面积（p值 <0.02）。

没有证明自己能够胜任……而且，给他们这个职称可能会改变机构内部的研究动态。每个机构都有固定数量的职称，因此，如果有人离开，而且还是正教授，这样做的成本就会很高。”① 同时，快速晋升为教授给国外的人留下了一种坏的印象，让中国的教授职位在国际标准下贬值。但是，所有人都意识到如果不给这些晋升，海外的人才是不会愿意回来的。

三　科学家为何回国？

我们探讨科学家回国的原因和非海归科学家眼中海归最终不留在国外工作的原因。两者的一个显著不同是，非海归认为海归回来的主要原因在于国外的种种困难，而海归则强调他们回来是为了更好地发展，而在国外的机遇也不差。他们可以在中国做得更好并不意味着他们在国外很成功，因为西方主流社会似乎还没有那么快地对他们开放。但是他们表现得还可以，或者预期自己会表现得不错，但是认为回到中国会更好。

本文用三种不同的方式问这些问题。首先，给他们一个有 10 个选项的列表，然后让他们从中选出他们认为的海外学生跟学者回国的原因。他们从中选出三个，并且进行排列。表 14 列出了 3 个最常被选为“最重要原因”（第一原因）的选项。海归选择了比较积极的解释，35.7% 将“我能在国内做自己的事情”选为最重要的原因。有趣的是，没有其他任何一项理由有超过 10% 的海归选：9.5% 的海归认为“在海外难以找到发展机遇”，6.0% 的人认为“海归回国后能获得比国外更高的社会地位”。后两项选择更多地反映了在国外的困难，而非失败。在被选为第二重要的原因中，没有任何一个选项特别突出。但在第三重要的原因中，海归们强调“爱国主义”和“海归来去自由的政策”。尽管非海归科学家也将“海归可以在国内做他们自己的事情”“海归回国后能获得比国外更高的社会地位”看做海归回国最重要的原因（19.1%），但他们对海归回国的动机总体上有不同的看法。紧随其后的便是在海外的困难——“海归在国外难以找到发展机遇”。

① 在中科院的采访，2004 年 10 月。

表 14 科学家为何回国的最重要原因（2001～2004 年）

单位：%

原 因	占 比
海归的观点	
我能在国内做自己的事情	35.7
在海外难以找到发展机遇	9.5
海归回国后能获得比国外更高的社会地位	6.0
非海归的观点	
海归能在国内做自己的事情	19.1
海归回国后能获得比国外更高的社会地位	19.1
海归在国外难以找到发展机遇	17.0

注：卡方检验 p 值 <0.07；皮尔逊相关系数 $=-0.229$，p 值 <0.01。

尽管施一公抱怨美国是一个种族主义国家，歧视亚裔，但受访者中只有少于10%的海归将种族主义视为他们离开西方国家的原因。[①] 在受访者中，有8.2%的人将其视为第一原因，8.2%视为第二原因，2.2%视为第三原因。也许对像施一公这样可以达到西方社会高层有雄心的人而言，美国社会的反亚裔主张阻碍了他实现这一目标。

本文采取的第二种方法是问中科院的海归与非海归科学家“为什么海归数量上升”。尽管最后的统计结果不显著，但仍然可以看到这样一种趋势：20.9%的海归选择“中国人不能融入西方主流社会”，将这样的失败视为主要原因，而同时27.7%的非海归这样想。类似地，非海归（36.2%）比海归（29.1%）更倾向于选在海外难以找到发展机遇。

其实，难以融入西方社会对那些相当成功的华人来说也是个问题。一位北京的海归于1996年回国。此前，他在加拿大获得了博士学位，然后在美国任教多年。虽然生活在中国有种种弊端，但他可以融入主流社会。对他而言，美国是一个文化沙漠，感觉与社会隔绝，他只能生活在大社会里面一个由中国人组成的小圈子里，过度依赖一小群中国朋友。另一个中科院的学者也持有这种想法。他在美国与加拿大生活了14年，并最终回到了中国，尽管在中国社会

① 在清华大学对施一公的采访，2011年4月。

也面临诸多问题。“我很难变成一个真正的西方人，我有太多的中国文化”。

Jonkers 于 2007 年对 27 位中科院学者（多数在生命科学领域工作）进行采访，他的发现与笔者不同。他发现政府在科技领域的项目以及更好的事业前景是海归回国的主要原因。[①] 中国在微生物方面不错的表现以及中科院的经费和国际领先的设备都降低了这群人回国的顾虑。相似地，“百人计划”和“国家杰出青年科学基金”都是吸引他们回国“极其重要的”原因。回国“能有更好的事业前景”这一说法反映出这群人在国外也相当成功，并且能有望获得终身教职，然而回到中科院后他们能迅速成为研究中心的主任。因此，“在国外缺乏发展前景”并不是他们回国的主要原因，虽然这对很多别的科学家是很重要的原因。

为了进一步讨论“失败”假设，本文从样本中选出那些出国时并不一定要回来的人用于以下分析。如果这群人回国的原因是在国外的“失败”，那么便能推测如果某人在西方国家不成功，他便更可能回国。在被调查的所有海归中，有 15 个人想看看情况再决定是否回国，还有 1 个人没有回国计划。在这 16 个人中，有 4 个认为在国外的工作不稳定，另有 5 个人认为回国是因为不能融入西方社会。很显然，在海外缺乏成功机会最终驱使他们回国。

采用多元回归模型，将“对现在工作的满意度”作为因变量，讨论有哪些因素影响该变量，自变量详见表 15。结果发现，首先他们对住房条件的评价是决定他们工作满意度的重要因素。其次，他们对同事们能否发展自己能力非常看重，这也体现了李源潮的观点，即海归热爱他们的事业，只有在觉得自己有能力发展自己的事业的情况下，他们才愿意回国并留下来。[②] 再次，海归与非海归科学家的工作满意度有显著差异，中科院的非海归科学家对他们的工作环境相对不满。另外，两个显著的因素是单位的人际关系和是否带博士生。前者反映出内部环境的重要性，而后者则重申了职业发展与自我满意度之间的紧密联系。

---

① 关于海归动机的讨论，参见 Jonkers，*Mobility*，*Migration and the Chinese Scientific Research System*，pp. 113－117。

② 苗丹国：《出国留学六十年》，中央文献出版社，2010，第 445～446 页；或参见 David Zweig and Wang Huiyao，“Can China Bring Back the Best? The Communist Party Organizes China's Search for Talent，” *The China Quarterly*（forthcoming）。

表 15　工作满意程度的影响因素（2001～2004 年）

自变量	非标准化系数		标准化系数	t 值	p 值
	系数*	标准误差			
常数项	-5.538	3.695	—	-1.499	0.137
1. 对住房的满意度	0.994	0.232	0.581	4.280	0.000
2. 是否为海归(海归=1)	6.245	2.799	0.190	2.231	0.028
3. 是否为博导(博导=1)	-0.344	0.194	-0.203	-1.770	0.080
4. 最近5年的晋升速度	-0.060	0.078	-0.076	-0.764	0.446
5. 工作与海外所学的联系	-0.082	0.128	-0.048	-0.642	0.522
6. 发挥自己的作用	-0.103	0.221	-0.060	-0.468	0.641
7. 本单位海归发挥作用的能力	-0.151	0.059	-0.247	-2.573	0.012
8. 对薪资的满意程度	-0.025	0.091	-0.028	-0.269	0.788
9. 单位管理质量	-0.018	0.132	-0.027	-0.136	0.892
10. 在单位的人际关系	0.272	0.149	0.407	1.825	0.071
11. 单位领导对海归的态度	0.039	0.068	0.049	0.572	0.568

注：因变量为“对现在工作的满意度”；* 大多数变量赋值从高到低，因此系数为负。

四　结论

事实证明，中科院相当成功地建设了国际化的研究队伍。机构里很多领导者有重要的海外经验，这显著地促进了学术发展。招聘制度、研究者与学生的师生关系以及评审程序等新的规范正在逐渐形成。

这些发现也支持了本文的整体视角。首先，海归的确拥有显著多的跨国人力资本，他们将其带回了自己的单位，也将中国短缺的科学知识及技术带回来。其次，如果国内环境改善了，比如研究者之间的人际关系改善了，他们的工作满意度也会提升。最后，给海归好的住房条件是提高他们工作满意度的重要手段。

然而，一些严重的问题仍然存在，特别是经费分配问题，以及上一代年龄大的学者不愿意退休（也不愿意放弃对经费的控制）的问题。海归与非海归科学家之间一开始的紧张关系在某种程度上降低了，而在 21 世纪早期，这曾影响着学术界的诸多方面。但是，仍然有一位科学家认为这种状况会持续至少

10 年，而且老海归跟年轻一辈的非常杰出的海归（以及正在考虑回国的海外人才）之间将产生新的冲突。本文的回归分析发现，海归比非海归科学家对工作的满意度要高得多，而且住房条件、单位内部人际关系、科学家能否充分发挥自己的作用和将知识传递给研究生的可能性等问题，都是影响工作满意度的重要因素。这些因素在吸引更多学者回国工作、改善人才的工作环境以及推动中国科学现代化方面都扮演着重要的角色。

Returning to the Chinese Academy of Sciences: Scarcity, Environment and Incentives

Abstract: The Chinese Academy of Sciences (CAS) is one of the most important carriers to attract returnee talents. This paper will discuss the policies of the Chinese academy of sciences of attracting returnee talents and analyze the encountered resistance. This research focuses on analyzing the technology scarcity, internal environment research and returnee talents' incentive measures based on the questionnaire towards the returnee talents and the local talents in different institutes of Chinese academy of sciences. According to the multivariate regression model analysis, this paper found that the important standards to choose the returnee talents include: the overseas learning experience, the evaluation of housing conditions, internal relationships in workplace and also the work ability. We found that the returnee talents and the local talents have significant differences on the degree of contribution, funds and international contact aspects. In addition, the local talents have bias on the returnee talents while the returnee talents are much closer to the international norms of scientific research.

Key Words: Returnee talents; Local Talents

B.8
海归如何在适应社会中引领变革

邰秋卿*

摘　要：

近年来，海外人才回国创业成为社会热点。本文关注创业型海归回国发展的适应问题。文章首先梳理了创业型海归回国后在适应经济社会环境中所遇到的问题，并梳理了这些问题的原因；其次指出了海归应该从哪些方面适应社会，并在适应中引领社会变革；最后提出了政府在人才政策上的建议。

关键词：

海归　适应　社会进步

一　迎接人才回流的中国环境

自21世纪初起，国外留学人员回国这一现象逐渐引起了社会的关注。2003年，全国海归共有2万多人，2008年，海归突破5万人，2009年，超过10万海归学成回国，而根据教育部最新统计，归国留学生的人数在2012年已经达到27.29万，创下历史之最。

回国潮的出现一方面是中国经济高速发展的结果，另一方面也和国家延揽人才的一系列措施密不可分。政府广纳贤才的决心从近年来出台的政策中可见一斑。2008年，中组部出台了第一个国家级的人才计划——用5~10年时间吸引国外千名科学家和创新创业领军人才回国工作。2011年和2012年，国家

* 邰秋卿，耶鲁大学经济学硕士，政治学博士，中国与全球化研究中心副研究员。研究海外华人以及海归对中国的政治经济和社会发展的影响。曾为《纽约时报》《凤凰周刊》等多家媒体撰稿。联系方式：qiuqing. tai@ yale. edu。

又相继推出了“外国专家千人计划”和“青年千人计划”，引进人才的力度进一步加大。在中央政府的政策指导下，各地相继出台了引进海归人才的优惠政策，为回国人才提供从落户、创业融资到生活起居等方面的支持。①

除了利好的政策环境，民众也对引进海归，特别是创业型海归持支持态度。根据耶鲁大学研究团队 2012 年 11 月的一项调查结果，有 76% 的中国民众对政府引进高技术海归的政策表示支持或强烈支持。而在所有类型的海归中，创业型海归最受中国民众青睐，有 80% 的受访者支持或强烈支持政府吸引海归企业家回国创业，相对而言，对增加吸引留学生政策的支持率最低，为 68%（见图 1）。②

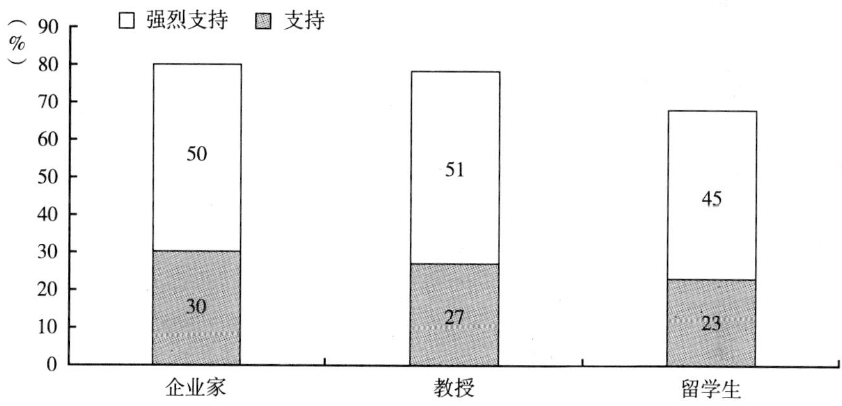

图 1　中国民众对增加引进不同海归群体的态度

资料来源：笔者调查。

既然政府欢迎，民众也支持，那海归回国创业之路是否就一路平坦呢？事实证明，海归回国水土不服现象仍然普遍。

二　海归回国创业的适应问题

不同类型的海归回国后的“水土不服”现象不尽相同。本文重点讨论

① 叶辉、张碧涌、严红枫、杜弋鹏、张国圣：《当代中国海归潮》，《光明日报》2012 年 11 月 3 日。

② 邰秋卿：《中国民众如何看待海归》，纽约时报中文网，2013 年 1 月 2 日，http://cn.nytimes.com/article/china/2013/01/02/cc02qiutaiqin/。

创业型海归在回国之后面临的适应问题及其成因。尽管国内看似优厚的扶持政策为回国寻找创业机会的海归提供了起步平台，但商业环境的差异导致“水土不服”的现象时有发生。随着创业投资在国内的持续升温和投资机构数量的增多，中国海外留学归国人员在创业方面的绝对优势已经逐渐丧失。海归的优势是在国外吸收了先进的技术和产业经验，能够突破国内现有的习惯与局限，而其劣势则是对中国市场的了解不够，且海归在国外生活得越久，对国内社会和市场环境就越陌生。根据中国网的一篇报道，在过去的12年中，3200多名海归创办企业2100多家，拥有4700多项专利，但其中很多并没有成功。① 海归对创业的不适应具体表现在以下几方面。

首先，不了解中国市场。中国所拥有的巨大市场、发展机遇以及创业环境，对海归而言，似乎都散发着玫瑰色的光芒。不少海归以为如果把国外比较先进的技术或产品搬到中国肯定会有所获利。然而事实上，在相当多的经济领域，中国的发展与世界先进国家几乎同步。很多在国外比较新的商业模式和创意已经有本土公司开始实践，行业竞争已经十分激烈。而与之相反的另一种情况，是国外的产品太新，在中国的市场还不成熟。因此，海归做出来的产品在国内卖不出去，只能到国外市场与发达国家企业竞争，其结果多半不甚理想。出现这两种情况的主要原因，都是海归没有对国内市场做过真正的考察，不了解市场需求，盲目创业。

其次，不少海归对地方政策法规不够了解。这又表现在两个方面：第一，海归不了解城市发展趋势。地方政府吸引人才往往要结合地方长期发展的需求，如上海市一直围绕加快“四个中心”和现代化国际大都市建设的需要，重点引进和支持一批国际金融、航运、贸易、经济领域的高端人才。海归不了解地方需要，就会在选择发展城市时没有方向感，而不能让好的项目找到好的“东家”，对海归企业自身的长远发展非常不利。第二，由于中国知识产权保护法律体系仍不完善，也由于海归对知识产权保护意识不够，不少海归辛苦投

① 《海归创业投资人士不再青睐　“水土不服”是主因》，中国网，2013年2月3日，http://finance.china.com.cn/money/lcyw/20130203/1272018.shtml。

入研发的专利技术被竞争对手轻易盗取，并用更低的价格占领市场。而很多创业初期的海归公司，都没有法务部门处理专利侵权案件，面对专利纠纷，不少海归一筹莫展，甚至考虑将研发的重心搬回海外。

再次，中国式的企业经营方式也让海归困惑不已。许多回国创业的海归在国外留学时，受“象牙塔”的保护，和社会接触少，也因此极少为人际关系烦恼。即使是对已在海外工作的移民来说，海外的同事之间关系单纯，工作关系并不会和私人关系重叠，单纯为工作的应酬较少。而一旦回国，就要面对各种人际关系的压力。不仅与从前国内的朋友有所疏离，而且职场商场上复杂的人际关系网对他们而言是更大的挑战。正如北京大学光华管理学院一名教授所言：“在国内，一般都是先吃饭喝酒才谈生意，要先借吃饭等活动与对方熟悉，赢得对方的信任，才能够谈生意。工作与生活很难分开。”① 此外，由于长期在国外工作生活，与国内朋友生活缺乏交集，海归在回国初期会觉得与朋友没有共同语言也是在所难免。这种隔离感也时常被解读为海归“自命清高”。从本文的调查来看，尽管民众支持政府引进海归，特别是海归企业家，但是他们对已经回国的海归印象并不太好。有59%的受访者认为海归并不见得比国内同行优秀；52%的人认为海归比较理想主义，对中国当下国情不很了解；42%的受访者认为海归有自己的圈子，自视清高；只有30%的受访者认为海归非常热爱本职工作，17%认为海归在工作中很容易与他人合作。民众的态度也在一定程度上印证了海归在适应国内人际关系上遇到的困境。

最后，也不能忽略社会文化的影响。美国研究专家林达先生曾经说过，边缘人的苦恼在新移民中十分普遍，它是两个强势文化聚焦在一个小人物身上而产生的悲剧效应。作为海归，在出国时曾经经历了西方文化对心理的冲击，在回国时，却又要经历中国社会文化的第二次冲击。海归在国外学习工作期间，建立了新的价值观，而这些价值观一旦和中国当下社会的价值观相冲突，海归就有些无所适从。一位放弃海外高薪回国创立社会企业的海归表示，回国后周围的朋友都会询问她为什么要做公益，既不挣钱又没有权，甚至有人认为她是

① 陈景收：《如何迈过人际关系这道槛》，《人民日报（海外版）》2012年11月30日。

在美国混不下去才回国做公益的。中国社会对个人能力的评判标准往往是权力和金钱；而在国外，公益事业工作者通常受人尊敬，许多人经常在节假日主动到社区为弱势群体提供帮助，国外许多学校和公司在决定录取时，都十分看重申请者是否有为社会和他人服务的背景，他们认为经常参加志愿服务的人更有爱心和社会责任感，因此往往给予重要的职位。这种观念上的差异导致了一些回国创业的海归不被人理解。

三　海归应如何适应国内环境

应该说，以上种种“水土不服”现象实属正常。造成海归适应问题的原因是多方面的，有海归本身的原因，也有社会和政府的原因。从海归本身而言，不应该总是执拗地认为自己站在了先进理念的一方。这些不适应国内环境的状态和表现，可能会影响海归学子的思维模式和人际沟通方式，同时也会影响他们回国工作的状态。因此，尽快调整心态，积极融入社会，是实现海归在中国事业发展的首要任务。对创业型海归来说，适应国内的环境包含多方面的内容，具体如下。

首先，海归需要充分了解国情。国情涵盖内容广泛，包括政治制度、经济现状、人口结构、社会环境等。它们是海归在国内发展任何事业的基础。从狭义上说，海归需要熟悉其具体工作领域的环境。对于专家教授，需要了解中国的教育科研体制；对于企业家，需要了解中国的商业环境。其实不少高技术海归都有能力在其领域为国家做出贡献，但是海归看问题一般相对理想化一些。如果和中国的现实情况结合得不好，不仅出不了成果，反而会造成一系列的问题。尽快熟悉国内环境，有助于海归认识差别，把握机遇。明确哪些是可以借鉴国外经验做的，哪些在现阶段的中国还不成熟，进而更有效地为国服务。值得一提的是，熟悉国内环境要从回国前就开始。有志于回国发展的留学人员不仅要有报国热情，更要在回国前先开展调研，了解国内的环境能否满足自己的创业需求，以及自己的创业项目是否适合中国市场。

其次，留学生回国创业也需要保持平常心。虽然因为海归这一身份，政府

在创业初期会给予各方面的扶持，但是海归企业进入市场后，必须面对一个公平竞争的环境。而且，从长远来看，针对海归的种种优惠政策会逐渐取消。一是因为随着中国市场经济体制的不断完善，政府对市场的干预必然逐渐减少；二是海归企业如果只是靠政府开“小灶”扶持，不但不能带动产业升级，而且还成了政府的包袱，这显然违背了政府吸引海外人才回国创业的初衷。留美博士、广州蒙特利新材料公司总经理龚学锋曾表示：“‘海归派’的优势只是在于掌握世界前沿的技术，但只有这些技术与中国市场相结合，才能实现产业化、商品化。创业要成功，最关键的是看你怎样去跟市场融合，而不是在哪里坐等政府扶持。”

再次，海归需要多和国内同行交流沟通，注意虚心学习，善于集合国内人才力量，以实现海外专家和国内人才的优势互补。以企业家为例，本土企业家和海归创业者应该说是各有所长。海归视野开阔，并且掌握先进技术，而本土企业家往往更接地气，了解市场，懂得经营。因此，增加和国内同行交流有助于海归本身的事业发展。除了和同行的交流外，海归也应该适当参加一些当地海归协会组织的聚会活动，和其他海归交流工作和生活中遇到的问题，吸取经验。此外，海归也应该和社会各界人士进行广泛接触。种种迹象表明，国内民众和海归在相互认识上存在不小的差异。在我们的调查中，当被问及海归专家回国的主要原因时，62%的受访者认为他们能享受政府的政策照顾，只有26%的受访者认为海归专家回国是因为他们愿意帮助中国实现复兴。有意思的是，2009年中组部一项对“千人计划”专家的调查显示，86.5%的专家选择回国的主要原因是“报效祖国”。虽然“千人计划”专家和受访者眼中的海归专家可能不完全是同类人群，但这个结果在一定程度上揭示了这两个群体之间存在的隔阂与误解。通过广泛的接触和交流，这样的误解能够减少，有利于海归更好地融入社会。

需要指出的是，全球化进程使年轻人有更多的机会了解到真实的海外经济和文化，因此，年轻海归在出国后对外国经济和文化的理解不需要做出太大改变，出国后价值观和思维方式的变化也不会太大。出国若干年并不见得会完全颠覆他们的思维方式和行为习惯。因此，只要能摆正心态、加强交流、适应环境，对大多数海归来说都不应该是难题。

四　海归如何通过创业引领社会变革

鼓励海归融入环境并不意味着放弃“国际视野”“多元文化”这些海归自身的优势，更不意味着沾染国内某些不好的风气，同流合污。海归如果没有一点棱角，百分之百地适应国内环境意味着完全迁就，那也就失去了海归本身的价值和意义。海归对中国的影响是全方位的，本文只重点讨论创业型海归如何在实现财富积累的同时，增强其经济价值的外部效应，并担当起引领社会变革的重任。

为什么海归要担此重任？首先，企业和社会相辅相成。《哈佛商业评论（中文版）》主编颜杰华曾表示：“健康的社会离不开成功的企业做基础，因为企业创造了就业和财富。同时，成功的企业又需要健康的社会作为基础，如果社会坑蒙拐骗，整个商业生态系统受到破坏，作为个体企业也不能独善其身。”所以，企业家除了追求利润外，还要对社会有责任心，在创业的同时推动社会进步。其次，海归多具有国际视野，创造力强，又受国家重视，拥有很多资源，更有能力将个人的事业和国家的梦想有机结合起来，为中国经济转型和社会进步做出贡献。

当下，创业型海归对中国社会最直接的贡献便是促进国家的产业升级与科技创新。海归创办企业大多属于高技术及高端服务企业，相当多的海归企业家拥有专利，是掌握了最新科技成果的高科技人才。根据《中国海归创业发展报告（2012）No.1》蓝皮书的数据，互联网、IT和通信等高新产业领域创业成功的海归占了70%以上。这说明海归在自身擅长、有专业技术优势、国内外差距较大的高新技术领域里创业优势较大。这些固然是可喜的现象，但海归企业家能对社会产生的价值应该远不止高技术本身的经济价值。如何加强高科技的外部效应？如何对社会进步做出贡献？这是值得每个海归创业者思考的话题，本文略做一点讨论。

首先，海归可以通过拓展创业领域让高科技发挥更大的经济价值。当前，海归创业大多涉足高科技领域，对传统行业少有问津。这与海归的知识结构和相对竞争优势有关。然而，如果能在高科技和传统行业之间找到契合点，用技

术改造传统行业，不仅能让海归在市场竞争中获得先机，而且也可让传统行业重新焕发生机。中国是农业大国，高科技与农业的结合将可能会有广阔市场。计算机程序能精确控制灌溉方式，合理高效地利用水资源；也能自动记录土地和虫害信息，从而更好地帮助农民做出种植决策，提高农业生产的效率。此外，中国逐渐进入老龄化社会，健康产业也将是未来的朝阳产业。海归如果能把握这些机遇，既是学以致用、实业报国，又可对传统产业的优化升级做出贡献。

其次，海归可以通过和民营企业家的结合促进民营企业的转型升级。海归多携带项目回国，虽然拥有专利，但由于缺乏融资渠道及将技术转化为实际商品的经验，许多公司发展不容乐观。而民营企业家的特点则恰好与之互补。一方面，他们在市场经济中摸爬滚打多年，不仅拥有资金，更拥有许多海归企业家所不具备的生产管理、人脉资源、市场运作等方面的优势；另一方面，金融危机让他们真切地感受到了传统行业的脆弱性，因而十分希望转型发展。从这个角度来看，利用海外高层次人才创新项目与本土民营资本优势结合，建立起“技术＋资金”的合作创业模式，能使海外人才创业之路变得更为顺畅，也为本地民营企业的产品升级和产业转型找到出路。

除了提升高科技的外部效应，海归创业者更可以直接或间接地推动社会进步。第一，海归在创新创业过程中不仅带来了新技术，而且还带来了新的管理理念和模式，改善中国的企业文化。不少海归回国后所抱怨的和不适应的社会环境，其实从长期看，可以依靠海归企业家的力量逐步得到改变。许多海归指责一些本土企业不但不遵守市场规则，而且还喜欢搞潜规则，破坏商业环境。海归企业应该坚持在产品、服务上下功夫。第二，海归不适应社会对成功的评判标准和复杂的人际关系，但社会毕竟由个体构成，而大多数个体都在公司工作。他们的行为方式就是这个社会的行为标准。因此，海归创业不仅要为国内民众提供就业岗位，更要“润物细无声”，让企业文化潜移默化地影响员工的行为准则。很多社会习惯、新制度的提出，实际上都是由公司制度演变而来，并逐步约定俗成的，继而成为社会成员共同遵守的准则。海归企业应该吸收西方文化中的“人本精神”，在经营管理上注重人文关怀，例如关注员工成长，并提供弹性化的工作方式。此外，可以借鉴西方公民社会的精髓，在企业内部实现民主决策，平等互助，并建立共同价值观。这种文化和制度上的力量，将转化成为社会资本，并成为推动中国社会进步最宝贵的财富之一。

此外，海归还能通过创立社会企业更直接地反哺社会。新加坡东亚研究所所长郑永年先生曾表示："中国经过十年的经济改革，下一步要做的就是进行社会改革。如果没有社会领域的深刻变革，经济领域的市场化改革和政治领域的民主建设都将无法获得进一步的发展。"然而目前，中国现代化社会的发展依然被贫困、失业、环境恶化等问题所困扰。有学者指出，要解决这些问题，单靠政府的努力远远不够。而即使一般企业拓展社会责任，其对利润的追求也制约着对解决社会问题的贡献。在这种情况下，以商业手段解决社会问题的社会企业或许能帮助中国寻求破解社会问题之道。

社会企业提供的产品和服务，往往都包含一个明确的社会目标，如促进城乡沟通交流，为残疾人和弱势群体量身打造就业机会等。社会企业不等同于传统商业企业，但也不同于 NGO。它们并不靠捐款来支撑这些公益性质的活动，而是以商业活动的收入为基础实现可持续发展。西方发达国家的社会企业在基础教育、医疗卫生、促进就业、环境保护与可持续发展等领域的作用日益显著，而社会企业的概念在中国起步仅仅十多年。然而，这却是新一代海归可以大展拳脚的新领域。海归带动社会企业发展有几大优势。首先，海外生活经历让他们率先意识到社会企业给西方经济、社会创造的价值。美国是全世界非营利组织活动最活跃的国家，不仅在实际运作上有许多创新做法，而且在学术上也有丰硕的研究成果。20 年前，哈佛大学商学院成立了"社会企业发展中心"，重点支持研究跨不同社会领域的管理和领导议题。英国拥有世界上最成功和最活跃的社会企业部门。英国的 55000 多家社会企业，每年的营业总额超过了 270 亿英镑，占全国生产总值的 1%。如果能充分了解国外社会企业的运作机制，并结合中国国情，海归完全有能力在中国创造同样的奇迹。其次，海归回国发展，除了市场和机遇，也有爱国报国的情愫。这恰恰和社会企业追求经济和社会的双重价值相吻合。因此，社会企业若能在中国办好，海归的个人价值也将得到更淋漓尽致的体现。最后，社会企业家要善于摸索新思路来解决那些长期以来靠政府自上而下的手段所不能解决的问题。海归向来被认为有创造力却较为理想主义，而如何以社会问题的解决为出发点创办企业，把企业责

任、行业责任与社会责任完美地融为一体，正需要海归为理想所驱动，发挥个体创造力，为了建设一个更好的社会而努力。

五 政府如何帮助海归“进入角色”

海归创业者能否进入角色，一定程度上也要靠政府的助力，具体表现为以下几个方面。

首先，政府要和海归建立经常性的沟通渠道。让准备回国创业的海归更全面地了解国家的发展方向、商业环境以及各种相关引才政策。当下，虽然互联网大大方便了信息传递，但网上的人才信息通常比较零散。此外，关于城市中长期的发展方向，海归在国外也很难了解。因此，政府应该提供更直接的途径和海归交流，如派代表前往海外高校进行政策宣讲，或提供机会让有意回国的海归组团到国内考察等。目前，只有个别省市和一些机构在国外介绍当地引进人才的政策，而这些宣讲往往只在政府需要招募海归时才有。因此，政府和海外人才的互动显得比较随机。鉴于吸引海外人才是中国各级政府的长期目标，有必要系统地组织相关活动，让海归更好地了解国情，为回国创业做好前期准备。

其次，政府引进人才的激励机制应该从物质保障转向政治权利。近年来，中国各级政府为吸引海外高层次人才回国（来华）创业，出台了一系列优惠政策。例如，引进人才能获得从几十万元到几百万元不等的高额政府奖金；可优先申请科研经费和创业贷款，享受医疗照顾人员待遇；其配偶工作、子女入学均可得到妥善安置；等等。这些优惠措施一方面增加了海归回国的积极性，另一方面也可能造成一些负面效果。第一，从政府的角度来看，各地政府斥巨资引进海归，建立创业园区，究竟是引进了真正需要的人才，还是又秀了一场浮夸的政绩工程？目前，一些城市一味想吸引留学人才而不问资历，唯海归是用，这可能导致人才的质量下降，造成政府资源的浪费。第二，从海归角度来看，政府仅仅依靠经济手段吸引海归回国创业，可能会改变海归回国动机。因为有了启动资金和多项优惠，不少原先并不适合创业的海归都抱着投机的心态加入了创业队伍。更有一些海归钻了政策的漏洞，将低价得来的创业园土地高

价租给本地企业家，赚取差价。这样的行为显然违背了政府制定优惠政策的初衷。第三，从国内民众的角度来看，海归不可避免地将与国内同行业专家进行竞争，如果政府过度偏袒海归，不仅会挫伤国内专家和民众的工作积极性，而且可能引发他们对海归的敌对态度及对政策的不满。不少国内的高技术人才并不害怕和海外人才直接竞争，但他们不愿意因为政策倾斜所造成的机会不平等而输在起跑线上。因此，必须全面地预估人才政策的效果，包括其外部性，即政策对其他社会群体产生的效果。一味偏袒海归的政策可能造成不同群体之间的矛盾，不利于海归更好地融入中国社会。[①]

政府应该思考如何创造能使回国人才真正实现在事业上大展宏图的环境和机制。生活条件、工资待遇固然是一方面，但只提薪资待遇是不够的。回国创业人才追求的不是奢侈的生活。一心追求享乐之人怎么能担起创新创业、引领社会变革的重任？政府更应该着力提供一个适宜海归创业的大环境，如为海归提供法律咨询服务，使海归知法懂法，并在受到权益侵害时有能力保护自己；为海归牵线搭桥，促成海归和民营企业家抱团创业。此外，许多海归回国发展，除了看重国内的商业机遇，更怀着一份报国之心。因此，政府应该考虑给海归这个群体以更多的政治权利，增强他们的主人翁精神。目前，大多数海归还是专注于自己个人的事业。通过各种平台向政府谏言的海归为数不多。这说明海归参政议政的积极性还需要培养。近日有专家提议在政协界别中加设留学人员界别的建议，笔者认为十分有必要。一方面，海归在创业过程中遇到的问题能有渠道和政府及时沟通；另一方面，海归视野开阔，见多识广，而目前中国社会矛盾凸显，需要有创造性解决问题的本领，海归参与议政，或许能为政府处理这些问题提供一些有益的思路。

再次，以“千人计划”为代表的各类人才计划使中国大规模吸引海外高层次人才成为可能。但这些计划具体落实是在各单位，其成功与否也在于各单位的具体执行。一些海归回国后的抱怨是因为地方政府不按许诺落实政策。因此，如何确保人才政策得到落实也是政府应该重视的问题。政策的落实涉及两方面的协调问题，一是中央和地方的协调，二是地方政府内部各部门的协调。

① 郃秋卿：《中国民众如何看待海归》。

中央政府和地方政府执行政策的动机往往不同。中央政府更多地从全局考虑，制定的人才政策着眼于中长期经济可持续发展。但地方官员在一地任期往往只有几年，迫于仕途升迁的考虑，他们经常不考虑长远影响，急功近利地追求一些短期见效的人才政策，从而把一些好的理念引入歧途。因此，如何改变地方官员的行为模式，使地方政府从行动上落实引进人才的政策，对中央政府来说是一个不小的挑战。此外，吸引人才通常需要同时完善住房安置、家属就业、子女教育等一系列配套措施。而目前解决这些问题要涉及人事、侨务、外事、民政、教育等多个行政部门，程序比较烦琐。[①] 这就需要政府的各个部门相互配合，由负责牵头的办公室统筹协调，并监督政策的落实情况。

最后，政府应适当引进一些具有社会科学以及经济管理背景的优秀海归。目前，“千人计划”的入选者大多数是理工科的高端人才，很少见到人文社科专家入选。但中国长期的发展十分需要这样的人才。纽约大学东亚研究系主任张旭东指出，人文学科相应衍生的产业也同样可以创造巨大的经济价值，而且属于典型的可持续发展的绿色的知识经济、创意产业。[②] 例如，传媒、文化、电影、出版等狭义的人文学科产业以及法律、咨询、教育等广义的人文学科产业，以及一些知识服务产业。除了经济价值，一心一意谋发展的政府也对具有全球视野、了解发达国家发展经验的社科经管类人才具有很强的需求。海外合适的高端社科经管人才，可以帮助中国完善各项政策，逐步实现决策科学化，为长远的社会发展和进步做出积极贡献。

六 结语

近年来，海归的回国潮来势之猛、规模之大、持续时间之长，对中国的影响将会是空前的。随着中国进入经济转型期，海归为祖国的经济发展做出应有的贡献是时代赋予的历史使命。科技强国是每一个海归企业家不能割舍的情

① 孙国徽：《海归创业之初多艰难　破解困局路在何方》，人民网，2010 年 9 月 25 日，http：// society. people. com. cn/GB/12810925. html。

② 张旭东：《“千人计划”还需吸纳人文学科的高端人才》，欧美同学会建言献策委员会/中国与全球化研究中心编《建言献策参考》2010 年第 7 期。

怀，反哺社会也是海归回国实现创业理想的一部分，但实现这些理想的前提必须是海归在“淡水”中茁壮成长、发展壮大。海归们既要学会努力适应社会，更需要给社会注入活力，带来变革。海归和中国社会之间的关系应该是相互影响、相互改变的。海归不仅要用高技术带动中国的产业升级，而且要增强高技术的外部效应，并着力推动社会进步。此外，政府应该做好辅助工作。树立正确的引才导向，加强和海归的沟通交流，并为海归创业创造好的制度环境。只有多管齐下，才能将海归的“报国之心、创业之志和反哺之情”融合成一股强大的力量，推动经济发展、社会进步、中国崛起。

As a Returnee: How to Become a Leader of Social Transformation in His Adaptation?

Abstract: In recent years, returning entrepreneurs have become a new phenomenon in Chinese society. This paper focuses on the adaptation processes of China's ever-increasing returning entrepreneurs when they start business in their home country. Firstly, this report reviews the obstacles and challenges returnees faced when they try to accommodate to the Chinese social and economic environment; then, it examines the major causes for these obstacles; after that, it points out how returnees can be best reintegrated into their home society and lead the social transformation process in China; finally, it concludes with some recommendations on the way the Chinese government should develop and implement preferential policies for returnees.

Key Words: Returnees; Accommodation; Social Progress

B.9

新形势下充分发挥留学人员为国服务作用的建议*

王辉耀　郑金连　苗 绿**

摘　要：

本文从人才流动的国际国内形势出发，分析中国有史以来最大的留学潮和海归潮的特点、作用及存在的问题，提出充分发挥留学人员群体在产业发展、社会建设等方面的作用的建议。

关键词：

留学人员　为国服务

一　我国吸引留学人才为国服务面临的新形势

（一）人才全球化时代到来，国际人才竞争激烈

当今世界正进入一个人才为发展第一资源和人才全球化流动的全球一体化知识经济时代。随着世界人口老年人口增加、年轻人口减少以及各地人口结构

* 本文部分内容来自2013年4月20日中国与全球化研究中心组织的“中国海归发展与建言献策座谈会”的研讨内容，感谢欧美同学会副秘书长许睢宁、中关村科技园管委会人才处处长李志磊、北京市朝阳区海外学人中心主任肖振祥、北京市朝阳区委组织部黄英杰、欧美同学会留苏分会商会会长周立群、北京师范大学教授郭玉贵、黑莓中国区商务总裁刘征宇、国际金融协会亚洲代表处首席代表任钧、美国华尔街重心集团总经理裔锦声、美国华尔街人协会创始人兼主席陈迅勇（Jason Chen）、普加智能信息公司CEO谢清禄、中国铁路物资股份有限公司项目经理关山等人提供的思想主张和政策建议。

** 王辉耀，博士，研究员，中国与全球化研究中心主任，欧美同学会副会长，中国国际人才专业委员会会长；郑金连，中国与全球化研究中心研究总监；苗绿，博士，中国与全球化研究中心副研究员。

和人口数量的差异扩大，世界范围内的人力资源市场供需失衡越来越严重，掌握着高端知识和智慧的人才在全球范围流动和竞争的现象越来越普遍。

由于国际人才发展的不平衡以及人员流动不均衡，且各国对人才的需求持续增强，全球性人才争夺战正在不断突破国界，从企业层面上升到国家层面，国与国之间出现了“零距离”竞争的态势。世界各国纷纷制定相应的人才战略以促进对人才的吸引。

2013 年初，美国总统奥巴马在一个月内连续三次（分别为 2013 年 1 月 21 日国会山发表其第二任期就职演讲、1 月 29 日在内华达州拉斯维加斯的演讲、2 月 12 日国情咨文演说）提到继续推进移民改革、大力吸收国际高级人才，特别明确了未来的移民政策将向 STEM（科学、技术、工程、数学）领域人才和在美投资创业者倾斜。4 月 17 日，移民改革法案已通过，工作签证从 6.5 万个上升到 11 万个，所增加的工作签证名额将签发给美国学校毕业的 STEM 专业学生。此项改革将使我国大批 STEM 领域的留学生滞留美国，这对我国吸引和留住人才构成巨大的挑战。

其他国家也纷纷出台人才政策，争夺高层次人才。如德国的“蓝卡”计划，法国新成立移民融合部，韩国出台《国家战略领域人才培养计划》，以及巴西制定的双重国籍和人才签证制度等。一向被视为移民保守国家的俄罗斯，近年来也开始放松移民人才限制，为世界各国移民人才大开绿灯。2013 年 2 月 23 日，普京亲自授予主演《大鼻子情圣》的法国明星热拉尔·德帕尔迪厄护照，宣布其正式加入俄罗斯国籍。据不完全统计，近期有 4500 多名法国人、4200 名德国人、1920 名芬兰人、1880 名意大利人获得了俄罗斯国籍。

（二）优秀国际留学生已成为各国人才竞争的重要对象

扩大国际学生规模，留住外国优秀留学生，成为各国人才开发的一个重要举措。这一措施被称为吸引国际人才“一本万利”的做法。① 因为外国留学生比直接引进的外籍人才更熟悉国情，相对于本土人才则节省了义务教育阶段的培养成本，如果不是本国需要的人才，签证到期又会不得不离开，并能带来教

① Commission on Strategic Development, *Report of the Task Group on Attracting Talent*, 2008.

育创汇。因此，许多国家把招收留学生当做补充人才资源的重要手段，有条件地提供奖学金或助学金，在签证和移民上提供便利。目前，美国、欧盟、日本、韩国、澳大利亚等国家和地区都加大了吸引留学生的力度。

美国为了吸引全球最优秀的青年，把1/3的科学与工程博士学位给了外国留学生，并提供丰厚的奖学金，最终择其优才挽留，使之成为“新美国人”。最近10年来，美国每年接收的外国留学生都超过50万人。在2006年，美国在理工领域共颁发了29854个博士学位，其中，非美国公民博士总计有15947人，大约占博士总数的53%。

（三）我国处于重要的转型时期，留学人员重要性凸显

随着我国经济实力的进一步增强，中国的国际影响力越来越大。但是在这个过程中，中国也面临着经济增长和社会发展的转型问题。当前，我国必须努力实现八大转型：人口红利向人才红利转型；“中国制造”向“中国创造”转型；招商引资向招才引智转型；硬件建设向软件建设转型；投资驱动型经济向人才驱动型经济转型；资源密集型经济增长方式向知识密集型经济增长方式转型；只重视经济科技创新向与社会创新并重的发展模式转型；面向国内人才资源向面向国内国际两种人才资源转型。在转型过程中，在“中国梦”的推进落实过程中，留学人员作为遍布全球、最富国际化视野、最有创新活力、最具创新能力的群体，将是最重要的推动者之一，他们也将是未来中国与世界各国进行竞争的非常宝贵的人才资源，蕴藏着巨大的潜能。

二　我国留学人员的现状与特点

（一）出国留学生持续增加，主要分布在发达国家

近年来，我国留学人员数量急剧增长。2006年底，我国留学人数突破了百万大关，2000～2010年，留学人员年均增长率达28.2%。2012年中国出国留学人数比2011年增长17.6%，留学人数达39.96万，超过1978～2000年留学生人数的总和。其中公派2.51万人，自费37.45万人。1978～2012年，我

国各类出国留学人员总数达264.47万。另外，中国已经成为世界第一大留学生输出国，95%的留学生集中在美国、日本、英国等15个国家，具体数据见表1。

表1 2011~2012年中国在各主要留学热门国家留学的学生总数及比例

单位：万人，%

国　　家	中国留学生人数	占该国国际留学生比例
美　　国	19.40	25.4
澳大利亚	11.88	29.53
日　　本	8.63	62.70
英　　国	7.87	14.00
加拿大	6.70	22.04
韩　　国	5.54	63.80
新加坡	5.00	55.93
法　　国	3.50	12.59
新西兰	2.44	26.61
德　　国	2.28	9.06
俄罗斯	2.00	12.05
意大利	0.76	10.33

注：其中加拿大、德国、俄罗斯为2011年数据，英国的国际留学生总数用的是2011年数据，其余为2012年数据；2012年在俄罗斯、新加坡留学的中国学生数量为估计值。

（二）留学人员呈大众化、低龄化趋势

改革开放初期，我国出国留学的人员多为公费留学。而当今的留学人员90%以上是自费留学，呈现出了明显的大众化和低龄化特征。

第一，留学人员规模化、大众化，自费留学超过90%。中国留学人员从精英化向大众化转变最典型的体现是自费留学的规模日益扩大。20世纪80年代至90年代末，中国每年只有几千人出国留学，而且大部分是公费留学生。21世纪后，国家公派留学人数只是小幅攀升，而自费出国留学的人数则大幅增长。2000~2012年，中国出国留学生总数累计约为231万，自费留学人数占91.75%，达到211万。自2001年开始，自费留学比例不曾低于90%，2012年则达到93.72%（见表2）。

表 2　2000～2012 年的公费和自费留学人数

单位：万人，%

年份	年度留学总人数	年度国家公派留学人数	年度自费留学人数	年度自费留学比例
2000	3.90	0.70	3.20	82.05
2001	8.40	0.80	7.60	90.48
2002	12.50	0.80	11.70	93.60
2003	11.73	0.81	10.92	99.09
2004	11.47	1.04	10.43	90.93
2005	11.85	1.20	10.65	89.87
2006	13.40	1.33	12.07	90.07
2007	14.40	1.50	12.90	89.58
2008	17.98	1.82	16.16	89.88
2009	22.93	1.82	21.01	91.63
2010	28.47	2.47	26.00	91.32
2011	33.97	2.49	31.48	92.67
2012	39.96	2.51	37.45	93.72

资料来源：根据教育部公布的各类留学人员情况统计。

第二，留学人员低龄化。留学低龄化主要体现在两个方面。其一，高中毕业后直接出国读本科的人数激增。美国国际教育协会 2009 年统计，中国赴美国留学本科生人数多年来维持在每年 9000 人左右。2009 年，中国有 2.6 万名学生赴美国读本科，比 2008 年多两倍。其二，出国读中学的人数大幅增长。美国国土安全部统计，2006 年我国仅有 65 名赴美中学生，2011 年赴美中学生人数增长了 100 多倍，达到 6725 人。据美国《侨报》消息，中国赴美的小留学生已经形成了一个独特的群体，他们在人数上已经有 3 万左右，并且分布于美国各个州的私立学校，这些被称为“小留学生”的孩子，选择的留学地以美国的东西南北华裔聚居的城市为主，如旧金山、洛杉矶、休斯敦及纽约等。目前，出国就读本科的留学人员已经占了留学生总数的 1/3 以上，而且还呈不断增长的趋势。小留学生群体的扩大，也预示着未来留学人员的多元文化特征更为明显，留学人员工作更加复杂艰巨。

（三）留学人员回国服务方式多元化

随着回国人员数量的急剧增长，留学人员回国服务的方式也日渐多元化。

一是回国创业。随着近些年中国经济的快速发展，回国创业成为很多留学人员的首要选择。截至2012年底，全国已经专门建立海外高层次人才引进基地112个，建设留学人员创业园260多个，入园企业超过1.7万家，共计4万多名留学人才在园创业。二是回国就业。如前所述，留学的大众化、低龄化必然导致留学人员层次的多元化。除了创业选择外，越来越多的年轻海归选择回国就业。三是采取项目合作，或者短期讲学，或者通过一些协会为企业、政府机构提供智力支持等方式为国服务，扮演“海鸥”角色。

（四）留学人员参政议政意愿强烈

留学回国人员是参政议政的重要力量，许多回国留学人员具有较高的参政议政热情。在中国全国人大、全国政协各专门委员会，国务院发展研究中心，中国社会科学院等国家级智囊机构中，都活跃着一些留学人员；各民主党派以及一些民间团体，清华大学、北京大学等著名高校下属的一些研究院所，也有不少留学归国人员在推动中国教育和科研发展，通过相关研究向国家建言献策。但是，这些留学人员大多数是当年公派留学回国人员，还是少数个别案例，没有形成普遍现象。

（五）具有中国情怀，思想主流积极健康

根据研究调查，中国留学人员是一群具有中国情怀的群体。改革开放后出国的留学人员，基本上是新中国成立后出生，在党和国家的培养教育下成长起来，具有留学报国之心，出国学习深造，长期在海外打拼，他们更了解中国与西方国家的差距，这种落差又容易加深留学人员的爱国情怀，增加其报效祖国的热情。因此，留学人员是极具爱国热情的一个群体，具有学成归国、报效祖国的爱国主义精神。他们中绝大多数人能自觉拥护党的路线、方针、政策，认同中国特色社会主义政治发展道路，拥护改革开放，关心政治和国际国内大事，积极投身于经济建设和社会发展事业。

（六）留学人员拥有国际视野，是重要的国际化人才储备资源

多数留学人员多年在发达国家学习和工作，知识面广，国际视野开阔。他

们了解尖端的科学技术和管理方法；熟练掌握西方现代化的研究工具和各种最新思想动态，有着创新的思想；熟悉国际规则；具有多重文化背景、国际化的人脉和全球化的视野；具有语言上的优势，可以进行跨文化交流，能够更快地适应全球化的经济发展模式，是我国重要的国际化人才储备资源和我国人才队伍的特需资源。他们将成为打造“中国梦”过程中最积极并且贡献巨大的一个群体。

三 留学回国人员在我国各个领域发挥重要的作用

在经济全球化和中国着力推进经济转型升级、建设创新型国家的时代背景下，日益扩大的海归群体正在成为教科文卫领域的栋梁，成为中国企业“走出去”和跨国公司本土化的重要推手，成为中国发展知识服务产业和第三产业的重要力量，不仅在为中国传统制造业的优化升级发挥重要作用，而且成为创业大潮中高新技术与新经济的主流，引领着中国产业经济发展的新方向。作为海归，他们把国际技术、资本和全世界的创新灵感、管理经验带回国内。大量海外人才的回流将成为中国多个领域更深层次变革的催化剂。

海归在创新创业过程中还带来了新理念和新管理模式，提升了中国的企业文化。大部分海归在高科技领域以及咨询、教育等知识服务领域创业。在中国如百度、搜狐、新浪、中星微电子、亚信、当当、携程等企业，海归成为中国新经济和高科技的主流。此外，在中国企业拓展全球市场、中国金融业的体制创新、跨国公司开拓中国市场等领域，也都有海归群体参与其中。目前，在纳斯达克上市的中国高科技企业中，80%是留学人员企业，总市值为300多亿美元。在2010年度国家自然科学奖获奖人员中，海外归国人员占37.9%；在这一奖项的第一完成人中，海归达56.7%。①

留学人员已成为体制外的重要知识群体，数量不断增大，社会影响面广，引领各种思潮。在过去10年中，我国留学人员平均年增长率为16.16%，而

① 《海外归国人才成为科技创新重要力量》，中国经济网，2012年8月24日，http://talent.sciencenet.cn/info.aspx?id=12071。

且90%以上是从体制外出去的，按照此速率，到2020年，我国单年出国留学人员人数将达到132.458万，累计出国人数将达到929.36万，将近1000万人。如此庞大的留学人员群体，对社会的影响将会进一步扩大。

四　留学人员面临的现实问题

根据中国与全球化研究中心2012年及2013年开展的调研，留学人员面临的主要困难包括以下六个方面。

（一）对国情现状及国内政策缺乏了解

长期生活在国外的这些海归，对中国的了解还停留在过去，由于中国这些年发展得相当迅速，科技进步日新月异，有些领域在国际上也遥遥领先。有一些留学生事先没有考察过国内的市场现状，直接拿着国外的专利技术，满怀抱负，以为到中国可以一展拳脚，回来以后才发现，他们所掌握的自以为先进的技术在中国其实早已被普及或已被公开。

另外，留学人员离开国家多年，对国内的法律法规及政策制度缺乏了解，且国内许多行业规章制度不够完善，缺乏规则，往往使这些刚刚回国、习惯于按法律规则办事的海归们一筹莫展、无所适从。尽管近些年许多留学人员选择了回国，但有相当多的海外高级人才选择了观望等待的态度，阻碍他们回国的因素主要是国家对留学人员的家属安置政策和创业政策环境不够完善。对出入境政策来说，签证手续麻烦、行政审批烦琐等都极大地限制了留学人才的自由流动。

（二）难以处理国内复杂的人际关系

留学人员长时间在国外生活工作，习惯了西方的理性思维方式，回国以后在处理问题上过于理性化，出现了与环境格格不入的现象。国外的人际关系比较简单，直来直去，中国留学人员在国外留居了十几年之后，渐渐适应这种简单生活，回到国内面对复杂的人情社会和人际关系就显得有点力不从心。

（三）政府各有关部门间沟通渠道不畅

我国政府为了吸引留学人员回国，除了侨办、侨联等传统侨务工作部门外，人社部、商务部、国家税务总局等各系统部门都制定了针对海归人士的优惠政策，都有留学人员数据统计库。然而，这些部门之间并没有建立统一的管理系统，数据存在阶段性的特点。数据库之间不能进行定期的沟通和更新，资源共享差，从而难以为海归人士提供高效的服务。所以，海归人士当遇到具体困难，想了解政策时，却没有一个部门可以真正解决问题。

（四）国内大量海归外企高管转型困难

目前，海归的新趋势是大量的留学人员经过在外企的历练之后，现在已经进入年富力强、经验丰富的阶段。但由于目前很多外企在中国发展不理想，也需要降低成本，因此很多留学高管在外企面临“玻璃天花板”，很难提升。因此，大批外企留学高管被积压、搁置，出路困难，很多人选择再出国或者移民。这个群体很大，跨国公司 500 强平均每个公司 10 名高管，加起来就是 5000 人，是中国国有企业和民营企业“走出去”十分需要的重要国际化人才力量。

（五）海外回国留学人员优秀人才从政难

如今，90% 以上的留学人员为自费留学，而且所学专业十分广泛，学习人文社科的占到近一半。这些留学人员回到国内后，绝大部分分布在体制外，自主创业，去外企、民企、公益组织、社会组织及自由职业者等，就业领域不断扩大，成为体制外最活跃的但经常被忽视的具有国际视野的知识群体。他们中，很多人具有极强的参政议政热情。但目前，留学人员参与政府的管理和参政议政的通道十分狭窄，压抑了一大批优秀留学人员参政议政和加入政府工作的积极性。

另外，部分高层次留学人员凭借自身丰富的阅历和成就，充当了“自媒体”和“意见领袖”的角色，能够左右社会思潮和媒体舆论方向，容易掌握社会话语权，若长期被忽视，容易成为新的社会不稳定因素。这对中国不断参与全球化的进程、不断面临各种错综复杂的国际局面十分不利。需要进一步重视留学人员工作，重新定位，给予他们更高的政治待遇和重视。就像邓小平在“文革”后提出知识分子也是工人阶级一部分一样，释放出广大留学人才的积极性，也将极大地解放生产力，促进改革开放的发展。

（六）政策多倾斜于高层留学人员，对其他层次留学人员关注不足

近年来，我国把引进海外高层次留学人才作为留学人员工作的重点，引才用才工作取得了重大成就，各地引进的海外高层次人才超过 2 万人，其中，“千人计划”引进海外高层次人才超过 3300 人。随着我国留学人数的急剧攀升和留学层次的多样化，很多与留学人员相关的政策主要倾向于引进高层次人才，对其他层次的留学人员的关注远远不足。

五　关于更好地发挥留学人员作用的建议

（一）建立协调统一的留学人员工作机制

针对留学人员工作涉及领域广、牵扯部门多、难于统一管理、缺乏协调配合的问题，建议建立协调统一的留学人员工作机制。建议成立留学人员工作领导小组，吸收与留学人员工作密切相关的党政部门、单位及人民团体，以加强对留学人员工作的领导和管理。同时，成立留学人员归国就业中心，在留学人员工作领导小组指导下开展工作，为各类别、各层次留学回国人员提供“一条龙”配套服务。在条件不成熟的情况下，建议发挥统战部门的协调功能，明确海归人才工作的牵头单位，确立各部门的联席会议制度，实现定期互通信息，统一认识，协调步骤，统筹配合，发挥优势，做好服务。

（二）充分发挥欧美同学会的作用，促进留学人员为国服务

欧美同学会已经成为我国最大的留学人员联谊组织，目前，其在全国拥有 8 万名会员，覆盖了世界所有接收留学生的国家和地区，在团结、联络、服务

留学人员、促进留学人员交流方面具有其他政府部门和社会组织无法比拟的优势。欧美同学会应在成立100周年之际，充分发挥自身及其分支机构的平台作用，促进留学人员之间的交流，成为留学人员意见与需求反馈平台，成为国际化人才引进服务的平台。

1. 广纳海内外留学人员，加强组织建设

近20年留学人员很多是处于体制外的，没有组织，也希望找到自己的组织；最近5年回国的留学人员，因为人数众多，大多集聚于外企、民企，或者是自主创业，他们对组织的概念更为淡薄。因此，欧美同学会应抓住时机，加大宣传力度，凝聚广大已回国的留学人员，为党和国家大批吸纳社会新生力量和新兴阶层。一是加大宣传，大力吸纳国内留学人员，尤其是体制外的留学人员；二是需要以海纳百川的胸怀，吸引更多的海外留学人员，包括非中国国籍留学人员以及国际留学生入会；三是规范分会的建设与管理，加强与团体会员的联系。

2. 把欧美同学会打造成最具国际视野的留学人员建言献策智库

一方面，加强研究，定期对留学人员回国发展状况或海外留学人员工作生活状况，以及留学人员普遍关心的问题进行研究，通过《留学人员动态》以及相关内刊及时反映留学人员的需求与问题。选择有重大影响的社会热点问题，定期出版研究报告，为其他部门做好留学人员回国服务工作、制定留学人员回国服务政策提供有力参考，吸引海内外留学人员参与进来。另一方面，继续举办好建言献策座谈会。联合专门的留学人员研究机构加大支持社会力量组织留学人员参与建言献策的作用，为党和国家在新时期、新阶段探索一条高效有力的建言献策机制，发挥广大留学人员建言献策的积极作用。

3. 通过欧美同学会维护好中国留学人员群体的利益

在当前持续的留学热和海归潮的推动下，未来欧美同学会作为留学人员的利益代言人的作用将越来越突出。为几百万出国留学人员和回国人员服务，欧美同学会应该发挥更多的作用。

第一，需要加强组织领导，加大宣传，强化规范化管理，提升留学人员的归属感。第二，加强对当前留学人员及海归人员现状、特点的研究分析，根据其需求提供专业服务。如目前小留学生增多，在海外留学过程中会出现更多的关于生活、安全、心理等问题，需要更多地组织活动，增加关怀和交流；而留学回国人员也可能存在就业渠道不畅、就业信息闭塞等问题，欧美同学会可以及时跟进研究，向相关部门反馈，为留学人员提供更多的指导和服务。第三，完善欧美同学会内部的会员意见、诉求以及困难的反映渠道，以便及时有效地收集相关信息，以期得到合法合理的解决。第四，搭建留学人员出国留学、回国发展的交流平台，解读新政策，分析新趋势，聚焦海外人才，力图为国家人才引进和创新创业工作多做贡献。与此同时，需要加强与海外留学人员的联络，做好对海外人才现状与特点的调查研究，定期举办活动，或进一步拓展欧美同学会网站功能，向留学人员宣传国内的招才引才政策，促进他们以各种形式回国服务或为国服务等。第五，充分发挥中国留学人才基金会等组织的作用，为留学人员提供研究支持、创业扶持、资金支持、人脉介绍等多元化的服务。

4. 搭建中国留学人才最丰富的人才库，形成人才举荐平台

大力吸引海外高层次人才回国或者来华创新创业，是《国家中长期人才发展规划纲要（2010～2020年）》提出的一个重要政策举措，是我国政府在新的形势下统筹未来人才发展的一个重要发展战略。欧美同学会作为广大留学人员之家，在促进留学人员回国服务、吸引国际人才方面，应发挥更多的作用。

第一，搭建中国留学人才最大最丰富的人才库。充分利用总会、分会、团体会员单位、校友会推荐和会员举荐等渠道，把发展会员工作和人才入库工作相结合，建立全国性留学人才网络和高端人才库；利用召开国际会议、举办国际论坛、举行留学人员联谊等活动，加强与海外的百人会、旅美科协、华源科技协会等数百个华裔和留学人员专业社团的联系，建立一个更有针对性的中国全球留学人才联系网络。第二，建立起中国留学人才举荐机制。建立起与国家及地方组织部门、用人单位定期信息沟通机制，了解国家人才发展需求，协助提供相关人才的渠道和信息，向国家及地方推举留学人才并跟进输出人才的使用情况，及时获取反馈信息。

5. 为留学人员进入公共管理部门搭建渠道

留学人员是有相当经济基础和专业知识结构、有市场意识和国际战略

眼光、有创新意识和领导能力、有强烈的社会责任感和使命感的高层次人才，他们对国家的发展和未来有强烈的使命感和责任感，但是他们对国家建设的意见和建议表达没有专门的组织和畅通的渠道，工作中没有专门的组织和部门对他们的地位和政治表达进行有组织的管理和协调。欧美同学会在联络、组织和团结公共管理、社会管理等领域的留学人员方面具有渠道优势，应该把选拔和推荐领导干部作为一项重要工作内容，促进国家公共管理创新。

6. 发挥欧美同学会作为留学人才国家猎头的作用

欧美同学会作为一种民间机构，可以很好地发挥民间交流平台的作用，辅助开展国家猎头相关业务，缓解官方机构直接引才可能带来的国际猜疑。一方面，以海外高端留学人才与华裔人才为重点，以外国高级人才为补充，以欧美同学会的名义，定期组织各地有关部门和企业到欧美日等发达国家开展留学人才的招聘工作，宣讲国家的留学人才政策，吸引留学人才了解国内动态。另一方面，争取相关部委的支持，设立海外留学人才服务工作站点，以欧美同学会定期的海外活动为抓手，依托海外社团组织，利用“海外留学人员团体负责人座谈会”这一高端平台，多层面开展全球搜索、关注、接触、挖取人才等相关猎头服务工作，为我国吸纳具有战略意义和领军作用的顶尖人才。

7. 发挥欧美同学会国际交流与民间外交作用

随着我国经济实力的增强、国家竞争力的提升，我国软实力的打造将会显得愈发重要。因此，充分发挥欧美同学会广泛的海外留学团体和个人会员的联络作用，开展科技、经济、文化、教育、卫生等领域的交流与合作活动，促进各领域精英人才对中国的了解，促进国际精英人才与中国的交流，推动中国与世界全方位接轨，推动“中国梦”的实现，将是欧美同学会今后工作的重要任务。

第一，发挥会员及会员单位的国际交流作用。欧美同学会拥有大批掌握国际先进技术、理念、文化的人才，拥有大量的分支机构，与海外华侨华人专业社团有着丰富的联系，可以协助各类国际交流活动，为中国带回国际上先进的技术、理念、文化，包括国际化的创业理念、商业模式、社会文化观念以及新的融资方式等。第二，鼓励留学人员促进文化交流，消除误解。越来越多的留学人员频繁地往来于中国与居住国，和国内外保持联系，开展众多的文化交流活动。一方面，把居住国的文化、技术、资金等带到中国；另一方面，也为中国文化的传播充当桥梁，最大限度地将有关中国的正面信息带到国外，一定程度上消除各国在文化上的抵触和误解，促进国际社会各民族的融合与团结。由于留学人员大部分是知识分子，更加熟悉中华文化的真正精髓，也有益于重塑中国文化在海外的崭新形象。第三，与海外留学人员社团加强合作，共同为留学人员服务。全球化促进了全球高科技人才之间的沟通与交流，而集聚了大批海外专业人才的留学人员社团必然会顺应时代的发展，开展跨地域、跨国家的联系与合作，在这种合作的基础上做好对海外人才现状与特点的调查研究，定期举办活动，向留学人员宣传国内的招才引才政策，促进他们以不同的形式回国工作。

（三）拓展留学人员参政议政渠道

留学人员具有国际视野和先进理念，在治国理政、建言献策方面具有独特优势，而且中国留学人员群体目前已经接近300万人，已经成为一个巨大的社会力量，如何发挥好留学人员这方面的优势作用和代表性，满足他们参与社会管理和建言献策的强烈愿望，已经成为新形势下留学人员工作的首要任务。因此，需要拓展留学人员参政议政渠道，让他们在政治层面上发挥更大作用。

一是帮助归国留学人员代表人士参与政治活动。让代表人士能以留学人员的身份在各级人大、政协中任职，参加国家政治生活，为留学人员群体代言，避免只能通过其他界别“搭车”现象。时机成熟后，建议在政协中设立中国留学人员界别。二是畅通留学人员建言献策渠道。有计划地组织留学人员围绕国家发展重点难点问题建言献策，直报中央和有关部门；让留学人员参加党和政府的高层座谈会和重大考察调研活动，反映情况，发表意见；注重发挥留学人员组织的集聚效应，使之成为留学人员建言献策的主渠道。三是打通留学人员进入体制内的通道。制定政策，方便更多的留学人员加入公务员队伍，如实行公务员聘任制；鼓励留学人员到中西部地区政府、国企任职；明确并适当增加政府选调生中留学人员比例；等等。

（四）制定多元化的支持政策

随着留学的大众化，其层次、类别的多元化，应该制定一批针对性强的新政策，尤其是制定面向全体留学人员的普惠政策，惠及自然科学、人文与社会科学等各类学科人才，惠及留学人员子女入学、社保、就医、出入境等方面。目前，留学人员相关政策主要关注高层次人才，日后应该更关注以下两方面人才：一是大量“海鸥”人才。这些“海鸥”型高层次留学人员，短期内回国不太现实，应该制定发挥海外留学人员环流作用的政策，如加大对留学人员发放绿卡和人才签证的力度，放宽绿卡发放和人才签证的申请和审批门槛，激励他们为国服务。二是日益增长的“小海归”。应该关注他们的就业问题，把他们纳入国家“大学生就业计划”，关注他们的基本利益需求，出台相应的扶持政策。同时，需要改革人才管理模式，加速与国际接轨，改变以往的落户、档案管理、审批等落后管理方式。

（五）建议相关部门发起建立人才 WTO

全球化的前两个浪潮，国际规则均由发达国家制定，中国在其中发挥的作用与中国的经济地位相比很不对称。作为世界第二大经济体、世界上人口最多的国家以及最具潜力的劳动力市场，我国不但是最大的人才输出大国，也是人才输入大国，人才流动和国际人才竞争对我国的经济和社会产生了深刻影响。因此，中国应充分利用现有资源与优势，由国际人才相关管理部门牵头，加强人才国际交流合作机制的研究，提早考虑成立有关的多边合作机制或者为建立专门的合作机制奠定基础，发起建立世界人才组织（World Talents Organization），建立国际人才有序流动、高效协调管理的机制，从而把握制定国际人才流动秩序的主动权。

Advices on How to Fully Exploit the Resources of Returnees in the New Age

Abstract: This paper starts from the international and domestic situation of talent flow; analyzes the characteristics of China's ever largest returnee tide and studying abroad tide, effect and existing problems; Raising suggestions for fully utilizing the oversea talents effects in the industry development and social construction aspects.

Key Words: Oversea Students; Serve for the Country

园　区　篇

Start-up Park Reports

B.10
中关村留学人员创业园发展概况及留学人员发展情况

中关村留学人员创业园协会

摘　要：

本文分析了中关村留学人员创业园孵化服务体系建设、海归人才工作、留创企业发展及扶持政策情况，围绕海外招才引智、投融资服务、机制创新等方面，对其发展特点和问题进行了梳理，并结合新形势提出了未来发展的对策建议。

关键词：

中关村留学人员创业园　海归人才发展　扶持政策

2012 年是中关村留学人员创业园（简称“留创园”）创建十五周年，为了更全面地梳理 2012 年中关村留创园的发展情况、发展特点、发展问题，回顾和总结中关村留创园创建十五年以来的工作成绩和经验，课题组深度调研了中关村4个留创园的16家留创企业和海归人才，[①] 以及成都、上海莘闵、南京、嘉善等4个外地留创园，采集了中关村国家自主创新示范区34个留创园148家留创企业2012年的年度数据，基于相关数据，课题组完成本文。[②]

一 2012年中关村留创园发展成效概述

自1997年中关村创建第一家留创园以来，中关村留创园的发展已经走过了15个年头。迈入2012年，中关村留创园的发展进入了新时期。总体来看，海归人才进一步集聚，留创企业创新创业活力增强，扶持政策更加健全，留创园孵化服务体系日臻完善，资源整合能力显著提升，中关村留创园在中关村建设成具有全球影响力的科技创新中心的过程中发挥着越来越重要的作用。

（一）科技创新的聚宝盆

一是高新技术企业集聚。2012年，中关村留创园在园高新技术企业达706家，占中关村高新技术企业数量（约4000家）的17.7%，约为留创园企业占中关村企业比重（7.2%）的2.5倍；留创园高新技术企业占留创园在园企业数量（1443家）的48.93%，约为中关村示范区高新技术企业占比（20%）的2.4倍。[③] 二是科技创新成果集聚。截至2012年底，中关村留创园企业累计新创造知识产权5914项，其中专利（国内和国外）3138项，占中关村示范区企业专利总数（20212项）的15.53%。

（二）海归人才的集聚地

一是高端人才集聚效应明显。据不完全统计，2012年中关村留创园内累

---

① 根据《中关村国家自主创新示范区海归人才创业支持专项资金管理办法》（中科园发〔2012〕49号），中关村重点支持的海归人才是指：①经教育部留学人员服务中心、北京海外学人中心等权威机构认定的留学人员；②在海外国际知名企业或中国知名企业海外机构工作一年及以上的各类人才；③在海外定居一年以上且取得本科以上学位的外籍人才。

② 如无特殊说明，采集的数据均截至2012年12月31日。

③ 根据中关村国家自主创新示范相关统计数据，中关村拥有企业2万家，其中高新技术企业数量约4000家，高新技术企业占比为20%。

计有65人入选“海聚工程”，占中关村“海聚工程”人数的25.29%，[①] 大大高于留创园企业占中关村企业数量的比重（7.2%）。二是留创企业带动海归人才入驻留创园效应明显。2012年，中关村在园留创企业1443家，在园海归人才总数2199人，创业带动海归人才集聚比为1∶1.52。

（三）产业发展的助推器

中关村留创园大力培育和发展创新能力强、科技含量和附加值高、资源能源消耗少、污染排放低、辐射带动作用强的战略性新兴产业企业，改变产业传统发展模式，助推产业快速发展。例如，软件园留创园以软件专业化为特色，重点吸引云计算、物联网、移动互联网等战略性新兴产业企业集聚，大大推动了新一代信息技术产业的发展；中国农大留创园充分发挥在现代农业与生物技术上的技术及资源优势，在种业、农（兽）药、畜牧、食品加工与安全、肥料、农业机械与工程、农业信息化等领域进行不断开拓与创新，有效推动了生物农业的发展；北航留创园依托北航在电子信息领域的学科优势，将发展重点聚焦于电子信息领域，并在此领域取得一定成绩；矿大留创园在能源与安全领域自成一派；人大留创园在文化创意领域推陈出新；生命园留创园、人兴生物医药产业基地在生物医药行业领域引领标向；汇龙森留创园在生物医药及新材料战略新兴行业屡创佳绩。

（四）企业成长的前沿阵地

一是企业成长性好。2012年，在园企业收入总额为512843.2万元，出口创汇25505万元，实现利润43430.12万元，上缴税收28821.81万元，同比分别增长25%、26%、10%和4%。二是企业成长速度快。截至2012年底，中关村留创园共有21家企业挂牌上市，其中2012年新增挂牌上市企业6家，主要挂牌上市地点为新三板。

---

① 截至2012年10月，北京地区有368人入选北京市的“海聚工程”，其中，“海聚工程”入选人才约70%在中关村。

二　2012 年中关村留创园经营发展情况

（一）留创园经营规模持续扩大，服务体系日臻完善

留创园建设稳步推进。截至 2012 年底，中关村共有 34 个留创园，其中一个（中关村京仪海归人才创业园）为 2012 年新建；运营总面积为 75.66 万平方米，使用率达 79.98%，运营面积在 1 万平方米以上的共 18 个，占比为 53%。

服务体系日臻完善。截至 2012 年底，中关村留创园提供的专业服务涵盖了管理咨询、投融资、法律、财务、知识产权、专业技术服务、政府项目申报、创业导师配备、创业培训等领域（见图 1），基础服务体系日臻完善。另外，中关村留创园亦提供其他一些服务，如技术转移、专业技术培训、公共技术平台服务、IT 外包、广告设计、印刷、公关活动执行、人事代理、自助建站、工商代理等。

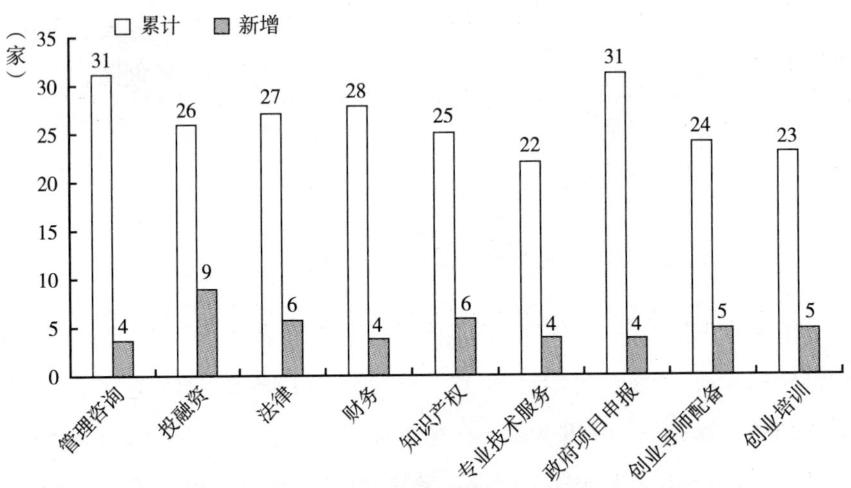

图 1　2012 年中关村留创园提供专业服务情况

（二）留创园资源整合能力提升，服务主体更加多元化

资源整合能力显著提升。2012 年，中关村留创园集聚中介机构共同提供

孵化服务的能力大大增强。截至2012年底，与中关村留创园合作的中介服务机构共计376家,[①] 2012年新增中介服务机构共计119家。在新增的合作机构中，投融资机构占43.7%（见图2）。可见，中关村留创园的投融资服务能力显著提升。

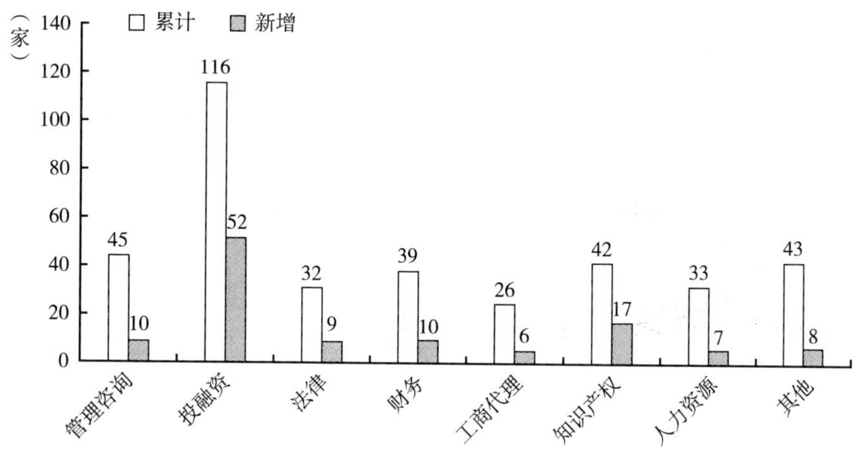

图2　2012年中关村留创园合作中介服务机构情况

服务主体更加多元化。除了留创园以外，越来越多的社会机构和组织加入为留创企业提供创业服务的队伍。通过与留创园合作共建孵化服务平台，各类企业、协会、联盟也逐渐成为服务留创企业的主体，依托其更加专注的业务优势为留创企业提供更具针对性的专业服务。

（三）留创园孵化服务纵深发展，服务方式更加多样化

基础服务纵深发展。2012年，中关村留创园在企业服务上开拓创新，积极发掘增值服务项目，并不断深化服务程度，不仅搭建了满足大多数留创企业发展需求的公共服务平台，而且在服务的精细程度上狠下功夫。诸如市场信息咨询、广告设计、公关、活动执行等较为细化的服务项目亦被纳入服务范畴。

① 此处合作机构总数为34个留创园合作机构数的简单加总，未剔除其中合作机构名称重合的部分。

服务模式多样化。2012 年，中关村留创园紧密结合留创企业的发展需要，开展服务模式创新，服务模式更加丰富。在创业培训方面，逐渐探索出实地培训、定期培训、专题培训等培训模式；在投融资对接方面，新采用了投资人沙龙、投资人一对一辅导等服务方式；在园区管理方面，诸多园区开展了信息化建设，管理方式实现由以原来的一对一专人上门服务为主向以一对多网络服务为主转变，大大提高了管理效率。

（四）招才引智渠道方式有突破，实现海内外同步招揽

招才引智方式多样化。除了传统的广告宣传、网络宣传等方式外，部分留创园亦通过举办或参加留学人员行业交流活动、政策宣讲会、创业大赛等方式开展留学人员招揽工作。招才引智实现海内外同步。各留创园不仅在国内施行“筑巢引凤”的策略吸引优秀人才归国创业，而且加紧迈开了“走出去，引进来”的步伐。一方面，通过在海外举办政策宣讲、创业沙龙等进行人才延揽；另一方面，通过在海外设立联络点进行人才延揽。

虽然 2012 年中关村留创园的发展取得了可喜可贺的成绩，然而，中关村留创园在发展过程中仍存在一些亟须解决的问题。留创企业尚存在引才留才能力相对较弱、获得融资相对较难、运营成本仍然较高、个别优质项目产业化受阻等问题；留创园面临加速孵化服务体系建设有待完善、招才引智渠道需进一步拓宽、物理孵化空间相对有限、海归人才流失等问题。在未来的发展中，留创园及相关政府部门需有针对性地解决这些问题，为海归人才到中关村国家自主创新示范区创新创业提供更完善的服务支撑和政策支持。

三 2012 年中关村留创园海归人才工作情况

（一）中关村留创园人才引进情况

1. 引进途径，以网络了解、朋友介绍为主

总体来讲，2012 年中关村留创园引进海归人才的途径主要为政府部门推

荐、举办交流活动、进行海外宣讲、举办创业大赛等。根据调研，2012年中关村留创园新引进的海归人才了解中关村留创园的方式主要集中于网络了解、朋友介绍等，此类方式占50%以上，通过海外政策宣讲及联络处了解只占8%。

近年来，中关村留创园逐步探索迈出国际化的步伐来招揽人才。一方面，通过在海外举办政策宣讲活动、创业沙龙等，赴海外进行人才延揽。2012年，生命园、软件园、丰台、汇龙森、北大等多家留创园开展了海外揽才工作。另一方面，通过在海外设立联络点，进行人才延揽。2012年，中关村留创园在海外新设立机构7处。

2. 高端海归人才进一步集聚

近年来，中关村留创园在园海归人才总数呈现出持续增长的态势，中关村留创园已经成为海归人才创新创业的首选之地。2012年，中关村留创园在园海归人才总数达到2199人，新引入海归人才325人，比2011年增加75人，增长率近30%。其中，2012年新引入海归人才数量最多的是人大留创园，新引入数量达到45人。

3. 人才结构更加优化

（1）学历结构高端化

2012年在园海归人才共2199人，其中博士学位从业人员763人，占总人数的34.7%，比全国海归人才平均水平高出27.2个百分点；[①] 硕士学位从业人员1029人，占总人数的46.8%，硕士以上学位从业人员共占比81.5%；本科学位从业人员262人，占总人数的11.9%；本科以下从业人员有145人，占总人数的6.6%。其中，2012年新引入海归人才325人，硕士以上学历的占比86.8%，高出在园海归人才硕士以上学历占比5.3个百分点。可见，2012年海归人才学历结构进一步优化（见表1）。

（2）年龄结构年轻化

截至2012年底，中关村留创园在园海归人才共2199人，其中30岁以下海归人才320人，占比14.6%；女性海归人才358人，占比16.3%。2012年，

---

① 根据教育部留学服务中心发布的《2012万名留学人员回国就业报告》整理。

表1　2012年海归人才学历结构

单位：人，%

人才类型	累计至2012年		2012年新增	
	数量	占比	数量	占比
总数	2199	—	325	—
博士	763	34.7	118	36.3
硕士	1029	46.8	164	50.5
本科	262	11.9	25	7.7
本科以下	145	6.6	18	5.5
女性	358	16.3	79	24.3
30岁以下	320	14.6	66	20.3
非理工科	457	20.8	75	23.1
加入外国国籍	249	11.3	22	6.8

新引进海归人才325人，30岁以下海归人才66人，占比20.3%，与2012年累计30岁以下海归人才数据相比，提高5.7个百分点；女性海归人才79人，占比24.3%，与2012年累计女性海归人才数据相比，提高8.2个百分点。海归人才不仅呈现年轻化，而且女性海归创业人员也呈现出一道别样“风景”。

（3）留学国别多样化

2012年，在园海归人才回国前的留学国主要集中在美国、英国、日本，分别为758人、187人、144人，各占47.7%、11.8%和9.1%。2012年新增海归人才主要来自美国（108人）和英国（46人），分别占新增总量的33.2%和14.2%（见图3）。

4. 在园海归拥有较高的从业背景

2012年，在园海归人才国外从业经历中，高级管理和研究人才总量较高，占总体的20%以上。其中，曾任跨国公司高层（技术及管理）的人员共311人，占全部在园海归人才总数的14.1%；曾任国外知名研究机构（大学/学术团体）高层的海归人才共143人，占全部在园海归人才总数的6.5%。2012年新引入的曾任跨国公司高层（技术及管理）的海归人才24人，占2012年新引入的海归人才总数的7.3%；2012年新引入的曾任国外知名研究机构（大学/学术团体）高层的海归人才有37人，占2012年新引入的海归人才总数的11.4%。这些海外机构高层任职经历有助于留创企业的健康发展。

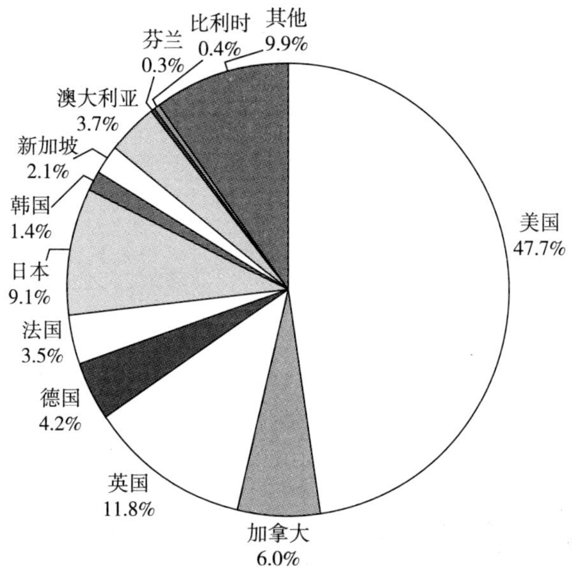

图 3　2012 年在园海归人才留学国别情况

（二）留创园人才发展情况

2012 年，为加强人才创业服务工作、提升创业服务质量，中关村留创园从硬环境及软环境等方面为海归人才创业提供支撑，并在注重人才自身发展的同时，着力解决人才生活方面的后顾之忧，为人才创新创业做好基础保障工作。在人才创业服务质量持续提升的基础上，中关村留创园的“千人计划”“海聚工程”“高聚工程”等方面的人才工作成效显著，人才获奖数量亦呈上升趋势。

1. 人才服务质量进一步提升

2012 年，中关村留创园深入贯彻落实《关于中关村国家自主创新示范区建设人才特区的若干意见》精神，健全人才吸引、培养、使用、流动和激励机制，采取多项措施加强人才服务体系建设，主要举措如下。

（1）人才创业服务

第一，硬环境构建。中关村留创园为海归人才回国创业提供广阔的物理空间和全面优质的服务。2012 年，中关村留创园总孵化面积为 75. 66 万平方米。

此外，中关村留创园在物业、网络接入、办公配套设施等方面均为海归人才提供最全面、最优质的服务。

第二，软环境营造。中关村留创园为营造更好的创新创业环境，搭建一系列服务平台，如工商财税、人力资源、项目推荐、管理咨询、法律咨询、投融资对接、行业交流、创业辅导等，同时举办各种类型的培训，如政策解读、市场营销等，以帮助海归人才尽快了解国内相关情况，尽快投入市场竞争环境。

（2）人才发展服务

中关村留创园为吸引、留住、激励、用好海归人才，逐步探索为人才发展提供优质服务。一是建立高端人才培养体系，按照中央“千人计划”、北京“海聚工程”、中关村“高聚工程”人才的申报要求及特点，建立项目跟踪服务、人才特色服务的培养体系，以培养出更多、更优秀的高层次人才。二是建立差异化管理新模式，即针对不同行业、不同专业、不同工作背景及教育背景的人才，实行差异化管理，根据人才的发展需求及企业所处不同阶段的现实需求，提供差异化、特色化服务。

（3）人才生活服务

2012 年，中关村留创园在落户、住房等方面积极为海归人才提供便捷服务，力争为海归人才提供便利的生活环境。在落户方面，中关村留创园提供绿色通道，提供落户相关流程咨询服务及手续办理服务。在住房方面，中关村管委会 2012 年 6 月出台《中关村国家自主创新示范区人才公共租赁住房专项资金管理办法》，提出对人才公共租赁住房建设项目提供贷款贴息及其他资金支持；北京海外学人中心 2012 年 10 月召开短期周转性住房配租政策说明会议，对符合条件的海归人才提供短期周转性住房。此外，部分留创园还为海归人才提供公租房服务。

2. 人才重点工程

据不完全统计，2012 年，中关村留创园累计有“千人计划”108 人，“海聚工程”65 人，“高聚工程”156 人。其中，2012 年新增“千人计划”22 人、“海聚工程”34 人、“高聚工程”36 人。中关村留创园吸引海外高层次人才成效卓著。

四　2012 年中关村留创企业发展情况

（一）留创企业总体发展态势良好

2012 年，中关村留创园企业数量保持良好的增长势头。2012 年累计入驻企业[①]总数为 4242 家，累计毕业企业 1447 家，累计迁出企业数 1352 家。2012 年在园企业总数为 1443 家。其中，在孵企业（入园时间 42 个月内）总数 995 家，占比 69.0%；毕业企业 89 家，迁出企业 82 家，新入驻企业 260 家，占 2012 年在园企业总数的 18.0%。

（二）留创企业呈现“小、专、精”特征

1. 企业类型

2012 年，在园企业类型以小微企业为主。微型企业 620 家，小型企业 572 家，其他企业 61 家，分别占 49%、46%、5%。[②]

2. 注册规模

2012 年，在园企业注册资金规模以 50 万～100 万元为主。其中，50 万元以下的 118 家，50 万～100 万元的 572 家，100 万～500 万元的 364 家，500 万～1000 万元的 82 家，1000 万元及以上的 90 家，占比分别为 9%、47%、30%、7%和 7%。

3. 行业分布

2012 年，在园企业中电子信息类企业占比在一半以上（53%）。2012 年，电子信息类留创企业在基数较高的基础上仍然保持着 33% 的增长率。生物医药、节能环保、新材料、新能源、文化创意、新能源汽车、高端装备、现代服务及其他行业所占比例分别为 16%、6%、5%、3%、5%、1%、2%、3% 和 6%（见图 4）。在这些领域发展的企业需要足够的“专业性”，不仅要求专业知识深厚，而且要求专业技术过硬。

---

① 本文所提及的企业均指中关村留创园内海归留学人员创办的企业。

② 微型企业是指从业人员在 10 人以下的企业；小型企业是指从业人员在 10 人及以上、100 人以下的企业；其他类型企业是指从业人员在 100 人及以上的企业。

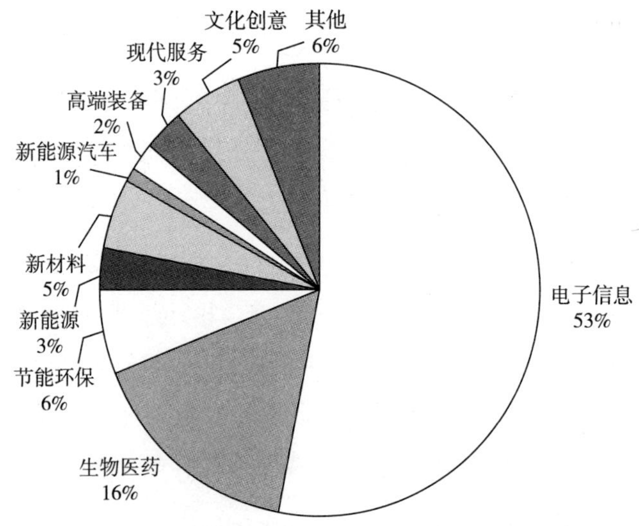

图4　2012年在园企业行业分布情况

4. 人员规模

2012年，在园企业员工总数有一定增长。在园企业员工总数为25033人，比上年增长了13.1%。其中博士1509人、硕士6452人、本科12109人、其他学历4963人，占比分别为6%、25%、48%、19%。

5. 收入规模

2012年，在园企业收入总额和出口创汇额均有较大幅度增长。在园企业收入总额达512843.2万元，同比增长25%；出口创汇25505万元，同比增长26%；实现利润43430.1万元，同比增长10%；上缴税收28821.8万元，同比增长4%。

6. 成立年限

大多数在园企业成立年限较短，半数以上企业成立年限小于3年。2012年，在园企业成立年限1年以内的有239家，1~2年的有255家，2~3年的有215家，3~3.5年的有173家，3.5年以上的有333家，分别占20%、21%、18%、14%、27%。

7. 项目阶段

2012年，在园企业项目阶段以在研为主，产业化比例还比较低。其中，在研的有546家，中试的有313家，产业化的有233家，分别占50%、29%、21%。

（三）留创企业创新活力强

1. 高新技术企业数量及行业分布

中关村留创园在园企业中高新技术企业所占比例较高。2012 年，在园企业高新企业数量 706 家，占在园企业总数的 48.93%。其中，国家高新技术企业 170 家，中关村高新技术企业 536 家，分别占在园高新企业总数的 24.08% 和 75.92%。2012 年新增高新企业数量 90 家，其中，国家高新技术企业 17 家，中关村高新技术企业 73 家（见图 5）。

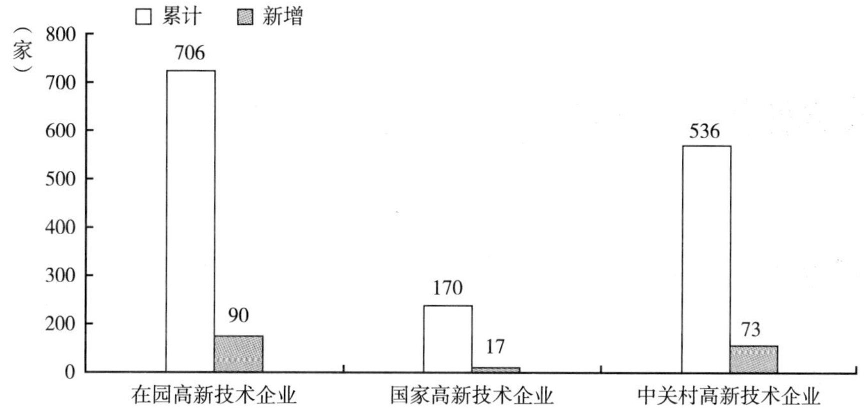

图 5　2012 年在园高新企业情况

2012 年，高新企业一半以上属于电子信息产业领域（占比 53%）。生物医药、节能环保、新材料、新能源、文化创意、新能源汽车、高端装备、现代服务及其他行业占比分别为 16%、6%、5%、3%、5%、1%、2%、3% 和 6%。

2. 企业研发投入情况

2012 年，在园企业研发投入比维持在较高水平。2012 年在园企业研发投入总额 77975 万元，平均研发投入占总收入的 20.5%，比 2011 年降低了 8.7 个百分点。由于留创企业多为早期高新技术企业，其资金主要用于研发产品，研发投入明显高于普通高新技术企业。

3. 企业承担项目情况

2012 年，在中关村留创园在园企业中，新承担政府项目的企业共 92 家，承担政府项目共计160个。其中，承担国家项目企业38家，承担项目64个；承担北京项目企业32家，承担项目65个；承担中关村项目企业22家，承担项目31个。

4. 知识产权创造情况

2012年，在园企业新创造知识产权963项，其中国内专利382项，国外（国际专利）50项，著作权439项，商标92项。截至2012年底，园区企业累计新创造知识产权5914项，其中国内专利2744项，国外（国际专利）394项，著作权2264项，商标512项（见图6）。

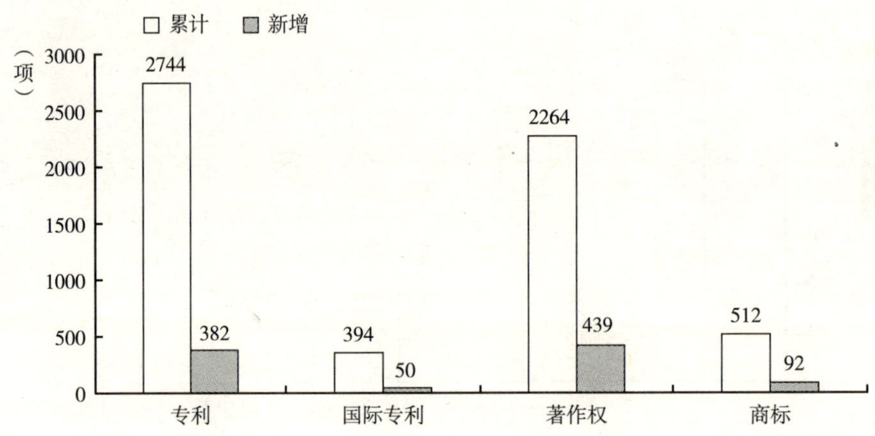

图6　2012年在园企业知识产权分布情况

（四）留创企业融资能力较好

1. 融资总额

2012年全年共有1060家在园企业获得资金支持，累计资金总额75397万元。只有国际孵化器留创园、汇龙森留创园和软件园留创园融资总额超过1亿元。

2. 融资结构

股权融资为2012年在园企业最主要的融资方式。在2012年在园企业融资总额中，政府支持资金为10449万元，占14%；股权融资43847万元，占58%；债权融资21101万元，占28%。

3. 挂牌上市情况

截至2012年底，共有21家企业挂牌上市，挂牌上市企业数量最多的是海淀留创园。其中，2012年新增挂牌上市企业6家，主要挂牌上市地点为新三板。

4. 股权融资情况

截至2012年底，在园区股权融资案例中，通过投资机构融资的企业最多。其中，通过天使投资人融资企业累计49家，融资总额22300万元；通过投资机构融资企业392家，融资总额501636万元；通过园区投资机构融资企业69家，融资总额59361万元；通过其他自然人融资企业13家，融资总额8535万元。

在2012年新增股权融资案例中，无论从企业数量还是从所得资金看，都以投资机构融资为最重要的融资方式。其中，通过天使投资人融资企业19家，融资总额12264万元；通过投资机构融资企业38家，融资总额33380万元；通过园区投资机构融资企业14家，融资总额18928万元；通过其他自然人融资企业1家，融资总额800万元。

5. 债权融资情况

在2012年新增债权融资案例中，通过银行贷款的企业远多于通过其他机构贷款企业。其中，通过银行贷款的企业有37家，贷款总额为18019万元；通过其他机构贷款的企业有3家，贷款总额为3260万元。

五　2012年中关村留创园政策扶持情况

2012年，国家、北京市政府、中关村管委会等各级政府部门新颁布实施了一系列促进中关村留创园发展的扶持政策，为留创园服务体系完善、海归人才引进、科技与金融创新等方面提供了政策保障。

（一）扶持政策更加健全

1. 国家政策

2012年9月，中组部、人社部、公安部、外交部、外专局等五部门联合下发《关于为外籍高层次人才来华提供签证及居留便利有关问题的通知》，对外籍高层次人才来华办理签证、长期居留和永久居留的办法做出详细规定。

2. 北京市政策

在“一个意见、两个办法”[①] 的基础上，2012 年，北京市政府进一步出台建设科技金融中心、创新体系的相关政策，为海归人才到北京创新创业营造更好的环境。

2012 年 8 月，北京市人民政府印发《关于中关村国家自主创新示范区建设国家科技金融创新中心的意见》，提出完善科技企业信用体系、完善知识产权投融资体系、完善创业投资体系、完善多层次资本市场、创新金融产品和服务等十二条意见。

2012 年 9 月，北京市委、市政府发布《关于深化科技体制改革加快首都创新体系建设的意见》，提出到 2015 年，中关村集聚 5 万名左右包括海归人才在内的高端人才，建设未来科技城等高层次人才创新创业基地和研发机构集群；到 2020 年，把未来科技城建成具有世界一流水准、引领我国应用技术发展方向、代表我国相关产业应用技术最高水平的人才创新创业基地。

3. 中关村示范区政策

2012 年 6 月，中关村管委会出台《中关村国家自主创新示范区人才公共租赁住房专项资金管理办法》，提出对人才公共租赁住房建设项目进行贷款贴息，对项目管理、投资或产权单位给予房租补贴，对人才公共租赁住房项目融资及其他相关专项等工作提供资金支持。

2012 年 6 月，中关村管委会出台《中关村国家自主创新示范区创业投资风险补贴资金管理办法》，对经认定的创业投资机构和科技企业孵化器，根据其投资于园区初创企业的实际投资额，按一定比例给予资金补贴。

---

① 2009 年 4 月，中共北京市委办公厅印发《关于实施北京海外人才聚集工程的意见》，提出从 2009 年开始，用 5 ~ 10 年时间，集聚 10 个由战略科学家领衔的研发团队；集聚 50 个左右由科技领军人才领衔的高科技创业团队；引进并有重点地支持 200 名左右海外高层次人才来北京创新创业；建立 10 个海外高层次人才创新创业基地。

2009 年 5 月，北京市人民政府印发《北京市鼓励海外高层次人才来京创业和工作暂行办法》，就引进海外高层次人才应具备的条件、程序进行说明，并就海外高层次人才创办企业上市、申请专利等方面提出支持政策。

2009 年 5 月，北京市人民政府印发《北京市促进留学人员来京创业和工作暂行办法》，对留学人员应具备的条件、来京创业和工作应遵循的原则及主要方式等进行说明，并对来京创业和工作的留学人员参加社会保险及其子女入托及义务教育阶段入学等提出支持政策。

2012年10月，中关村管委会印发《中关村国家自主创新示范区海归人才创业支持专项资金管理办法》，对海归人才企业、海归人才创业服务机构、海外创业服务机构的概念进行界定，并对支持资金进行说明。

2012年10月，中关村管委会印发《中关村国家自主创新示范区海内外优秀人才创业扶持工程专项资金管理办法（试行）》，对“雏鹰人才”进行认定，提出专项资金的使用范围包括“支持雏鹰人才到中关村创办企业”“支持雏鹰人才创业基地建设”“支持雏鹰人才创办企业统筹社会资源借智，开展产学研用协同创新”“为雏鹰人才成功引入大额社会创投资金提供政府股权投资配套”及“其他雏鹰人才创业的活动支持”。

4. 中关村各园区政策

（1）海淀园

2012年5月，中共北京市海淀区委、北京市海淀区人民政府《关于加快核心区自主创新和产业发展的若干意见》提出，全面推动创新创业孵化体系建设和创新载体建设，推广“孵化+创投”的新型孵化模式，完善从孵化器到加速器、产业用地的全程跟踪服务，帮助创业企业快速成长壮大；加快中关村人才特区建设，引进和集聚一批战略科学家和战略性新兴产业领军人才。

2012年6月，北京市海淀区政府印发《海淀区促进人才创新创业发展支持办法》，提出“创业和创新领军人才标准及支持政策”“青年英才标准及支持政策”“人才引进及服务平台建设支持”等政策内容。

（2）电子城科技园

2012年1月，中关村科技园区电子城科技园管委会牵头编制《朝阳区高新技术产业发展三年行动计划》，认定高新技术企业110家，完成142家高新技术企业复审，开展180家园区外企业高新政策培训，组织147家企业申报各类项目332项，拨付2800万元专项资金，助推园区产业发展和创新能力提升。2012年7月，朝阳区高新技术产业办公室出台《朝阳区高新技术产业发展专项资金管理办法》，提出对所列的战略性新兴产业项目、企业及服务平台给予100万~500万元不等的资金支持。

（3）昌平园

2012年5月，中关村科技园区昌平园管委会出台了《中关村科技园区昌平园管理委员会关于支持留学人员创业园建设的意见》，提出对昌平园留创园将连续三年共给予不低于1000万元的资金支持，用于鼓励和支持海外高层次人才开展科技创新和自主创业。

（4）石景山园

2012年5月，北京市石景山区人民政府印发《石景山区鼓励知识产权服务业和促进高技术产业发展办法》，提出对专利授权、国外专利、发明专利成果转化等进行资金奖励；鼓励企业申请高新技术企业，对2012年1月1日后新获得国家高新技术企业资格的企业给予相关费用补贴，补贴金额为5000元。

（二）扶持资金情况

1. 支持中关村留创园建设的资金情况

（1）中关村管委会对共建留创园给予资金支持

《中关村国家自主创新示范区海归人才创业支持专项资金管理办法》提出，根据共建海归人才创业园（暨留创园）可注册资本金额、提供的办公面积、设立创投资金、引入中介服务机构情况等，对海归人才创业服务机构进行评价考核，分数达到60分及以上者，可纳入共建范围并予以最高不超过100万元的相应支持。

（2）中关村管委会对创业服务给予资金支持

《中关村国家自主创新示范区海归人才创业支持专项资金管理办法》提出，根据当年度新入驻海归人才企业的数量，按照每家企业5万元的标准给予海归人才创业园一次性资金支持，用于为海归人才企业提供房租减免优惠、开展咨询服务等。

（3）中关村管委会支持设立创业投资引导资金

《中关村国家自主创新示范区海归人才创业支持专项资金管理办法》提出，对于投资未上市留学人员企业的留学人员创业园，根据实际投资额的10%，单个项目单笔最高不超过100万元的标准给予补贴。

（4）中关村管委会支持专项服务活动

《中关村国家自主创新示范区海归人才创业支持专项资金管理办法》提出，支持海归人才创业服务机构开展海外人才延揽、中关村人才政策海外宣讲等专项

服务活动，原则上每个海外专项服务项目支持额度不高于30万元；支持海归人才创业服务机构在园区范围内开展中关村海归人才企业精品项目推介（“三三会”）、海归创新创业人才交流活动等专项服务活动，积极为海归人才创业搭建智力交流及投融资服务平台，原则上每个国内专项服务项目支持额度不高于10万元。

（5）中关村管委会支持设立海外创业服务机构

《中关村国家自主创新示范区海归人才创业支持专项资金管理办法》提出，对设立的海外创业服务机构进行评价考核，分数达到60分及以上者，可纳入认定范围并予以一次性最高不超过200万元的相应认定资金支持；对于海外创业服务机构推荐到中关村创业的海归人才，在中关村示范区完成相关注册手续后，按照每家企业不高于6万元的标准给予海外创业服务机构资金支持。

2. 支持中关村留创园人才引进的资金情况

（1）中关村管委会对推荐海外高层次人才的资金支持

《中关村国家自主创新示范区海归人才创业支持专项资金管理办法》提出，对于当年度进入中央“千人计划”面试答辩环节的海外人才，按照“千人计划”每人次不高于2万元的标准，给予相关推荐单位一次性补贴；对于当年度成功入选中央“千人计划”的，按照每人不高于6万元的标准，给予相关推荐单位一次性补贴。

（2）海淀园管委会对高端人才的奖励政策

“领军人才”奖励。《海淀区促进人才创新创业发展支持办法》对“领军人才”进行界定，根据创新成就、区域贡献等情况给予资金奖励，每年最高奖励金额30万元，连续实施三年。对于“领军人才”创办的符合海淀区重点产业领域的科技型企业，优先给予股权投资支持。为在北京无自有住房的“领军人才”每月提供2000元的房租补贴，连续补贴三年。优先安排海淀园企业人才租赁住房。

“青年英才”奖励。《海淀区促进人才创新创业发展支持办法》对“青年英才”进行界定，根据创新成就、区域贡献等情况给予资金奖励，每年最高奖励金额为15万元，连续实施三年。“青年英才”创办的企业，一次性给予30万元的创业资金。对于符合海淀区重点产业领域的企业，优先给予股权投资支持。为在北京无自有住房的青年人才提供每月1000元的租房补贴，连续

实施三年。优先安排海淀园企业人才租赁住房。

引进高端人才奖励。《海淀区促进人才创新创业发展支持办法》提出，留创园每成功推荐或引进一名“千人计划”人才，奖励该机构10万元，每成功推荐或引进一名“海聚工程”“高聚工程”人才，奖励该机构5万元。

3. 支持中关村留创企业发展的资金情况

（1）中关村管委会创业启动资金

《中关村国家自主创新示范区海归人才创业支持专项资金管理办法》对海归人才及企业进行界定，对于符合条件的海归人才企业，给予10万元或20万元不等的资金支持（实收注册资本在100万元及以上的，给予20万元一次性启动资金支持；实收注册资本在50万元以上、100万元以下的，给予10万元一次性启动资金支持）。

（2）中关村管委会对“千人计划”企业资金支持

《中关村国家自主创新示范区海归人才创业支持专项资金管理办法》提出，对于当年度入选中央“千人计划”的海归人才，按照中关村“高聚工程”资金支持的标准，给予其所在企业一次性资金支持（已入选中关村“高聚工程”的海归人才不再重复给予资金支持）。

（3）中关村管委会担保贷款及费率补贴

《中关村国家自主创新示范区海归人才创业支持专项资金管理办法》提出，支持创办时间在五年以内（包括五年，特别优秀的可以适当放宽）的海归人才企业向合作担保机构申请贷款及担保，并对其费率进行补贴。

（4）中关村管委会房租补贴

《中关村国家自主创新示范区海归人才创业支持专项资金管理办法》提出，按照海归人才企业办公场所不超过50平方米面积实际发生的房租费用，给予海归人才企业自注册之日起连续两年租金补贴，补贴金额每年不高于5万元。

（三）获得资金支持情况

1. 留创园获得的资金情况

2012年，中关村留创园的发展获得了各级政府的资金扶持，共获得扶持

资金总额5510万元。其中，国家部委扶持资金332万元，北京市委扶持资金1625万元，中关村管委会扶持资金2647万元，各分园管委会扶持资金906万元。扶持总额来源由多到少排序分别为中关村管委会、北京市委、各分园管委会、国家部委，所占比例分别为48%、29%、16%和6%。由此可见，中关村管委会对中关村留创园发展的资金扶持力度相对较大，比上年增加了40.65%，增加金额为765万元。

2. 留创企业获得的资金情况

在中关村建设国家级人才特区及具有国际影响力的科技创新中心的大好形势下，中关村留创企业的发展获得了各级政府的资金扶持。2012年，在园500多家留创企业获得扶持资金总额15872万元，比上年减少了11.82%，减少金额为2128万元。其中，国家部委扶持资金3641万元，北京市委扶持资金5228万元，中关村管委会扶持资金2940万元，各区县扶持资金4043万元，所占比例分别为23%、33%、19%和25%。由此可见，北京市委资金扶持力度相对较大，其次是各区县和国家部委。中关村管委会对留创企业的扶持资金规模比上年增加了71.13%，增加金额为1222万元。

另外，从获得资金扶持的主要项目类别来看，2012年中关村留创企业获得择优资助项目资金的有26家，资金总额为208万元；获得中关村管委会创业启动资金的留创企业有100家，资金总额为1450万元；获得中关村房租补贴的有127家，资金总额为405万元；获得北京海外学人中心开办费的有151家，资金总额为1510万元。

Overview of the Development of Zhongguancun Returnee Start-up Park and General Introduction of the Development of Returnees in the Park

Abstract: This paper reviews the enterprise incubator, returnee talent project,

returnees' enterprises and supportive policies of Zhongguancun Pioneer Park. Through analyzing the traits of overseas talent recruitment, financing service and manage innovation, it introduces the current situation of returnee enterprises and the major problems they faced. Combining with the latest development, we give our suggestions on the future planning and development of Pioneer Park.

Key Words: Zhongguancun Pioneer Parks; Returnee Talent Projects; Supportive Policy

B.11

松山湖高新技术开发区留创园的发展与经验借鉴

方树财*

摘 要：

东莞松山湖高新技术开发区是东莞市唯一一家国家级留学人员创业园和科技企业孵化器，近年来，该园在人才引进政策、人才培养以及服务机制方面不断创新，走出了一条我国地市级高新技术区发展特色之路。本文主要介绍松山湖在人才发展平台建设、人才政策与其他政策融合、人才引进网络建立等方面的经验，为其他留创园提供参考。

关键词：

松山湖留创园　人才　创新　创业

松山湖高新技术开发区留学人员创业园是东莞市唯一一家国家级留学人员创业园和科技企业孵化器，旨在吸引海外优秀智力、打造东莞市高层次人才队伍。创业园成立于2005年，经过8年多的探索发展，在集聚高端人才、推动创新创业方面取得了一定成绩，先后获得共青团中央“中国青年留学人员创业基地”、科技部“国家高新技术创业服务中心”、广东省科技厅“广东科技人才基地”与“广东省创业服务机构示范单位”等荣誉称号。2010年，人社部与广东省人民政府共建中国东莞留学人员创业园。近年来，松山湖留创园不断优化科技创新、人才创业的政策和环境，广泛开拓海外引智渠道，大力开展招才引智活动，同时结合自身的特色，成功探索出一条成功之路，积累了不少经验。

* 方树财，中国东莞留学人员创业园。

一 园区发展现状

（一）人才集聚效应明显

截至2012年底，园区（含高校）累计引进博士603人，硕士1942人，本科6500余人。园区累计引进国家“千人计划”5人，引进广东省创新科研团队12个，东莞市创新创业领军人才14名。截至2012年底，累计引进创业企业270家，博士217人，硕士184人，其中海归人员203人。除园区高校外，在松山湖从业人员中，本科以上学历占19.32%，中级以上专业技术职称占6.12%，研发人员占总从业人数的比例约为13.78%。松山湖高新区已初步发展成东莞市人才集聚高地。

为加快引进高层次人才，打造人才高地，2012年8月，园区发布最新的科技创新政策《松山湖高新区引进和培育高层次人才推进“梧桐计划”的实施办法（试行）》和《松山湖高新区鼓励科技创业推进“扬帆启航计划”的实施办法（试行）》，针对引进和培育高层次人才、鼓励科技创业，加大对留学人员等高层次人才创业的支持力度，大大增强园区对高端人才的吸引力。

（二）企业孵化成效显著

自创业园正式列入国家级留创园队伍以来，在发展思路上由“聚人气”向“求效益”调整，一方面加强对入园项目的评估和考察，适度提高门槛；另一方面着力完善孵化体系，并加强对重点企业的服务。经过两年的时间，巨细科技、盈动高科、道汇环保等一批创业企业呈现出快速的发展势头和良好的市场前景，并逐步迈向产业化，潜力正逐步转化为实力，高科技、高智力正逐步转化为生产力。微模式公司陈友斌博士（留美）、凯法生物医药公司谭文博士（留美）均获得2012年中国侨界贡献奖；新吉凯氏测量技术公司创业项目入选2012年度中国留学人员回国创业启动计划优秀创业项目，获得人社部给予的创业资金支持。聚核网络科技公司和尚睿电子商务公司入选2012中国留学人员创业园百家最具创业潜力企业；2011年和2012年，创

业园国家高新技术企业数量由原来的2家增至11家，占整个高新区高新技术企业数量的31%。

二　园区的机制创新与经验借鉴

松山湖创业园作为我国一家地方创业园，又位于我国改革开放的前沿阵地，其发展模式对国内其他园区的发展具有很强的实用性借鉴意义。因此，认真研究和总结其发展模式，具有十分深远而现实的意义。松山湖创业园的发展可以概括为以“汇聚高端人才、专注孵化服务、深化产学研合作”为抓手，逐步形成“孵化器+加速器+新兴产业基地”的发展模式。

（一）抓住发展机遇，打造创业园和人才未来的发展平台

2010年12月，园区获得了人社部与广东省人民政府共建中国东莞留学人员创业园的政策支持，充分利用在部、省各级政府和领导重视和大力支持，紧紧抓住晋升“国家级”留创园的良好契机，乘势而上，开拓创新，从进一步丰富深化创业园功能、推进软硬环境建设等多个方面全力推进创业园建设，发展迈上新台阶。一是制定创业园共建方案，确立近期目标为完善管理服务体系，建成集科研、商务、生活功能于一体的创业园，计划累计引进培育企业300家，其中8家高新技术企业；中期目标为充分发挥创业园带动和示范功能，计划累计引进培育企业500家以上，每年孵化高素质企业30家，高新技术企业达到20家；远景目标为进一步拓展孵化空间，孵化场地总规模在30万平方米以上，累计引进培育企业800家以上，每年孵化高素质企业100家，高新技术企业达到50家，培育上市企业5~8家，创造税收贡献10亿元以上，成为国内具有鲜明特色和高知名度的一流留学人员创业园。二是进一步调整完善留创园的有关政策，在创业场地补贴、创业资金扶持、安家补贴、税收奖励等方面给予留学人员更大的支持。三是迅速启动创业园建设规划，在松山湖高新区选址1平方公里的地块上，投资兴建独立管理运作的创业园基地，其中第一期占地面积81亩，建筑面积为12.4万平方米，整体工程造价7.35亿元，建设内容主要包括东莞市人才大厦、人才公寓、孵化区和加速区等，建成后将

进一步满足海外留学人员、企业、科研机构在创新创业中的配套服务、场地以及人才居住等各类需求。

（二）创新政策机制，打造全国一流、极具吸引力的人才政策体系优势

1. 调整和优化高新区人才发展专项资金，制订并实施“梧桐计划”

园区委托承担过国内多个高新区政策制定任务的长城战略研究所，并组织管委会相关力量，对园区人才政策进行深入地比较研究和优化调整，确立并推进实施“梧桐计划”，扩充人才发展专项资金，提高人才创新创业资助，鼓励引进和培养重大人才及人才项目：将人才发展专项资金每年从高新区税收分成中的提取额度提高一倍多，从5%提高到不低于10%；对获得国家、省、市重大人才专项资助的创新团队和领军人才，从1∶1配套提高到最高1∶2配套；对“千人计划”“国家杰出青年”“长江学者”等顶尖人才和园区优秀、突出的重大创业项目，给予最高1000万元的资助，极大地增强对优秀人才、高端人才的吸引力。

2. 推进人才政策与各类政策的融合，营造人才、科技、金融、产业等融合发展的新优势

管委会确立了人才与科技、金融、产业融合发展的总体思路，并在制定人才政策时注重与科技政策、金融政策、产业政策的联动和协调，整合编制人才方面的“梧桐计划”与科技方面的“扬帆起航计划”，统筹考虑“如何引进更好的人才”“如何让人才更好发展”“如何让人才更好地实现科技创新和创业孵化”等命题，从而创新制定了包括重大科技专项资助、中小科技企业扶持发展、创业贴息、科技金融贷款、创投风投等贯穿人才创业、创新全过程的一条龙政策，既是对人才专项政策的全方位补充和延伸，又营造出了松山湖高新区独特的人才发展政策优势。

2012年8月以来，补助了两位“千人计划”人才创业资助共计500万元，两位东莞市领军人才配套资助共计800万元，28名博士安家费共计560万元，以及14名高层次人才的住房优惠等。

（三）创新引才机制，打造联同国内、瞄准海外的人才引进网络

1. 以建立松山湖海外人才工作站为契机，积极推进国际化引才网络建设

园区积极与东莞市人力资源局沟通合作，结合东莞市和高新区的产业发展战略、人才需求以及国际人才分布特点，切实推进海外人才工作站的设立工作（先期推进美国旧金山和英国伦敦两站），目前，方案已经东莞市委市政府通过，2013 年内实施。同时，以此为契机，积极建立和加深与海外高层次人才的联系，逐步开展与高端智力机构和组织、商业机构和组织、侨联、留学生组织、同乡会等的合作。目前，已初步建立与欧美同学会（商会）、北美洲中国学人国际交流中心等机构的联系，正就具体合作事宜进行协商，高新区国际化招才网络正有条不紊地推进。

2. 以打造政产学研组团招才品牌为核心，大力强化国内招才网络建设

大力推进高新区政产学研组团招才工作，通过加大宣传力度、调整设点学校、增加宣讲会、加强与学校合作、合理挑选岗位、精选企业等方式，继续推进在武汉、成都、南京、西安等地招才，取得了较好的效果。据企业反馈，2012 年两期活动，累计共为区内 70 多家企业和机构引进了 1083 名本科以上研发及管理人才，其中博士 35 名、硕士 213 名。特别是最近一期（2012 年 10 月）效果尤为明显，由于前期的铺垫和宣传效应的持续发酵，松山湖政产学研组团招才已初步成为武汉、成都两地大学生的关注焦点和毕业固定选择，在西安、南京等重点院校引起了较大反响，华中科技大学、武汉大学、西安交通大学、四川大学、电子科技大学、南京大学等著名高校的毕业生明显增多，企业在现场和电子邮件收到投档简历达到 7185 份，进入复试的超过 1195 人，现场签订就业协议的有 293 人，后续签订协议的有 236 人。在此期活动中，“985”“211”学校的大学生比例比前两期明显增强，据企业反映，现场著名大学的学生超过总数的 60%，达成协议的超过总数的 75%。中小型科技企业受惠最大，所招人数超过 40%，借助组团式招才的规模以及政府与大企业的号召力，中小型科技企业广泛受到追捧，岗位与报名数的比率达到了 1∶11，中小科技企业基本摆脱了“难招人”“难招好人”的长期困扰。同时，此期招才活动引起了高校的广泛关注，促成了高新区与著名高校的新合作，南京大学、华中科技大学、武汉大学等高校领导和相关部门主动联系园区，并到松山湖进行实地考察，希望开展新颖的招才方式，推进以企业中小型科技研发项目对接为核心内容的预招才模式。可以说，松山湖政产学研组团招才的品牌效应、种子效应和规模效应均日益显现。

3. 重点做好各类人才对接会，不断开拓创新创业人才的招引渠道

紧紧抓住东莞国际科技合作周暨招才引智大会召开的时机，举办了高新区人才对接及政策推介会，成功引来 230 多名各行各业的海内外精英才俊到高新区考察，向他们详细推介了高新区的投资政策、创新创业载体等内容，并邀请企业代表现场分享创业经验，让各类人才留下深刻印象，不少精英即时表现出想来松山湖创新创业的浓厚兴趣。据了解，已有 20 多名高层次人才携带优质创业项目正与松山湖有关部门进行对接。

（四）创新育才机制，打造高端引领、实用为重的人才培养体系

以培养研发人才为抓手，坚持高端引领，大力促进创新创业人才脱颖而出。通过项目资助、课题立项、引导开发等方式，加强协助攻关、辅导申报等服务，积极鼓励企业和研发机构培育创新型人才。据统计，2012 年申报广东省创新团队的团队有 9 个，申报东莞市创新创业领军人才的高层次人才有 23 名，申报东莞市培养科技创新团队的团队有 3 个，申报东莞市培养科技领军人才有 6 名，申报东莞市培养科技领军后备人才有 15 名。

（五）创新服务机制，打造宜居宜业、服务到位的人才发展环境

1. 构建出一套功能完善、特色明显的孵化体系

为降低企业创业成本，加快企业成长，促进科技成果转化、培育科技型成功企业和科技企业家，创业服务中心不断创新服务方式，健全服务体系，成功打造出有自己特色、具有一定水平的孵化体系，营造出勇于创新、积极进取的良好创业氛围。一是建立了保姆式的跟踪服务机制，为创业者提供从入园手续到项目申报、人才补贴、后勤保障等全面的基础服务。二是建立全方位的立体孵化服务机制，通过提供公共技术服务、人力资源服务、投融资服务和宣传推广服务等，为创业者提供有效增值服务。三是建立针对性强的创业辅导机制，

依托现有的服务平台和技术平台，整合优势资源，通过博士论坛、交流座谈、培训、沙龙等形式，传授经验，分享心得，对创业者进行辅导，为创业者提供有力支持。

2. 着力推进人才安居工程建设

针对房价高企和物价上涨的问题，从人才实际需要出发，着力推进人才安居工程建设。一方面，突出加大对高端人才的优惠力度，将松山湖第一批人才购房优惠面积从 100 平方米提高到 150 平方米，用以解决高端领军人才和博士的住房问题。目前，已有李国杰院士、邵新宇等 13 名高端人才通过审批获得人才优惠房。另一方面，根据企业的需要和实际调研结果，大力推进 10700 套人才房、公租房等人才安居工程的建设，重点解决研发人员、管理人员的居住问题。

3. 进一步优化人才服务工作

管委会与东莞市人力资源局紧密合作，共同加强东莞市和高新区人才服务，以东莞高层次人才服务专区为载体，拓展松山湖原有“人才一站式免费代办服务”的内容、范围。目前，服务专区已基本建设到位，人员培训接近完成，正逐步推进相关工作。在不久的将来，高新区的高层次人才除了将享受快捷的专人办事服务外，还获得“创业导师”“创业助理”等一系列新服务。

4. 着力优化人才研发信息环境

针对企业在研发人才使用 SCI 等研发数据库时需支付每家每年几十万元甚至过百万元高额费用的问题，园区统筹联合区内三所大学图书馆和区图书馆资源，利用图书馆系统购买数据库使用权价格低、用户多的优势，大力推进区内研发人才免费使用国内外研发数据库计划，通过每年投入图书馆系统几十万元资助和简单的信息交换设备，实现共享共用，提高大学已购买的 SCI、EI、ISO 等国外研发数据库的使用效率，既可促进科技研发工作和科技情报发展，又可以实现以小钱办大事，减轻企业的负担（据企业调查汇总测算当年即可节约 500 万元）。目前，学校和企业各方均积极参与，初期数据库种类和信息接入等方式均已敲定，预计 2013 上半年即可投入使用。

5. 加大商业等生活配套设施建设力度

针对人才反映的生活配套特别是商业配套缺乏的问题，管委会高度重视，想方设法地加快商业配套成型。目前，新增多条通往市区和各镇区的公交线路，两个园区农贸市场已投入使用，加大了与长城、万科等地产商的沟通协调力度，加大商业招商力度，目前，星巴克、天母蓝鸟等一系列餐饮配套商业项目已开业，超市、电影院、商场等已到位，旨在为园区人才生活配套的万科商业中心正加速推进，预计2013年中期即可开业，届时人才生活配套环境将取得大突破。

Lessons from and History of the Development of the Returnee Start-up Park in Songshan Lake High-tech Development Zone

Abstract: Songshan Lake High-tech Development Zone is the only national returnee start-up park and S&T incubator in Dongguan. In recent years, an innovative system that involves talent-attracting, talent-cultivating and talent-serving has been established. By mainly focusing on the establishment of talent development platform and talents attraction network which characteristic by its combining talent policies with other relevant policies, this paper introduces successful experiences of Songshan Lake High-tech Development Zone, and provides practical experience for others high-tech parks.

Key Words: Dongguan Songshan Lake National High-tech Industrial Development Zone Pioneer Park; Talent; Innovation; Entrepreneurship

B.12 昆山留学人员创业园发展报告

秦珊珊*

摘　要：

昆山留学人员创业园是全国首家设在县级市的留学人员创业园，其在集聚高端人才尤其海归创新创业人才方面积累了大量经验。本文重点梳理其在集聚海归创新创业人才、以新人才引领新产业发展等方面的经验，为海归人才集聚昆山留创园提供参考，为其他留创园发展提供借鉴。

关键词：

昆山创业园　人才集聚　产业发展

江苏省昆山市位于上海、苏州之间，以迅猛发展的外向型经济成功走出了一条独具特色的“昆山之路”，连续多年综合经济实力位居全国百强县（市）之首。昆山留学人员创业园成立于1998年10月，是全国首家设在县级市的留创园，也是全国首批进入“国家队”的留创园。十多年来，昆山留创园构筑了人才集聚和高端产业两大高地，集聚了一大批海内外创新创业人才，形成了以新人才引领新产业发展、持续增创科学发展新优势的良好局面。目前，园区累计引进科技项目400个，在孵企业178家，毕业企业143家。产业主要集中在电子信息、先进制造及新兴产业等领域。留学人员承担的科技项目累计300多项，其中，国家中小企业创新基金项目14项，江苏省重大科技成果转化项目4项，江苏省科技支撑计划项目10项，高新技术企业32家，软件企业43家，研发中心82家，申请专利889件，累计带动就业近2万人。2012年，园区实现销售额11亿元，实现利税总额12386万元，研发投入7431万元。多年

* 秦珊珊，江苏昆山留学人员创业园。

来，园区围绕提升产业竞争力和自主创新能力，以发展先进制造业和现代服务业为目标，加大科技招商力度，加快新兴产业发展，带动了开发区产业、产品附加值由低向高的转变，推动了区域转型升级。

创业园先后被命名为全国首批“国家留学人员创业园”“国家留学人员创业园示范建设基地”“中国青年科技创新行动示范基地”“国家火炬计划先进管理单位”“国家先进高新技术创业服务中心”和江苏省优秀科技企业孵化器、博士后管理工作先进单位等，被中组部、中宣部、统战部和人社部、教育部、科技部联合授予“全国留学回国人员先进工作单位”。2011 年，获批为人社部和江苏省人民政府共建的国家创业园，成为全国唯一一家设在县级市的省部共建创业园。

一　人才工作及其经验

（一）有效利用招才引智平台，打造“人才硅谷”

昆山留创园利用国内国外两种资源，打造招才引智平台，打造“人才硅谷”。目前，园区集聚国家“千人计划”人才 20 名，省级以上领军人才 50 名。

在国内，推动园区企业与国内著名科研院所建立合作关系，重点建设企业院士工作站、企业重点实验室，搭建阶梯式柔性引才平台。现有 30 多家规模企业与清华大学等 10 多所知名院校紧密合作，科研成果转化率达 80%。在国外，利用苏州市海外招才引智平台，每年积极参加全市赴日、美、欧等地举办招才引智专场、创业推介说明会等活动。面向海外留学人员展开广泛宣传，大力引进各类紧缺型人才。积极参加苏州市在美国、日本举办的海外“昆山日”专场推介和访问活动，在美国、日本等国留学人员中引起了较大反响，进一步提升了昆山及昆山留创园对海外高层次人才的吸引力和感召力。

（二）优化创业环境，为创新创业营造理想环境

创业园紧抓创业创新资源要素的集聚和整合，着力营造和优化有利于回国

留学人员生根创业的综合环境，形成科技引领、创新驱动的先发优势。

1. 出台政策，集聚创新创业先发优势

在留学人员创业园的努力推动下，昆山市委、市政府先后出台了《关于江苏昆山留学人员创业园的若干优惠政策意见（试行）》《昆山留学人员创业园实施办法（试行）》《关于引进高层次人才来昆创业的若干意见》《关于鼓励留学人员来昆创业的若干意见》等一系列政策措施，昆山开发区也配套制定了《关于提高自主创新能力建设创新型开发区的决定》《科技创新发展资金管理暂行办法》等政策，全力支持领军人才实现“零成本创业”。

2. 降低成本，提高创业企业成活率

积极落实国家和省市的高层次人才引进政策，先后为200多位优秀人才及其项目申获各级各类补贴超亿元；规定海外留学归国人员创办企业在研发用房租赁、个人住房等方面均可享受特殊优惠；在项目初创期间，对带项目来昆山创业的留学人员、博士及博士后，经认定后给予一定的启动资金资助，确保留学回国人员在创新创业各阶段、孵化企业在成长发展全过程，获得及时的政策扶持。

3. 持续拓宽金融支持渠道

按照“入驻、入孵、入股”的递进式服务思路，形成多元化、多渠道、高效率的科技投融资体系。建立亿元创业基金、产业发展基金，引进红塔创新投资公司等7家风投公司，政府参股成立总额目标为30亿元的股权投资基金。通过推行专利质押贷款等办法，留创园在两年内就有10多家企业获得2亿多元的风险投资资金，有效支持科技企业做大做强。

（三）打造人才创业服务链，提升科技支撑能力

1. 优化创业指导服务

依据标准化体系，完善特色科技孵化服务，建立创业园“科技企业评估诊断系统”，对企业经营及发展中遇到的问题进行诊断评估，为企业决策提供政策和信息咨询等方面的服务。留创园建立完善“1+3”跟踪服务机制：确保每家企业均有1名联络员、1名辅导员、1名创业导师跟进服务，定期举办专业培训、创业沙龙，为企业提供专业辅导以及交流平台，扶持企业做大做

强。2011年，昆山留学人员创业园高分通过了国家标准化管理委员会组织的国家级服务标准化试点考核验收，成为国家服务标准化试点示范单位，这也是全国180个留创园中首个推行科技服务标准化试点建设的品牌单位。

2. 完善项目申报服务

指定专人组成科技申报工作小组，开展各类科技申报工作，积极扶持高新技术企业的发展，支持高新技术成果转化，着力提升企业科技水平，近三年申报科技人才项目15类160多项，协助企业申请各类经费1.36亿元，其中园区累计拥有国家创新基金立项项目18项，年增长率达50%。

3. 拓展公共技术服务

先后建立全国县市级首家微软技术中心公共平台、专利信息检索服务平台、工程技术文献检索服务平台、集成电路失效分析技术平台、知识产权网络公共服务平台、园区网络信息服务平台等，建成了昆山市首个企业非核心业务外包公共服务中心，为企业提供个性化科技公共服务，已服务企业5000余次。

4. 营造宜居生活环境

为回国生根创业人员提供房产购置、工商登记、个人信贷、子女就学、社会保障、职称评定、专业培训等一站式综合服务，确保享受“市民待遇”。建设面积为5万平方米的人才公寓，确保高端人才安居乐业。同时，对接上海，优化城市建设，高标准打造城市新区和商贸功能区，引进建设国际学校、高档医疗机构、一流文化设施。大力提高城市管理和社会治安水平，督导区内企业建设和谐的企业文化，共同营造优良的社会环境，增强留学回国人才的归属感与认同感。

二　在园海归创业典型事迹

（一）罗文哲

罗文哲，清华大学博士，美国贝尔实验室资深研究员，模拟电路设计专家，第五批国家“千人计划”人才。曾担任中芯国际设计中心技术总监，带领团队设计出100多项填补中国半导体行业空白的集成电路IP（硅知识产权

模块），为推动我国自主知识产权的集成电路设计做出了巨大贡献。

2008 年 2 月，罗文哲博士带领他的顶尖团队在开发区创办昆山锐芯微电子有限公司，他们以国内外快速增长的图像传感器市场为契机，以振兴民族照相工业为追求，全力研发图像传感器领域的“中国芯”。在很短的时间内，罗文哲带领公司开发出了五款 CMOS 图像传感器芯片，在国内，每一项都是 NO. 1。其中，包括全球首款高速红外三维图像传感器芯片、国内首款 5 管像素高速并行的图像传感器芯片、国内首款采用 130 纳米制程设计的图像传感器芯片等，这 5 款芯片已全部成功实现产业化，累计销售逾亿颗。公司已跻身中国消费类 CMOS 图像传感器芯片市场前三甲。目前，罗文哲正致力于带领公司从低附加值的消费类产品向高端工业监控类产品转型，成为挑战在 CCD 产品上占统治地位的索尼、美光等公司的“第一人”。

（二）徐绪炯

徐绪炯，留法硕士，高级工程师，国家著名焊接工艺设备技术专家，国家焊接学会常务理事。1998 年创办昆山华恒焊接有限公司。

徐绪炯带着他的技术和创业理想来到昆山，昆山热情欢迎这位海外学子。昆山市委书记、市长帮助他创办的华恒焊接有限公司绘制了最美的发展蓝图，昆山留创园给予全方位的科技服务，鼓励、支持着华恒的技术创新。10 多年来，徐绪炯引进和培养了一批留学归国中青年技术专家，其中，包括许多航空航天、机床制造、焊接工艺设备方面的专家学者，他和他的创业科研团队不断进行科研创新，开拓市场，从而使华恒成为国内最大的自动管道焊接设备生产商。

多年来，徐绪炯牵头主持开发了国家重大科技专项、“863 计划”重点项目、国家“火炬计划”等多项国家级科研项目，参加、起草和制定了相关国家标准，其主导产品“高性能数控管焊系统”技术性能达到国际先进水平，专用自动化焊接装备的国内市场占有率始终居国内第一，自主研发的“等离子焊枪”打破了国外公司对该项技术的垄断，为自动焊接设备技术特别是管道焊接设备技术在我国的推广和应用做出了突出贡献。2008 年 7 月 5 日，温家宝总理视察华恒，对企业自主创新取得的成果表示肯定。目前，在徐绪炯的带领下，华恒上市申请已通过国家证监会审核，即将成为昆山市首家上市的海归留学生创业企业。

（三）黄玉龙

黄玉龙，高级工程师，美国路易斯安那州立大学博士。2000 年创办网进科技（昆山）有限公司，是昆山籍海归创业第一人。黄玉龙带领公司开创了很多个昆山市第一：签订昆山市首个离岸外包软件合同，开发了昆山市首款软件产品，被认定为昆山市首个省级软件企业，昆山市首家通过 CMMI 国际认证企业。

自创立网进科技以来，黄玉龙始终致力于国际先进 IT 技术在社会各领域的研究与应用。成功研发的“e 城市系统”填补了国内外综合运用远程技术、全景展示技术宣传城市形象的空白，得到了科技部及社会各界的广泛好评。网进科技开发的电子政务系统已在全国 21 个城市推广应用，得到了科技部、工信部的充分肯定。2011 年，黄玉龙带领网进科技参与昆山市“智慧交通”建设，开发了昆山市首套城市道路智能交通信号优化控制系统，同时推出的政法信息共享平台，作为一个全新的政法部门网络办案模式，被昆山市公安局、司法局、检察院、法院联网联合采用。

在黄玉龙的推动下，微软公司首度向我国的县级市抛来了“橄榄枝”，在昆山市设立了江苏（昆山）微软技术中心，使昆山市在软件开发和信息技术服务等方面迅速与国际接轨，加快了信息产业及服务外包产业的发展。黄玉龙先后被评为“江苏省回国留学先进个人”“江苏省‘333 高层次人才培养工程’首批中青年科学技术带头人”“苏州市劳动模范”“昆山市十大杰出青年”。

三　园区未来发展方向

昆山留创园将进一步依照“以人才引领产业、以产业集聚人才”的发展思路，以打造高端人才集聚高地和高端产业发展高地、建设人才特区为目标，强化“引进一个人才、聚集一个团队、创办一个企业、带动一个产业、培育

一个新的经济增长点”的发展理念，借鉴先进国家和地区的经验，创新人才工作思路，优化人才工作体系，加大科技人才队伍建设，构筑国际化人才集聚区。

（一）强化人才集聚，增显人才高地建设效应

1. 优化和拓展各类引才资源

加快开发区博士后科研工作站、院士工作站、各类重点实验室的建设，实现人才柔性引进与企业科研并进，保持园区的高学历人才管理工作在全省和全国范围内的领先；发挥“海智工作站”作用，加快与海外社团、海外协会的联系，拓展海外人才来源、加强海外人才推荐和联络等方面的工作，提高人才引进和使用的效率。

2. 搭建海外人才集聚发展平台

着力聚焦国家战略、聚焦重大产业项目、聚焦创新基地，积极向上争取实施重大科技攻关计划和重大工程项目，为人才创新创业搭建平台与载体；围绕昆山市战略性新兴支柱产业，支持高端人才和创新型企业攻关重大科技项目，充分发挥领军人才的战略作用、团队凝聚作用、创新创业示范作用，实现领军人才扶持一个、凝聚一队、带动一批，初步建成高端产业和高端人才“两个高地”。

（二）优化人才服务，营造高端人才生根氛围

1. 优化环境

政策环境、融资环境、人居环境、服务环境，以个性化服务促进创新人才的使用，以多样、和谐、可持续化引导创新人才发展。建立完备的公共技术平台、交易信息平台和创业服务平台、生活服务平台，建立高效扶持、专业服务的创新创业引导、帮扶体系，多渠道完善高层次人才创新创业所需的投融资体系，以国际化视野营造创新创业服务保障体系与人文生活环境。

2. 健全管理服务体制

协调解决海外人才工作中的重大工作难点，形成合力，提供高效的“一站式”服务和“延伸服务”，为海外人才提供工作、创业和生活等全方位服务，解决他们的后顾之忧，促进海外人才引进工作的开展。

（三）完善人才创新体系，增强人才科技内生动力

1. 加快人才产出步伐

加大对企业的扶持力度，以提高领军人才项目运营率、投产率为目标，高层次引进外来人才，高起点培育本土人才，高标准促进人才效能产出，在注重人才项目经济效益的同时，兼顾社会效益和生态效益，引导企业向“专、精、特、新”发展，加快重点项目规模化、产业化进程，推动创业领军人才向产业领军人才发展。

2. 形成产学研一体化体系

在现有重点企业和著名高校对接的基础上，将“走出去引才”与“请进来扩智”相结合，全面推动企业与国内外科研院校建立企校合作联盟，建立人才培养与就业、科技开发、成果转化等长效合作机制。鼓励高端人才牵头组建产业技术联盟，联合高校、科研院所等开展协同创新，让人才创业有机会、做事有舞台、发展有空间，在城市发展中实现和提升价值。

Report on the Development of Kunshan Returnee Start-up Park

Abstract: Kunshan business center for Chinese scholars is the first pioneer park located in a county-level city. It has lots of experiences on the attraction of high-end talents, especially the returnee entrepreneur. This paper introduces its successful experience from two perspectives: attraction of returnee entrepreneurs and exploring new industries through acquiring leading talents. The above achievement of Kunshan Pioneer Park will be a stimulate factor for the improvement of its talent agglomeration in the future, and provide practical reference for the development of other pioneer parks around the country.

Key Words: Kunshan Business Center for Chinese Scholars; Talent Agglomeration; Industrial Development

附　　录

Appendixes

B.13
中国海归回国发展部分代表性政策

本文参照全国人大六届四次会议（1986 年 3 月 25 日至 4 月 12 日）通过的“七五”计划正式公布的区划，根据国家统计局发布的区域社会经济数据（如《中国统计年鉴》）对中国内地的划分，把中国内地分为东部、中部、西部和东北四大板块。其中，东部 10 省（市）包括北京、天津、河北、上海、江苏、浙江、福建、山东、广东和海南；中部 6 省包括山西、安徽、江西、河南、湖北和湖南；西部 12 省（区、市）包括内蒙古、广西、重庆、四川、贵州、云南、西藏、陕西、甘肃、青海、宁夏和新疆；东北 3 省包括辽宁、吉林和黑龙江。根据此划分，本文对各地的人才政策进行梳理，详见表 1 ~ 表 4。

表 1　东部地区针对海外人才的代表性政策

省份	引才计划名称	开始年份	引才计划基本目标	引才计划实施情况
北京	北京海外人才聚集工程	2009	用 5 ~ 10 年时间，集聚 10 个由战略科学家领衔的研发团队；集聚 50 个左右由科技	截至 2011 年 4 月，“海聚工程”实施两年来，共吸引评定海外高层次人才 163 名，其中

续表

省份	引才计划名称	开始年份	引才计划基本目标	引才计划实施情况
北京	北京海外人才聚集工程	2009	领军人才领衔的高科技创业团队;引进并有重点地支持200名左右海外高层次人才来北京创新创业;建立10个海外高层次人才创新创业基地。将北京打造成亚洲地区创新创业最活跃、高层次人才向往并主动会聚的“人才之都”	入选国家五批“千人计划”67人
北京	中关村高端领军人才聚集工程	2010	打造具有全球影响力的科技创新中心,持续培育和发展国家战略性新兴产业,做强做大一批具有全球影响力的领军型企业,集聚和培育一大批海内外高端领军人才	截至2011年底,北京地区有629人入选“千人计划”,全市有301人入选“海聚工程”,约有80%的海外高层次人才集聚在中关村人才特区。中关村企业集聚各类人才115万人,其中,拥有博士学历的人才1.3万人,硕士学历人才12.8万人
北京	朝阳区“国际人才宜聚区”	2010	在2020年前构建全市首个高端“国际人才宜聚区”和“创新人才宜聚区”,人才总量有望突破130万人。在未来5~10年,支持100名海外高层次人才和吸引1000名优秀留学人员来朝阳创新创业	相继出台了“凤凰计划”“文化创意产业精英榜”“双名工程”等15项重点人才工程。目前,已有70家企业获得政府资助,引进了高新技术、现代商务、国际金融等高学历留学人员1055人
天津	天津“千人计划”	2009	用5~10年时间,引进并重点支持1000名左右能够突破关键技术、发展高新技术产业、带动新兴学科和新兴产业的国际一流科学家和科技创新创业领军人才,以及金融、文化、教育、社会工作、社会科学等领域业绩突出、知名度高的人才	2011年共引进留学人员1800余人,留学人员总数达到1.73万人,入选国家和本市“千人计划”的高层次留学人员总数达211人
河北	河北“百人计划”	2010	用5~10年时间,支持和引进100名左右能够突破关键技术、带动新兴产业、发展高新技术的海外高层次人才来河北省工作和创业	2011年,8人入选首批引进海外高层次人才“百人计划”。2012年,12人入选第二批引进海外高层次人才“百人计划”

续表

省份	引才计划名称	开始年份	引才计划基本目标	引才计划实施情况
河北	引进海外高层次人才“巨人计划”	2011	“十二五”时期5年时间，通过实施高层次人才开发“巨人计划”，有计划、有目的地培养引进100名左右创新创业领军人才，在领军人才的凝聚下打造100个左右的创新创业团队	2012年，“巨人计划”首批创新创业团队选拔评审工作，在申报推荐、组织考察、资格审查、部门单位初评、综合评审的基础上，产生了第一批40个团队和领军人才
上海	上海“千人计划”	2010	用5~10年时间，围绕国家重大战略和上海重点发展战略目标的人才需求，引进一批紧缺、急需的海外高层次人才，在符合条件的企业、高校、科研院所、园区，建立20~30个市级海外高层次人才创新创业基地	2011年，首批160人入选上海地方“千人计划”，其中，创新人才128人，创业人才32人。其中，属于或支撑九大高新技术产业化重点领域的达120人
上海	上海市杨浦区海外高层次人才创新创业基地“3310引才计划”	2010	至2020年，引进在专业领域拥有自主知识产权和科技成果的海内外高层次人才100名；引进电子信息、环保节能、现代设计、新材料、新能源、生物医药、金融服务等产业领域海内外优秀人才1000名；引进各级各类国际化人才10000名。每年重点扶持和孵化20家海外高层次人才创办的具有自主知识产权和国际竞争力的高新技术企业、知识型生产性服务业企业，五年内培育5家科技小巨人企业，十年内集聚100家有影响力的创新创业企业	截至2011年底，区域内集聚“千人计划”人才78名，入围“3310”引才计划创业项目扶持范围120个，海外人才创业企业353家。现已建成的基地集聚了复旦、同济、上海理工等5个国家级大学科技园、3个国家级科技创业中心、1个国家级软件园，共建成专业科技园区12家，5000余家知识密集型企业云集于此，成为上海最大的科技企业孵化基地
江苏	江苏双创引才计划	2007	围绕本省优先发展的重点产业，每年面向海内外引进200名左右高层次创新创业人才或团队，一次性给予每人100万元的资金支持，着力打造一批竞争优势明显的高新技术产品群和企业群	截至2011年底，省市县三级共资助引进创新创业领军人才2000多名，组建创新团队550多个，有82人入选国家“千人计划”。引进的创新创业人才已申报专利1200多项，开发新产品960多种，所在企业实现新技术产品销售860亿元，实现利税近200亿元

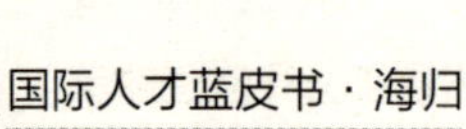

续表

省份	引才计划名称	开始年份	引才计划基本目标	引才计划实施情况
江苏	江苏“万名海外高层次人才引进计划”	2008	未来的5年间，引进不少于1万名海外高层次人才，集聚不少于50名具有世界领先水平的科学家和科技领军人才，500名以上创新创业拔尖人才，5000名以上拥有一定自主知识产权和科技成果的高技术人才，5000名以上具有博士或高级专业技术职称的高素质人才	—
江苏	南京“321计划”	2011	用5年时间，引进3000名领军型科技创业人才，重点培养200名科技创业家，加快集聚100名国家“千人计划”创业人才	2011年，入选“领军型科技创业人才引进计划”315人、“科技创业家培养计划”48人、国家“千人计划”创业人才集聚目标40人
江苏	南京“紫金人才计划”	2010	3年投入10亿元，重点资助10名顶尖人才（团队）、100名领军人才（团队）、1000名急需紧缺人才（团队），实现以高端人才推动产业转型升级、引领经济社会发展	首批“紫金人才计划”，通过初审的471人中，自主创业类顶尖人才30人，自主创业类领军人才144人，自主创业类急需紧缺人才32人；企业引进类顶尖人才10人，企业引进类领军人才78人，企业引进类急需紧缺人才177人
江苏	昆山“1511计划”	2012	每年引进10名国家“千人计划”人才，50名领军型人才，创业团队100个，1000名海外留学人员。对于本科以上的大学生，昆山2013年目标是2万名	昆山市发放人才专项奖励资金预计2亿元。成立了人才工作领导班子，专门人才工作办公室
江苏	姑苏人才计划	2010	5年内投入30亿元，引进、培育并重点支持1000名能够突破关键技术、发展高新技术产业、带动新兴学科和新兴产业的科技创新创业领军人才，10000名重点产业	截至2011年，已带动1500多家高层次人才创业企业在苏州落户，直接集聚高端研发人才5671名，全市135家科技领军人才创业企业98%集中在新兴产业领域，75%已实现销售

续表

省份	引才计划名称	开始年份	引才计划基本目标	引才计划实施情况
江苏	姑苏人才计划	2010	紧缺创新人才，以及一批在文化、教育、卫生、旅游等经济社会领域引领和支撑行业与产业发展的高层次人才，以人才结构优化引领和助推产业结构转型升级，把苏州建设成创新创业人才首选、各类高层次人才集聚的创新型城市	
江苏	无锡“530 计划”	2006	5 年内引进不少于 30 名领军型海外留学归国创业人才，重点是环保、新能源、生物三大先导产业，以及服务外包、文化创意等产业的创业领军人才	截至 2010 年，无锡市引进的“530 计划”项目呈几何级数增长，已累计注册“530 计划”企业 876 家，总注册资本 25 亿元，同时也集聚了各类高层次人才超过 6000 人，海外留学归国人才超过 3500 名。目前，落户企业中有 196 家顺利实现销售，其中 15 家企业销售收入突破 1000 万元
浙江	浙江海外高层次人才引进计划	2010	用 5 年时间，引进 1 万名优秀海外创业创新人才和 10 万人次外籍专家，实施 2000 个重点国外引智项目。未来 5～10 年，浙江将依托重大科技专项、公共创新平台、重大建设工程、重中之重学科和重点学科、重点实验室、高新技术产业开发区和留学人员创业园区，引进并重点支持 300 名左右的战略科学家、科技领军人才和创业人才等海外高层次人才	截至 2011 年，共引进人才 383 人，其中，入选第六批国家“千人计划”27 人，累计达 93 人，新增人选和总数均居全国第 4 位
浙江	杭州高新区鼓励海外高层次人才创新创业“5050 计划”	2009	在 5 年内引进海外高层次留学创业人才 50 名（其中符合国家“千人计划”条件的 30	

续表

省份	引才计划名称	开始年份	引才计划基本目标	引才计划实施情况
浙江	杭州高新区鼓励海外高层次人才创新创业“5050计划”	2009	名），年技工贸总收入超千万元的留学人员企业累计达到50家。“5050计划”重点是引进一批带技术、带项目、带资金的海外高层次创业领军人才，对海外留学人才的国籍没有特别的限定	共引进三批，其中第三批共吸引海外高层次留学人才百余人，其中国家“千人计划”入选者5人，浙江省“千人计划”入选者3人
浙江	浙江宁波国家高新区“2512”英才计划	—	用5~10年时间，组织实施“2512”海外高层次人才引进工程，引进进入国家“千人计划”目标人才20名，进入省级海外高层次目标人才50名，进入市级海外高层次目标人才100名，引进海外人才达到2000名，其中，创业创新型人才占比在70%以上	—
浙江	杭州“521计划”	2010	用5年时间，面向全球引进20个以上海外优秀创业创新团队，100名以上带着重大项目、带领关键技术、带动新兴学科的海外高层次创业创新人才。同时，5年内全市引进1500名以上海外留学人员，500个左右的留学人员创业项目	2011年，杭州市委组织部对外公布了首批34名人选和4个创业创新团队，这34名人选分别来自美国、加拿大、英国、挪威、澳大利亚、日本、新加坡等国家，其中30人为博士学位。他们多为创业型人才，涉及电子商务、信息软件、生物医药、新能源、节能环保、光机电一体化及生命科学等领域
浙江	宁波海外高层次人才引进“3315计划”	2011	面向全球引进海外人才，力争到2020年，宁波分别有30名、300名和1000名海外高层次人才列入中央、省和市的“千人计划”，新增海外创新创业人才5000名	2011年，培养各类紧缺人才8300名，培训专业技术人才2.7万人次，储备中高端人才3800名。组织实施30万名企业技能人才培养工程，选拔宁波市首席工人57名、企业优秀青工622名，培养鉴定技能人才14.3万人

续表

省份	引才计划名称	开始年份	引才计划基本目标	引才计划实施情况
浙江	温州“580海外精英引进计划”	2011	用5年时间,引进80名左右能够突破关键技术、发展高新产业、推动创新发展的海外高层次人才,争取有30名以上进入国家、浙江省“千人计划”	2011年,共引进各类创新创业人才3500多名,顺利对接引智项目154个,聘请外国专家347人次。全市6人入选国家“千人计划”,19人入选省“千人计划”,新增享受国务院政府特殊津贴专家5人;晋升高级专业技术职称2174人,培养高技能人才1.47万人
福建	福建省引进高层次创业创新人才计划	2010	从2010年起,用5~10年时间,依托企业、园区、高校、科研和其他事业单位,引进300名左右海外(含台港澳地区)高层次创业创新人才,引进一批国内高层次创业创新人才来闽创办企业、受聘工作、开展合作研究等,并重点支持以团队形式来闽创业	2011年8月,福建省公务员局发布了815个岗位需求,需求人数1383人(其中海外需求人数1191人)。11月,福建省福州市引进海外人才北美联络处正式签约成立,这是福建省在海外设立的第一个人才引进联络处
福建	厦门市高层次人才引进双百计划	2010	用5~10年时间,依托各区、各类园区和市重大科技平台、重点企业、高等院校、科研机构等,引进并重点支持100名能突破关键技术、发展高新产业、带动新兴学科的海外高层次科技创新创业核心人才;围绕电子信息、机械制造等支柱产业,光电、生物医药、新材料、新能源等新兴产业,金融服务、文化创意、信息服务等现代服务业和传统优势产业的技术改造升级等重点领域,5年内引进厦门市产业发展急需的领军型创业人才300名	2011年,首批入选“双百计划”的人才包括海外高层次人才12人,领军型创业人才40人,合计52名。入选人员学历层次比较高,博士比例高达85%;入选人才95%以上具有海外留学或工作经历;行业分布符合产业升级和经济结构调整需要,入选人才项目基本为厦门近期大力推动发展的新兴行业,且近80%为厦门产业发展急需的创业型人才
山东	山东省引进海外高层次人才万人计划	2010	用5~10年时间,全省引进1万名左右海外创新创业人才,规划建设100个左右海外人才创新创业基地。积极争取国家政策支持,力争100名引进人才、10个创新创业基地纳入国家计划	2011年,先后与美国、澳大利亚、加拿大等11个国家的18个华侨华人专业社团签署合作协议,设立“山东省引进华侨华人专业人士海外联络处”

续表

省份	引才计划名称	开始年份	引才计划基本目标	引才计划实施情况
山东	济南市"5150 引才计划"	2009	通过引才和引智相结合的方式,重点引进和支持 150 名能够提高城市竞争力、推动高新技术产业发展的高层次创新创业人才,其中进入各类园区创业发展的高层次人才达到 100 人	截至 2011 年 8 月,济南高新区共引进 147 名"5150 引才计划"人选,占全市的 90.2%。其中,13 人列入山东省"万人计划"第一层次,5 人列入国家"千人计划"。济南高新区引进海内外高层次人才工作走在了全市最前列
广东	广东珠江人才计划	2009	用 5~8 年时间,引进 500 名能够突破关键技术、带动新兴学科、发展高新产业的高层次人才,特别是应用型创新创业领军人才	2011 年 3 月,珠海高新区拟计划总投资 50 亿元,规划建设占地 1000 亩的珠海智能电网(低碳装备)产业园,打造智能电网产品制造基地。2011 年 4 月,东莞实施"人才东莞"战略,并设立 50 亿元专项资金,培养造就素质优良的人才队伍
广东	广州市创新创业领军人才"百人计划"	2010	用 5~10 年时间,面向海内外并重点面向海外,引进、扶持 300 名左右创新创业领军人才来穗创业发展;其中各类创新领军人才 100 名左右,创业领军人才 200 名左右	第一批"百人计划"已遴选扶持创新领军人才 7 名、创业领军人才 17 名。截至 2012 年 3 月,第二批"百人计划"已遴选扶持创新领军人才 6 名、创业领军人才 19 名
广东	广东省引进创新科研团队专项计划	2009	"十二五"期间,力争引进世界顶级人才团队 20 个、人才 50 名,具有国内领先水平的人才 1000 名,力争每一个产业有 2~3 名世界级专家、2~3 个专家团队	引进两批团队,已建实验室 57 家,其中 4 家为国家重点实验室,已申请核心发明专利 1270 多项
广东	深圳经济特区孔雀计划	2010	从 2011 年开始,在未来 5 年重点引进并支持 50 个以上海外高层次人才团队和 1000 名以上海外高层次人才来深圳创业创新,吸引带动 1 万名以上各类海外人才来深工作	—

表 2　中部地区针对海外人才的代表性政策

省份	引才计划名称	开始年份	引才计划基本目标	引才计划实施情况
山西	山西“百人计划”	2009	用5~10年时间为山西省6个重点领域引进100名左右海外高层次人才的“百人计划”,并决定建设10个左右海外高层次人才创新创业基地	截至2011年8月,随着第四批50名海外高层次人才的审议通过,山西“百人计划”引才人数已达107名,这意味着山西用不到3年的时间完成了原定5~10年的引才任务
安徽	安徽“百人计划”	2010	计划从2009年起用5~10年时间,引进并重点支持100名左右海外高层次人才来皖创新创业,建立10~20个海外高层次人才创新创业基地	截至2011年,首批“百人计划”,产生了20名省首批“百人计划”人选。这20名海外高层次人才大部分在海外取得博士学位,是本领域知名的专家学者,大多在海外有成功的创新创业经历,掌握世界最新研发动态和发展趋势,是安徽省加快培育和发展战略性新兴产业急需紧缺的人才
江西	江西“赣鄱英才555工程”	2010	从2010年开始,在10年之内,重在前3~5年,面向海内外引进500名急需紧缺的高层次人才来赣创新创业;柔性引进500名具有国际先进水平、国内顶尖水平的高端人才为赣发展服务;立足本省选拔500名高层次创新创业人才进行重点培养	“赣鄱英才555工程”评选出首批人选,共有156名来自海内外的优秀人才。截至2011年底,第二批共有247名来自海内外的优秀人才人选该上程
河南	河南“百人计划”	2009	从2009年开始,河南省将用5~10年时间实施“海外高层次人才引进百人计划”,即在国家和省重点创新项目、重点学科和重点实验室、重点企业和地方商业金融机构、以高新技术产业开发区为主的各类园区引进并有重点地支持120名左右能突破关键技术、发展高新产业、带动新兴学科的领军人才来豫创新创业	2011年,河南省共完成引进国外技术、管理人才项目247项,聘请外国专家1426人次,据不完全统计,来豫工作或访问的外国专家共计6000余人次。执行出国(境)培训项目78项,派出培训1515人次。新建国家级、省级引智示范单位2个,新建“一村一品”引智示范基地10个

续表

省份	引才计划名称	开始年份	引才计划基本目标	引才计划实施情况
河南	河南中原崛起百千万海外人才引进工程	2009	计划5~10年时间引进一批高层次海外人才。按照计划,将用5~10年时间引进120名左右海外高层次人才。引进具有全日制博士、硕士学位的海外留学人员3500名左右	—
湖北	湖北“百人计划”	2009	计划5~10年的时间里从海外引进200名紧缺的高层次创新创业型人才,其中创业人才不低于50%,为支撑中部崛起战略提供人才保证和智力支持	2010年,首批入选“百人计划”的30位顶尖人才已在各自专业领域发挥了突出作用。截至2012年2月,共有59名海外精英入选第二批湖北“百人计划”,获得50万~100万元的资金扶持
湖北	武汉“511黄鹤英才计划”	2010	用5年左右时间,引进培养100名左右具有世界领先水平的创新团队核心成员或领军人才、1000名左右具有国内领先水平的高层次创新创业人才	截至2011年底,首批入选“黄鹤英才计划”的33位海内外高层次人才及其项目获得总计5310万元的创新创业资金资助
湖北	十堰市“5151武当人才支持计划”	2011	入选国家引进海外人才“千人计划”的高层次人才5名左右,入选湖北省“百人计划”的创新创业人才10名左右,引进国内高层次创新创业人才50名,自主培育不同类型的高层次、高技能、紧缺型人才100名	—
湖南	湖南“百人计划”	2009	自2009年起,计划用5年左右时间,引进100名左右能够突破关键技术、发展高新产业、带动新兴学科的海外高层次人才	截至2011年6月,已经引进62名海外高层次人才,其中26名入选国家“千人计划”。经湖南省科技厅评审引进的专家达27人,占省属单位引进人数的70%
湖南	长沙市引进国际高端人才“313计划”	2009	2009~2011年,计划3年内共引进100名高端人才,30个高端人才团队,简称“313计划”	共引进国际高端人才101人、团队17个,其中,29人入选国家“千人计划”,37人入选湖南省“百人计划”,30人自主创办企业,向社会提供了近万个就业岗位

表 3　西部地区针对海外人才的代表性政策

省份	引才计划名称	开始年份	引才计划基本目标	引才计划实施情况
内蒙古	草原英才工程	2010	从2010年起，计划用3～5年时间，有计划、有重点、有针对性地引进培养一批事业发展急需的高层次创新人才	2011年，内蒙古的草原英才工程培养高层次人才119人，刚性引进高层次人才83人
广西	广西“八桂学者”	2010	2010～2020年，争取累计吸引和培养八桂学者100名，培育100个以八桂学者为核心、400～600名中青年科研技术骨干为中坚的高水平科研创新团队	2011年11月，在广西首批八桂学者、特聘专家聘任仪式上，有27名八桂学者、31名特聘专家接受聘书，他们的研究领域涉及生物技术、建筑、通信、新能源等。其中，来自海外的4人，来自区外的10人，国家杰出青年科学基金获得者3人，“长江学者”特聘教授1人，中科院“百人计划”人选4人，国家“千人计划”特聘专家1人
重庆	重庆百名海外高层次人才集聚计划	2008	从2008年起，用5年时间，采取调入、聘用或柔性引进方式，从海外高校、科研院所和世界500强企业，引进100名海外高层次留学人才，到在渝高校、科研院所、医疗卫生机构、大型企业和留学人员创业园发展	截至2011年底，评选了三批“百人计划”人选，共计60人被选为优秀海外留学回国人才
四川	四川“百人计划”	2009	用5～10年时间，在重点创新项目、重点学科和重点实验室、省属企业和在川金融机构、以高新技术产业开发区为主的各类园区等四大领域，分批引进并重点支持200名左右的海外高层次人才来川创新创业	2011年，共有73名海外高层次人才、5个海外高层次人才创新创业顶尖团队入选四川“百人计划”。在73名海外高层次人才中，30名属长期项目，21名属短期项目，22名属青年项目，其中15名已入选国家“千人计划”和“青年千人计划”
贵州	贵州省高层次人才引进工程	2010	到2020年，全省引进科技领军人才，高层次创新创业人才和学术、技术带头人1000名左右	截至2011年8月，贵阳市人才队伍总量达52.53万人，占总人口的13.34%，先后引进了高层次人才812人，仅2010年就直接引进各类高层次人才109人

续表

省份	引才计划名称	开始年份	引才计划基本目标	引才计划实施情况
甘肃	甘肃省“高层次人才科技创新创业扶持行动”	2010	扶持海内外高层次科技人才团队与甘肃省企业共同研发和转化具有自主知识产权、能够形成产业规模、具有广阔市场前景和可观预期效益的重大科技创新创业项目，孵化和培育一批高成长性的高新技术企业	2011年，甘肃省科技厅从40个新申报项目中筛选出16个项目，参加项目答辩。在受理项目的引进人才中，有22名省外人才和10名国外人才。在国外人才中，来自美国的有6人，来自荷兰、韩国、英国、新加坡的各1人
甘肃	甘肃“百人计划”	2009	有重点、有针对性地引进100名左右海外高层次人才，集聚20~30名能够突破关键技术、发展高新产业、带动新兴学科的战略科学家和科技创新创业领军人才	共引进六批102名海外高层次人才。其中，入选国家“千人计划”的有10名，列入甘肃省第一层次领军人才的有19名
青海	青海省引进海外高层次人才工作	2009	从2009年开始，在全省重点创新项目、重点学科和重点实验室、省属国有企业、省属金融机构和中央驻青金融机构、以高新技术产业开发区等为主的各类园区，用5~10年时间，引进水电开发、石油天然气、盐湖化工、有色金属、地质勘探、冶金建材、装备制造、高原医药、高原生物、现代农牧业、新能源和生态保护建设等领域的100名左右海外高层次人才来青海创新创业，力争使其中10名入选国家“千人计划”	截至2011年2月，全省有院士3名，享受政府特殊津贴专家543名，国家有突出贡献中青年专家31名，青海省优秀专家195名，青海省优秀专业技术人才413名，在站博士后13名，留学回青海的人员近200名
宁夏	宁夏“百人计划”	2009	从2009年开始，用5~10年时间，在自治区重点创新项目、特色产业、优势学科和重点实验室、工程技术研究中心、大中型企业和国有商业金融机构、以高新技术产业开发区为主的各类创新创业园区等，把招商引资与招才引智结合起来，引进并有重点地支持200名左右海外高层次科技人才来宁夏创新创业	截至2011年9月，全区已柔性引进“两院”院士47名，知名专家57名，全职引进博士122名，建立院士工作站17个、专家服务基地20个，已有21名海外高层次人才入选宁夏“百人计划”，2名入选国家“千人计划”

续表

省份	引才计划名称	开始年份	引才计划基本目标	引才计划实施情况
陕西	陕西“百人计划”	2009	从2009年开始用5~10年时间引进并重点支持200名高层次人才，并由省财政给予每人50万元的一次性资助	截至2011年5月，在陕西创业或工作的华侨华人及留学生有2500多人，全省有35人入选国家“千人计划”。西安高新区留学人员创业园集聚了770余位美国、加拿大等20多个国家的留学归国人员，创办留学人员企业615家
陕西	陕西西安“5211计划”	2009	用5年左右时间，分三个层面引进一批海外高层次人才，引进符合中央“千人计划”条件的海外高层次人才20名左右；引进符合陕西省“百人计划”条件的海外高层次人才100名左右；引进急需和紧缺的海外高层次人才1000名左右	截至2011年，超过800名海外人才洽谈联系在西安市创新创业，引进210人，其中有6人入选国家“千人计划”，16人入选陕西省“百人计划”，37人入选“5211计划”
云南	云南百名海外高层次人才引进计划	2009	从2009年起，用5~10年时间，引进100名左右能够突破关键技术、发展高新产业、带动新兴学科的海外高层次人才	2011年，云南省委常委会研究通过565人成为省委联系专家，54人入选云南省百名海外高层次人才引进计划

表4　东北地区针对海外人才的代表性政策

省份	引才计划名称	开始年份	引才计划基本目标	引才计划实施情况
辽宁	辽宁“千人计划”	2008	计划5年内，全省要面向海外每年引进200名左右终身教授和企业高管、企业部门主管和助理教授以上层次、金融管理和企业经理级等三个层次人才，力争到2013年总计引进人才1000名左右。其中，引进50名左右能够引领重点支柱产业发展的顶尖科技人才；引进200名左右在国际科学技术前沿取得重大突破、能够带领国际水准研发团队的科技领军人才；引进800名左右拥有自主知识产权、具有较强自主创新能力的学术、技术带头人和熟悉国际惯例、具有国际运作能力的高级经营管理人才	2011年，辽宁省人保厅等6部门决定增选539名专业技术人才为辽宁省第六批“百千万人才工程”百、千层次人选。其中“百人”层次人选204名，“千人”层次人选335名

续表

省份	引才计划名称	开始年份	引才计划基本目标	引才计划实施情况
辽宁	“百千万人才工程”	1996	“百人”层次200名、“千人”层次400名	到2012年底,入选该工程的各类人才共4255名,形成了多领域、分层次、多渠道选拔培养造就优秀年轻人才的工作体系
辽宁	大连市海外学子尖端人才归国创业工程	2009	自2009年开始,未来5年内,经严格筛选,有计划地按照每年10人的目标,累计引进50位海外尖端人才来大连兴办高新技术企业,大连市将通过资金政策体系、环境配套体系和平台服务体系等手段,为来大连创业的海归提供全方位支持	2010年,共有8位留学人员入选首批大连市“海创工程”;2011年,共有12位留学人员获得“海创工程”资金扶持资助
吉林	吉林“千人计划”	2010	围绕吉林省发展现代农业、新型工业和现代服务业的需要,面向海内外重点引进以下高层次创新创业人才:①吉林省经济社会发展重大战略、重大决策实施、重大项目建设所需要的高层次人才。②吉林省重点产业发展所需要的,特别是汽车、石油化工、农产品加工、电子信息、医药、冶金建材、新材料和装备制造等领域从事研发或经营管理的高层次人才。③吉林省重大科技成果转化项目和重大科技攻关项目开发所需要的高层次人才。④地方经济社会发展所急需的,且地方有专门人才计划实行配套支持的关键性高层次人才	2010年,吉林省引进国外技术、管理人才项目150项,成功聘请外国专家340人。2011年,30余位国内外顶尖学者和专家以“先进汽车与集成技术”为主题,突出学术创新和技术创新特色,在长春展开研讨
吉林	长春高新区“长白慧谷”英才计划	2012	未来5年内,长春高新区将围绕六大主导产业发展,以海内外高层次人才为重点,以企业为载体,引进海外高端人才30名;引进和培育掌握关键性技术、引领产业发展的高层次创新创业人才200名、高级经营管理人才300名、高技能人才1000名	—

续表

省份	引才计划名称	开始年份	引才计划基本目标	引才计划实施情况
黑龙江	黑龙江引才计划	2010	从2009年开始，利用5～10年时间，在省重点创新项目、重点学科和重点实验室、省属企业和在黑龙江省的金融机构、以经济技术开发区和高新技术产业开发区为主的各类园区等四个领域，各引进并重点支持50名左右的海外高层次人才来黑龙江创新创业	2011年，黑龙江省为符合条件的创新科技项目留学回国人员提供最高达20万元的资助资金。2012年，黑龙江省决定在全省现有的10个国家级开发区建设人才发展试验区

B.14 部分留学生创业园列表

根据人社部的统计，目前全国有海外高层次人才引进基地 112 个，留学人员创业园 260 多个，其中有 4 万多名留学生在留创园创业，入驻留创园的企业超过 1.7 万家，[①] 中央“千人计划”创业人才有近 80% 落户在以留创园为主的孵化器中。[②] 从目前能够搜集到的 173 个留创园来看，留创园主要分布在东部沿海，中部省份比较少，一般 2～3 个，西部更少，一般只有 1 个。在目前整理收集的留创园中，东部 132 个，占比 76.3%，其中江苏、北京、浙江占据前三位，分别是 42 个、33 个、20 个，总数占全国的 54.9%。2000 年以后成立的留创园，占比超过 76%，反映了我国留创园建设在 2000 年以后得到了迅速发展。这些留创园一般有固定的孵化器和大楼，拥有现代化的服务和办公设施，政策、资金和技术配备完善，吸引具有技术实力的海归前来创业。孵化企业一般集中在电子、生物、医药等高新技术行业，吸引了很多海外高层次人才、智力、技术、资金参与地方经济建设，反映了留创园在服务当地企业产业升级方面发挥了一定的作用，对优化产业结构和经济布局、走新型工业化道路、实施人才强市战略和可持续发展战略具有重要意义。

参照 B.13 的区域划分，本文对搜集到的 173 家留学生创业园进行了梳理，详见表 1～表 4。

表 1　东部地区 10 省市区部分留学人员创业园（共 132 家）

省份	留创园名称	成立年份	基础设施情况	留学人员创业情况
北京 （33 个）	北京市留学人员海淀创业园	1997	下设三大孵化基地：留学人员创业园、留学人员发展园、中关村生物医药园，孵化面积共计 8 万平方米	截至 2011 年，留学人员创业企业 163 家，留学人员 154 人。累计孵化企业 741 家，毕业 222 家，有 12 名创业者入选“千人计划”

① 《中国梦激荡“史上最大海归潮”》，《中国组织人事报》2013 年 4 月 1 日。

② 《中国留学人员创业园联盟·全国留学人员创业园 2012 年会成功召开》，每经网，2012 年 10 月 5 日，http：//www.nbd.com.cn/articles/2012－10－15/687891.html。

续表

省份	留创园名称	成立年份	基础设施情况	留学人员创业情况
北京(33个)	北京科大留学人员创业园	2003	特色的专业孵化体系由二级专业孵化器、留创企业新材料共性技术支撑体系、材料分析测试服务联盟及新材料技术转移中心四个子体系构成	截至2012年底，累计入园的科技型企业199家，其中留创企业86家
	中关村数字娱乐留学人员创业园	2006	创业园一期建筑面积8000平方米，拟扩充至28000平方米，并将逐步提供30000平方米的现代化办公及服务场所	2009年新引进数字娱乐企业300余家，同比增长20%，其中注册资金过千万元的企业10余家；留学人员创办的企业60家，其中包括17位博士、51位硕士、2位访问学者创办的企业
	中关村国际孵化园	2003	孵化面积1.8万平方米	截至2009年，共接纳了来自24个国家的610位归国留学人员，创办高新技术企业397家，其中毕业225家，离园71家
	北京理工留学人员创业园	2003	已经建有园区面积10万多平方米，学校已经投入建设资金逾3亿元，社会投入2亿多元	截至2012年，科技园先后吸引入园企业300余家，北京理工留学人员创业园和北京理工高科技孵化器有限公司累计孵化企业120多家。其中，引进国际专家10人，留学归国人员170余人
	北航留学人员创业园	2003	占地面积近2万平方米，已完成建筑面积总计13万平方米。由北航中关村本部科技孵化园区和密云产业园区两部分组成，科技园总规划建筑面积50万平方米	截至2009年，在孵留学人员企业67家，毕业12家，离园8家。从事电子信息行业的53家，占全部留学人员企业的79%；光机电企业6家，占9%；留学人员总数570多人
	北京(望京)留学人员创业园	2003	一期为24000平方米，二期46000平方米，是集办公、科研、生产于一体的智能化、多功能、花园式的高新技术产业孵化基地	截至2008年，园区共吸引入园企业171家，留学人员创办企业56家，主要行业为微电子信息、光机电、生物技术及新医药三大行业
	中关村生命科学园留创园	2004	规划总占地面积253.15公顷。一期工程净用地面积102.8公顷，规划总建筑面积52万平方米	2010年，已有3家入园的留学生创业企业被中关村管委会评为“优秀留学生企业”，受到了各界高度评价与表扬

续表

省份	留创园名称	成立年份	基础设施情况	留学人员创业情况
北京（33个）	中关村科技园区丰台园留学人员创业园	2004	成立了赛欧科园孵化器、生物医药孵化器、软件孵化器等14家孵化器分中心，拓展孵化面积22万平方米，建立了以北京IBI为龙头、由18栋孵化大楼组成的丰台园孵化网络	截至2012年，丰台园科创中企业121家，在孵留学生企业85家，毕业企业36家
	清华留学人员创业园	2002	创业园为企业提供孵化面积13000多平方米	截至2005年，创业累计吸引归国留学人员258人，吸引优秀留学人员企业127家，现在园企业94家。企业注册资金总额40855万元，入园企业员工总计1526人
	北京工业大学留学人员创业园	2005	占地77亩，基地规划2万平方米，先期启动4000平方米。目前现有孵化面积4824平方米	2005年，累计入驻园区企业46家，在园留学归国人员总数87人，注册资金总计2.16亿元
	北邮留学人员创业园	2003	可使用孵化面积3万平方米，一期启动1万平方米	—
	中国农大留学人员创业园	2005	位于中国农大科技园的西区核心园区，面积共20000平方米，先期启动7200平方米	2007年，自成立以来，已经孵化20个留学人员或团队创办的企业
	中科院中自留学人员创业园	2004	建立了健翔分园，目前留创园的孵化面积已有5000多平方米	2009年，中科院中自留创园6企业喜获中关村创业资助最高额度支持
	北京经济技术开发区留学人员（汇龙森）创业园	2005	下辖两个园区，总建筑面积64000平方米，设有产品展示中心、多功能厅、会议室、商务中心、员工餐厅、基础配套等共享空间面积8500平方米	截至2012年，有55家留创企业在创业园发展，吸引了留学美国、德国、英国、日本等国的108名留学人员，其中，入选国家“千人计划”的18人，入选北京市“海聚工程”的24人
	北师大留学人员创业园	2005	园区占地面积6公顷，已有孵化面积4万平方米，新的园区规划正在逐步实施之中，规划建筑面积将达到20万平方米	截至2010年，已有20多家高新企业及留学生创业企业入驻园区
	北京中关村集成电路留学人员创业园	2006	面积共约20000平方米。拥有国内一流的EDA专业服务平台	—

续表

省份	留创园名称	成立年份	基础设施情况	留学人员创业情况
北京（33 个）	人民大学留学人员创业园	2005	创业园总建筑面积为 58346.54 平方米，可为企业提供适应其不同发展阶段的 40 平方米、60 平方米、120 平方米及 200 平方米以上面积的办公用房	截至 2011 年底，人民大学留学人员创业园已累计孵化留学人员创业企业 111 家，吸引了 151 名留学归国人员前来创业
	中央财经大学留学人员创业园	2006	规划用地面积 10000 平方米，规划建筑面积将达 3 万余平方米。建成后的创业园将是配套设施齐全、服务功能完备的一流企业孵化器	截至 2010 年底，已有在孵企业 42 家，注册资本 2 亿多元
	中国政法大学留学人员创业园	2007	—	—
	北京交大留学人员创业园	2007	由交大科技园划拨 5000 平方米科教楼房屋用于孵化建设，办公设施齐全、服务功能完备	—
	北京矿业大学留学人员创业园	2007	一期已启动孵化面积 1.5 万平方米	2009 年，园区共有入园企业 80 家，其中留学人员创业企业 25 家。入驻专业科研机构 4 家，其中国家重点实验室 1 家
	首都师范大学留学人员创业园	2007	—	—
	北京化工大学留学人员创业园	2009	—	—
	华北电力大学留学人员创业园	2008	在电力与能源产业大力吸引海外留学人员	—
	北京中关村软件园孵化器	2001	拥有两栋孵化器大楼，占地总面积 22000 平方米，建筑总面积 28600 平方米	截至 2010 年，已累计孵化企业近 500 家，企业累计总收入超过 10 亿元
	中关村大兴生物医药产业基地留学人员创业园	2002	创业园位于生物医药产业基地标准厂房，面积共 4 万平方米，先期启动 2 万平方米	—
	中关村 798 文化创意产业留学生创业园	2011	—	截至 2011 年底，园区现有各类文化艺术机构 455 家
	中关村雍和航星留学人员创业园	2011	该园坐落于中关村雍和航星科技园，创业园获得中关村创业环境补助资金 200 万元	—

续表

省份	留创园名称	成立年份	基础设施情况	留学人员创业情况
北京（33个）	中关村多媒体创意产业园博雅留学人员创业园	—	总面积1.5万平方米，具有一流的硬件设施和科技物业服务	—
	中关村科技园昌平园留学人员创业园	2012	创业园面积3245平方米，拥有专业化的经营管理、技术服务和硬件设施	—
	北大留学人员创业园	2002	孵化面积共有21000平方米。现已形成40～200平方米不等的200多个孵化单元，平均每80～100平方米，免费提供40平方米的孵化场地	截至2006年，共接待人员创业咨询1900余人次，总计吸引94家企业正式入驻北大留学人员创业园
	北京瀚海智业留学人员创业园	2009	位于海运仓国际大厦，创业孵化面积5000平方米，拥有种子孵化基金500万元。为入驻的留学生企业提供政策培训、协助其申报留学生创业企业项目	—
天津（4个）	天津留学人员创业园天津开发区分园	1996	中心拥有创业中心大厦、天大科技园、新天地科技大厦等孵化场地，总面积已达15.3万平方米	2012年，有近300家中小型科技企业在中心创业发展，其中有近60家为科技含量高、具有良好发展前景的留学生企业
	滨海高新区国际创业中心（海外留学生创业园）	1998	打造规划了10万平方米专业孵化器，可满足各类留学人才创新创业需求	2012年，累计吸引来自全球20余个国家的800余名海外留学人员，孵化留学生企业200余家，培育了协和干细胞等一大批行业领军企业
	天津留学生科技创业园	1996	创业园占地1.1万平方米，建筑面积1.1万平方米，其中提供共享服务的面积2000平方米，孵化场地9000平方米	2009年，已成功孵化企业250余家
	天津新技术产业园区留学生创业园	1998	现有孵化面积3.1万平方米，地处天津新技术产业园区华苑产业区内	截至2012年，累计孵化企业215家，毕业企业64家，累计实现技工贸总收入196030万元
河北（7个）	唐山留学人员创业园	1999	园区内有孵化场地2万多平方米，具有良好的硬件设施。对留学人员创办的企业实行50平方米以下办公用房免两年房租	2011年，创业园有在孵留学人员企业21家，部分留学人员企业实现快速发展

续表

省份	留创园名称	成立年份	基础设施情况	留学人员创业情况
河北（7个）	邯郸留学人员创业园	2008	—	—
	海外留学人员晋州市创业园	2008	规划面积6.16平方公里，以生物、化工、医药和装备制造业为主	目前成功引进了加拿大籍博士李玮等7位海外留学博士到园区创业，李玮博士是河北省“百人计划”首批8人之一
	秦皇岛市留学生创业园	2006	占地4万平方米，主要吸引机电一体化、电子信息、生物工程等国家鼓励支持的行业	2010年，高新技术创业中心在孵企业达到116家
	石家庄市海外留学人员河北省创业园	2000	现有场地12000平方米，园区共享设施配套齐全，环境舒适	2011年，孵化场地10万平方米，累计孵化企业600余家、毕业企业100家，其中留学人员企业65家，软件企业100多家，高新技术产品1000项
	沧州市海外留学人员创业园	2000	—	—
	海外留学人员廊坊燕郊创业园	2010	创业园内会议室、洽谈室、多功能展示平台、信息中心、产品测试中心齐全	—
山东（7个）	烟台留学人员创业园	1996	创业园区孵化器面积累计达12万平方米，孵化器配套设施齐全，可满足不同类型企业研发和生产需要。生活服务设施7000多平方米	截至2012年，共创办留学人员企业481家，注册资本12亿元，与美国、加拿大、英国、德国等22个国家和地区的近3000名留学人员建立了联系，每年有100多名留学人员来园区洽谈合作
	济南留学人员创业园	1999	现有孵化面积12.6万平方米，拥有留学人员创业园、生物医药园、环保科技园等5个专业孵化基地	截至2012年，入驻企业达500余家。园区已集聚各类高级科研人员2700多人，累计转化高新技术项目1000余项
	青岛留学人员创业园	2002	首期工程建筑面积约为5000平方米，入驻的留学人员企业可享受青岛市高新技术企业、软件产业和人才引进等一系列鼓励政策	首批入驻青岛市留学人员创业园有13家
	潍坊留学人员创业园	1999	创业园规划面积1000亩，总投资50亿元，总建筑面积80万平方米，企业将享受高新区管委会提供的10万～50万元借款，作为注册和启动资金	截至2009年底，创业园累计吸纳孵化企业201家，孵化毕业企业64家，创业园有23个企业研发机构，拥有专业研发人员332名

续表

省份	留创园名称	成立年份	基础设施情况	留学人员创业情况
山东（7个）	威海高新区留学人员创业园	—	—	—
	德州市留学人员创业园	2010	—	—
	临沂市留学人员创业园	2001	建筑面积近10万平方米，可满足进驻企业从研发、中试到产业化生产不同阶段对场地的需求。中心孵化区建筑面积12000平方米，内部设有公用会议厅、科技报告厅、商务中心、娱乐中心、纯净水系统、电讯宽带网络、中央空调等，可容纳近百家企业从事研发办公活动	截至2012年，已累计孵化科技型中小企业160多家，培育省级以上高新技术30家，毕业企业28家。在进驻孵化企业中，有海外留学人员创办企业10家，有国内大专院校科研院所合作项目30多项，创业园区内有60多名硕士以上高层次人才，以不同方式介入企业的研发和企业管理活动
上海（9个）	莘闵高新技术暨回国留学生科技创业园区	2000	拥有近4万平方米创业孵化基地	截至2011年，园区累计培育科技企业500多家
	徐汇留学人员创业园	2005	“一园多基地”的形态结构，徐汇软件基地建筑面积46500平方米，上海纳米技术孵化基地位于梅陇地区，孵化面积6000多平方米	截至2011年，集聚起一支拥有2195人的海外归国留学人员队伍，区域内有70余家留学人员创办的企业
	张江国家留学人员创业园	2000	一期规划面积25平方公里	截至2011年，企业总数已达2200多家，项目总投资额达数百亿元。创业的留学人员企业，80%集中在信息技术、生物医药和新材料等高科技产业领域
	嘉定高科技园区国家留学人员创业园	1996	建筑总面积达7万多平方米，设有创业中心、管理中心和生活服务中心。园区两年内计划再投入1.5亿元，建设6万平方米孵化和科技产业用房，再开发土地40公顷	截至2011年，园区内企业600余家、博士后工作站两家、国家级研发中心一家，留学生企业300余家，归国留学人员1000余名，其中有86名博士、136名硕士
	留学人员漕河泾创业园区	1996	创业中心拥有29000平方米创业基地	2010年，园区内共有在孵企业95家，其中22家为留学人员创办的研发和生产型企业
	上海市留学人员科技创业孵化基地	1988	基地现有孵化场地13439平方米，二期工程建成后，总孵化面积将达到34000平方米	—

续表

省份	留创园名称	成立年份	基础设施情况	留学人员创业情况
上海（9个）	上海宝山留学人员创业园	2003	开发规模4.35平方公里，办公楼面积8000余平方米	—
	上海杨浦知识创新区留学人员创业园		占地3.4公顷，建筑面积95000平方米	—
	上海松江莘莘学子留学人员创业园	1993	规划面积1.5平方公里	截至2010年，已有90家留学生创办的企业落户，集聚归国博士、硕士160多位
江苏（42个）	泰州留学人员创业园	2003	毗邻泰州国家级医药高新区——中国医药城，总面积45平方公里	截至2012年，高新区已入驻企业200多家。实现地区生产总值43亿元，工业总产值150亿元
	常州高新区留学人员创业园	1999	留学生创业园总建筑面积1800平方米，拥有30个20~80平方米的孵化单元	2012年，新增高新技术企业50家，累计引进领军型创新创业人才180名，其中33人获评省“双创人才”，4人入选国家“千人计划”
	南京国家高新技术产业开发区留学人员创业园	1991	累计投入资金10多亿元，已建成50万平方米的办公研发及配套用房	截至2011年，在孵企业135家，累计毕业企业158家，科技成果转化成功率在80%以上
	昆山留学人员创业园	1998	园区现拥有孵化面积14万平方米，形成了比较完善的科技企业培育体系	截至2012年，吸引留学英、美、法、德、日等国学者创办了科技企业300余家，引进了一批高层次科技人才，培育了华恒、网进、锐芯、澳昆等一批明星企业
	淮安留学人员创业园	2006	可提供孵化面积约10万平方米。配备了多功能展示厅、网络中心等公共服务设施。创业园二期，新增孵化载体面积13万平方米。已规划建设各占地500多亩的“新能源、新材料”及“生物医药”两个科技企业加速器	截至2011年，入孵企业100多家，其中留学人员创办企业40多家，共吸引以归国留学人员为主的高层次创新创业人才50多位。园区企业共拥有省级、市级高新产品40项，省级、市级高新技术企业23家，孵化企业专利、软件著作权等各类知识产权达到100多件
	南京留学人员创业园	1994	场地面积合计达45000平方米，通过合作共建的孵化面积有15万平方米，已建立较为健全的创业服务支撑体系	截至2010年，有100多名留学人员在园内创办了50余家科技研发型企业（含29家领军人才企业）。园内企业累计吸引来自世界各地的留学生近500人

续表

省份	留创园名称	成立年份	基础设施情况	留学人员创业情况
江苏（42个）	溧阳留学人员创业园	2001	孵化面积达40000多平方米，可供科技型企业孵化。面积60000平方米的创业中心二期工程已完成	创业中心已孵化出企业40多家，现在孵企业16家。2010年引进创业人才项目6个，2011年引进创业项目16个
	连云港市留学人员创业园	2003	占地10亩，建筑面积6000平方米。新建26个企业孵化单元，经过二期建设，创业园共有企业孵化单元52个	截至2011年，先后有21名海外人才入园创业，在园企业15家，孵化毕业企业6家，还有30家企业挂靠在园区里
	常州市留学人员创业园	2006	建筑面积51000平方米（其中孵化中试用房48900平方米），中心内建成了留学生创业园、软件研发园、大学科技园、"三药"示范基地等各类专题园区	截至2012年，拥有海归创业团队44家，在孵企业的创办人中，有3人入选中组部"千人计划"，1人荣获中国侨界"双百"贡献奖
	金陵留学生创业园	1994	规划占地面积345.9亩，其中可用地面积255亩	2011年，在孵留学人员企业300多家，共集聚500多名留学人员在园内创业
	南京归国博士创业园	2009	一期2000平方米于2010年5月正式开园	截至2010年，创业园共接待创业博士150多人，创业项目50多个
	无锡留学人员创业园	2000	拥有建筑面积12万平方米的孵化基地，由科技创业园、软园、信息产业园、学科技园、国际技术转移中心等孵化专业单体组成	截至2012年累计引进500多名海外留学人员，创办近120多家高新技术企业，员工总计1500余人，科技人员700余人
	无锡锡山留学人员创业园		规划建设面积750亩，一期建成区建筑面积17.5万平方米	截至2012年，已累计吸引"530计划"人才项目及其他高科技企业122家，其中"530计划"人才项目91个
	无锡南长留学人员创业园	2009	拥有三创载体三个，分别是扬名高新科技创业园、扬名奕淳大厦1~6层和南长创业大厦，总面积约4.56万平方米	截至2011年在孵企业有44家，在孵企业中浏立方科技有限公司是"江苏省双创人才计划项目"
	无锡国际科技合作园	2007	园区占地面积12000平方米，建筑面积15000平方米	园区现有在孵企业51家，留学人员8人
	无锡文化创意留学人员创业园	2005	拥有孵化载体近12000平方米	累计入园留学人员40余名，创办企业25家，引进上市企业1家，累计孵化毕业企业18家

续表

省份	留创园名称	成立年份	基础设施情况	留学人员创业情况
江苏（42个）	无锡滨湖留学人员创业园	2007	规划面积2.5平方公里	截至2011年，先后入驻科技企业达到106家，其中25家企业成功孵化毕业。目前，园区已落户“引进领军型海外留学归国创业人才计划”“530计划”企业38家
	宜兴留学人员创业园	2007	总投资1.2亿元，建筑面积3万多平方米，目前已建有国家河湖治理中心、中日和中德环境技术转移中心、华东环保装备研发中心等众多环保特色服务平台	截至2011年，已吸引来自北美、欧洲、大洋洲、亚洲等地区留学归国人员的50多个创业项目，其中环保项目30个
	常州钟楼留学人员创业园	2002	创业中心由主基地和4个分基地组成，总孵化面积88800平方米	截至2010年，有30多余家企业和10多家科技中介服务机构入驻，其中留学归国人员创业企业15家
	武进留学人员创业园	2007	建成了近4万平方米的孵化场地，办公设施齐全，服务功能完备	截至2012年，在孵留学归国人员创办企业近20家。孵化企业技术涉及电子信息、软件开发、精密机械、新材料、生物医药等领域
	江阴留学人员创业园	2005	园区总规划面积20万平方米，一期4.5万平方米建筑入园率达100%，二期2.8万平方米的研发用房和3万平方米的人才公寓楼及其他配套设施已于2009年底启用	2009年底，创业园累计引进孵化企业130多家，引进留学归国人员63人，在孵企业累计开发新产品161项，累计申请专利247项，培育了一批以远景能源、力博生物、迈康升华、德飞激光、强顺科技等为代表的重点企业，45家企业顺利毕业，进入产业化阶段
	苏州留学人员创业园	1998	载体建筑面积20多万平方米，已初步形成了软件集成电路、电子信息、生物医药、服务外包等产业集群	截至2012年，已累计引进培育企业1200多家；开发各类科技项目1250多项，其中包括国家“863”“973”项目在内的省部级科技立项项目300多项；留学回国博士、硕士600多人
	常州市金坛留学人员创业园	2007	占地38亩，建筑面积12800平方米	截至2009年底，已吸引26名博士入园发展，其中海外留学人员17名，领衔创办科技型企业12家

续表

省份	留创园名称	成立年份	基础设施情况	留学人员创业情况
江苏（42个）	常州留学人员创业园	1999	2009年全区孵化器面积已达到45万平方米	2009年在孵企业总数达到370家。累计引进海外归国留学人员创业企业160家。现有留学生企业近100家
	津通留学人员创业园	2010	科研孵化中心规划总建筑面积9万平方米的研发中心，现代服务中心规划总建筑面积32万平方米	—
	扬州仪征留学人员创业园	2002	总投资1.1亿元，占地面积100亩。一期工程两幢5层14200平方米孵化厂房及附属设施已于2009年投入使用	截至2010年，创业园累计孵化企业30家，吸纳了包括真云计算马庆鸣、稻源微电子王彬、万能动力李林峰在内的各类高层次人才15人
	扬州广陵留学人员创业园	2008	留创园规划面积2万平方米，配备有通信系统、商务中心、娱乐中心、多功能厅、产品展示厅等硬件设施一应俱全的智能化大楼	—
	常熟留学人员创业园	2000	园区下设综合孵化器、专业孵化器和加速器，总建筑面积10万平方米，其中一期4万平方米的人才综合孵化器建设正加速推进	2010年，已引进高层次人才创业项目15个，引进的博士人才达到了30人，预计2010年底引进高层次人才项目在25个以上
	迈皋桥创业园	—	园区一期建设200亩	—
	泰州留学人员创业园	2003	园区依托泰州新城区，规划面积240亩，建有办公区、生产区、研发区、生活配套服务区，建筑面积近15万平方米	截至2010年，已有留学英国、美国、俄罗斯、德国、澳大利亚等国的留学人员到园内创办企业近40多家
	盐城留学人员创业园	2008	盐都高新技术创业园规划占地1160亩，建筑面积80万平方米。目前已建成16万平方米，其中用于企业孵化面积14万平方米	截至2011年，先后入驻企业24家，目前在孵企业共有在职人员418人，其中大专以上科技人员196人，占人员总数的46.9%
	无锡惠山留学人员创业园	2006	惠山留学人员创业园一期、二期孵化大楼建筑面积3万多平方米，建设中的三期孵化大楼达到10万平方米	截至2011年，园区引进企业累计百余家，引进国家“千人计划”人才6名，江苏省“双创人才”12名
	海安留学人员创业园	—	规划用地面积130万平方米。一期工程建设研发中心1万平方米，标准厂房10万平方米，办公、生活等服务用房13000平方米	截至2011年，引进留学人员16人，创办留学人员企业12家

续表

省份	留创园名称	成立年份	基础设施情况	留学人员创业情况
江苏（42个）	镇江市京口归国博士创业园		建筑面积6500平方米	截至2011年，集聚了26名“海归”博士，入驻高科技企业8家
	镇江市扬中留学人员创业园	2012	建筑面积1万多平方米，另有创业孵化基地面积5万平方米	2013年，先后吸引50余家中小型企业进驻中心孵化，共有留学企业38家
	徐州留学人员创业园	2005	有高标准孵化场地3.5万平方米	截至2012年，已累计孵化中小科技企业146家，8家企业被评为省级高新技术企业
	江苏省东陇海留学人员创业园	2008	占地8平方公里，4000平方米的办公大楼已经建成并投入使用	截至2011年，拥有大中型企业100多家，其中高新技术企业20多家
	扬州留学人员创业园	2003	—	—
	无锡北塘区留学人员创业园	2006	占地104亩，规划建设38万平方米，拥有100万平方米的配套产业化基地	截至2012年，先后有30余家“530计划”企业进驻留创园，入选“530计划”A类企业10家，引进海外留学博士28人，留学硕士56人，集聚各类专业人才1500多名
	常州市金坛留学人员创业园	2007	留创园由最初成立时的12000多平方米，发展到现在的一个主基地和三个分基地，总孵化面积52000多平方米	截至2011年，吸纳58家企业入驻，注册资本2亿多元，其中，江苏省金坛留学人员创业园现有博士、硕士领衔创办的回国创业企业31家，具有博士学位的高层次人才52名
	泰兴留学人员创业园	2010	首期占地100亩，建筑面积3.5万平方米，总投资8000万元，拥有60多个孵化单元，可为不同类型的留学人员回国创办企业提供50~300平方米的孵化空间和研发基地	2010年，现有在孵企业13家，年生产总值1.03亿元
	太仓市留学人员创业园	2004	园区占地约100亩，规划总建筑面积12余万平方米，有孵化楼、创业中心、研发楼及车间等供入驻企业经营办公，提供“一站式”服务、税收优惠等措施	截至2012年，园区已累计引进孵化企业180余家，毕业企业30余家

续表

省份	留创园名称	成立年份	基础设施情况	留学人员创业情况
福建（3个）	厦门留学人员创业园	2000	占地面积6.8万平方米，建筑面积10.7万平方米	截至2011年，创业园有在孵企业400多家，已有200多家科技型中小企业化蛹为蝶。园区已培育出年产值超亿元企业7家，年产值超千万元企业80多家，1家在新加坡主板上市，2家在深交所创业板上市
	福建留学人员创业园	2000	拥有建筑面积5000平方米的园区总部、建筑面积20000平方米的保税区基地和正在开发的220亩新园区基地	截至2010年，入园的高新技术企业达40多家，引进资金逾3亿元。吸引博士40人、硕士100人
	泉州石狮留学人员创业园	—	—	—
浙江（20个）	杭州高新区留学人员创业园	1998	区软件园一期、天堂软件园、留学人员创新大厦等，总建筑面积近14万平方米	2011年，有留学人员创办企业220余家，留学回国人员400余名，其中，硕士以上学位的占93%，博士学位的占30%
	杭州市留学人员萧山区创业园	2008	全区总面积1420.22平方公里，常住人口119万	2011年，已有留学人员创办企业30家，在萧山创业留学人员44人。现有民营企业15000多家，其中28家名列中国民营企业500强，上市企业15家
	杭州市留学人员上城区创业园	2006	面积18.1平方公里，常住人口34万	2011年，全区已有60多名留学人员，创办或合办了16家企业，运转良好
	杭州市拱墅区留学生创业园	2008	现有办公用房面积20万平方米	2011年，留学人员创办企业15家，固定资产投入超65亿元
	杭州市留学人员西湖区创业园	2008	—	—
	杭州市留学人员余杭区创业园	2006	余杭经济开发区现有9003平方米的孵化单元（创业中心）	2010年，已有留学人员22名，创办企业8家，涉及软件开发、生物医药、化工、机械、电气、服装等行业
	杭州市留学人员富阳创业园	2010	—	—

续表

省份	留创园名称	成立年份	基础设施情况	留学人员创业情况
浙江（20个）	杭州江干区留学人员创业园	2009	总规划面积505公顷，面积210.22平方公里，户籍人口31.2万	—
	宁波市留学人员创业园	2001	总面积达25万平方米的高水准“孵化器”	2011年，已累计引进海外留学人员150余名，创办包括电子信息、生物医药、机电一体化、新材料等领域的高新技术企业87家
	宁波保税区留学人员创业园	1999	建成创业园首期5万平方米研发、生产、生活用房及其他附属设施。2001年，面积1.8万平方米的二期创业大楼和占地面积2万平方米的创业广场建立	截至2011年，已累计引进留学人员110多位，入驻留学人员创业企业100多家
	宁波镇海区留学人员创业园	2007	建筑面积达2.6万平方米，集研发办公、创业孵化、展示交易及专业市场等综合功能于一体	截至2011年，已有40多家企业及机构签约入驻镇海科技创业大厦，其中，高新技术孵化企业占到近30%，科技服务机构约占10%
	浙江省留学人员创业园吴兴园区	2011	总占地430亩，其中办公研发面积1.6万平方米，中试产业化标准厂房20万平方米，生活服务配套2万平方米，总投资约3亿元	截至2011年，园区内现有在孵企业51家，其中留学人员领军创业的14家
	浙江省留学人员创业园湖州园区	2006	占地面积225亩，总建筑面积35万平方米，总投资15亿元	截至2010年底，已经与中科院、浙江大学、同济大学等大院名校签约共建产业化创新平台18家，从业人员396人，其中硕士、博士82人，本科以上学历占72%
	湖州留学人员创业园	2002	占地面积225亩，总建筑面积35万平方米，总投资15亿元	已有来自美国、英国、加拿大、日本等国家归国留学生创办的企业26家，先后已有6名留学人员在园区实现了创业梦想
	金华留学人员创业园	2003	规划面积7.02平方公里，创业服务中心已建成六个孵化基地，孵化用房面积42000平方米	累计引进来自美国、日本、加拿大、荷兰、德国、英国、瑞典等国家的35名博士、硕士来园区创业，创办留学人员企业34家

续表

省份	留创园名称	成立年份	基础设施情况	留学人员创业情况
浙江（20个）	温州留学人员创业园	2001	占地面积240亩，总投资3亿元，首期工程1.9万平方米的孵化用房已投入使用，二期、三期20万平方米标准厂房已全面启动建设	—
	海宁科技创业中心·留学人员创业园	2005	项目总投资2.5亿元，占地100亩，规划建筑面积9万平方米，主要包括30000平方米的19层科研办公综合楼和50000平方米的创业楼以及10000平方米配套设施	2006年，有入驻企业5家，企业共投资830万元
	嘉兴市高新技术产业园区留学生创业园	2000	创业园一期工程总投资1100万元，孵化面积5522平方米，二期工程占地面积120亩，投资8300万元，建筑面积62000平方米	2012年，在孵企业86家，累计已120多家，其中省级高新技术企业6家，省级软件企业15家，省级科技型中小企业3家，市民营科技企业3家，高新技术企业4家
	嘉善留学人员创业园	2006	—	截至2010年，中心已累计引进孵化企业83家，其中由留学生创办或担任技术骨干的企业14家
	绍兴留学人员创业园	2010	总面积18000平方米，筹建中的25000平方米的科技孵化大楼即将动工建设	截至2011年，园区已累计引进留学人员企业14家，其中在孵的有9家，分别来自美国、加拿大、日本等多个国家
广东（6个）	广州留学人员创业园	1999	已建成了广州科技创新基地园区、科学城综合研发孵化区园区、开发区西区园区、国际企业孵化器园区、软件科学园园区、科学城信息大厦园区六个园区，总孵化场地达15万平方米	截至2012年，留学人员广州创业园共孵化企业661家，毕业企业234家，产业化企业232家，其中13家企业购地建立产业化园区
	东莞市留学人员创业园和东莞市博士创业园	2003	现有孵化场地面积20000多平方米，建成生物医药工程中心、微电子材料研发中心等多个公共技术平台	截至2012年，累计引入创业企业和服务机构236家，4家企业被认定为高新技术企业，6家企业被认定为广东省民营科技企业，20家企业被认定为东莞市民营科技企业

续表

省份	留创园名称	成立年份	基础设施情况	留学人员创业情况
广东（6个）	中山市留学人员创业园	1992	创业中心下设有五个专业孵化器(生物医药企业孵化器、新能源与新材料企业孵化器、电子信息企业孵化器、包装印刷企业孵化器、机电设备制造企业孵化器)和一个综合孵化器	2011年,已集聚了20多家留学人员科技创业企业
	深圳市留学人员(龙岗)创业园	2001	园区总孵化面积近4万平方米,引进了深圳市先进技术研究院、深圳市洛赛声学技术有限公司等,为入驻企业提供优质高效服务	2009年,累计引进留学生208人,孵化企业189家,毕业企业44家;在园工作留学人员131名,在园企业109家
	珠海留学人员创业园	2010	面积23000平方米,分为A、B两区,A区位于科技创新海岸的南方软件园内,面积10000平方米,B区位于南屏科技工业园内,面积13000平方米	—
	欧美联合留学生创业园	2006	—	—
海南（1个）	海口留学人员创业园	2001	免费提供30平方米的创业工作间	2010年,已有33名曾在美国、英国、日本、德国、加拿大、澳大利亚、丹麦、意大利等国留学归国人员入园创业,其中有16人在园内创办了研发企业

表2　东北地区部分留学人员创业园（共6家）

省份	留创园名称	成立年份	基础设施情况	留学人员创业情况
辽宁（3个）	沈阳海外学子创业园	1999	占地64亩,建筑面积6400平方米,草坪18000平方米	2010年,已有数十家企业申请进驻,其中有25家企业入驻创业园,有近30位留学人员进园创业
	大连海外学子创业园	2000	创业园场地总面积15万平方米	截至2010年底,实现在孵企业431家,累计吸收孵化企业954家,留学人员企业410家,留学人员总数690人
	鞍山海外学子创业园	2001	园区孵化器总面积达到5.2万平方米	截至2011年,科技型企业达到62家,累计引进海外学子创业人才78人

续表

省份	留创园名称	成立年份	基础设施情况	留学人员创业情况
黑龙江（1个）	哈尔滨海外学人创业园	2000	现有孵化场地5.3万平方米	截至2010年，已吸引回国创业的海外留学人员120余人，创办企业上百家，已有20余家孵化成功的企业相继走出创业园。正在园内孵化的企业有近80家
吉林（2个）	长春海外学人创业园	1999	2002年现有孵化基地面积已达70580平方米。每个孵化基地均建有商务中心、会客室、多功能报告厅等办公设施	创业园已吸引了来自23个国家和地区的251位海外留学人员，其中博士160余人，领办、创办了194家拥有自主知识产权的高技术企业
	吉林高新技术产业开发区留学人员创业园	2005	—	—

表3　中部地区部分留学人员创业园（共18家）

省份	留创园名称	成立年份	基础设施情况	留学人员创业情况
山西（2个）	山西海外学子创业园	2002	计划用5~8年的时间使孵化面积达到16000平方米，孵化区1号孵化楼已投入使用	已有山西至诚科技有限公司、山西华溢卫星导航科技有限公司等14家留学人员企业入驻
	山西留学人员创业园	2003	总孵化面积15万平方米	截至2011年，创业园拥有归国留学人员208名，创办企业105家
湖北（3个）	武汉留学生创业园	1998	拥有标准孵化场地面积61000平方米，形成了光电技术中心、软件技术中心、集成电路设计中心、生物技术中心四大专业园区	截至2012年，共有在孵企业122家，累计孵化企业660家，累计毕业企业502家
	襄樊首家留学生创业园	2010	—	—
	荆州留学人员创业园	2008	—	—
湖南（6个）	中国长沙留学人员创业园	2001	共有孵化面积8万多平方米	2011年，吸引了来自美国、加拿大等国家的200多名留学人员。目前有留学人员创办企业73家

续表

省份	留创园名称	成立年份	基础设施情况	留学人员创业情况
湖南（6个）	株洲留学人员创业园	1999	现有孵化面积14.5万平方米，其中2007年新增“天台金谷”10.5万平方米的标准厂房	—
	常德留学人员创业园	2005	—	第一批吸引了来自美国、日本、加拿大等国的留学人员。第二批吸引了来自比利时、爱尔兰、英国等国留学人员入园
	岳阳留学人员创业园	2002	—	2011年，有8个高科技项目签约进园。其中，由留美博士兴办项目5个。共引进含5名博士、10多名硕士在内的400多名科技人员，在区内置办各种科技项目，成功兴办11家高新技术企业
	浏阳留学人员创业园	2002	首期完成建筑面积达2万平方米的留学人员创业区和创业公寓的建设	截至2012年，引进的37家企业中，留学人员创办的就有7家，共引进高科技项目10个，涉及制药、医疗器械、环保等产业，引进资金1.3亿元，引进博士10名，硕士18名
	湘潭留学人员创业园	2003	2万平方米的孵化基地，为留学人员提供水、电、气、通信设施齐全的创业场地	2012年，园区已有留学人员创业企业87家，安置人员2476名
河南（1个）	河南留学人员创业园	1998	占地面积200亩，建筑面积34万平方米，总投资13亿元	截至2011年，共引进项目834家，园区有6家留学生企业建立了市级以上研发中心，有5位海外高层次人才入选国家“千人计划”
安徽（3个）	合肥留学人员创业园	2000	创业园有孵化面积3.5万平方米	截至2011年，孵化85家留学人员企业，总注册资本6.5亿元，吸引各类归国留学人员共计126人
	芜湖留学人员创业园	2003	可免费提供博士200平方米工作用房；可免费提供硕士100平方米工作用房	截至2010年，园区共吸引了23名留学归国人员入园创业，创办企业达19家
	马鞍山留学人员创业园	2007	—	—

续表

省份	留创园名称	成立年份	基础设施情况	留学人员创业情况
江西（3个）	江西留学人员创业园	—	孵化场地20000平方米，设有电子信息（软件）、光机电一体化、生物医药、新材料、功能食品等孵化区	2011年，已有来自美国、日本、英国、德国、比利时和澳大利亚等国家的30多位留学人员在园区创办高新技术企业
	九江留学人员创业园	2008	占地154亩，建筑总面积123148平方米	截至2011年，入园企业已达37家，拥有国家高新技术企业2家，发明专利6项，实用专利10项，国家科技部支持项目1个
	南昌留学人员创业园	2000	建筑面积8000平方米，设有电子信息、光机电一体化、生物医药、新材料、功能食品等孵化区	截至2004年，已吸引30多位国外留学人员，创办高新技术企业25家

表4　西部地区部分留学人员创业园（共17家）

省份	留创园名称	成立年份	基础设施情况	留学人员创业情况
内蒙古（2个）	内蒙古自治区留学人员创业园	2002	拥有留学人员归国创业场地1.1万余平方米、产业化用地700亩	截至2011年，累计吸引归国创业海外留学人员269名，孵化留学人员领办、创办的企业263家，毕业企业86家，其中产业化的企业近50家
	呼和浩特留学人员创业园	2004	该项目规划面积16.61公顷，总建筑面积22.58万平方米	截至2012年底，引进86名海归博士和各类优秀人才，引进科技孵化及现代服务业企业60余家，提供岗位约1600个
陕西（2个）	西安留学人员创业园	1993	现已拥有由孵化基地、产业化基地、综合性功能园区组成的12个创业基地，总面积57.41万平方米	截至2012年，培育中的科技企业及留学人员企业共805家。累计孵化毕业企业435家，转化科技成果1100多项。已形成由1个综合性孵化器和8个专业孵化器相结合的“1+8”的孵化器集群发展模式
	杨凌示范区留学人员创业园	2000	拥有11000平方米的创业大厦和6500平方米的创新大厦、14000平方米的创业园标准厂房	2012年，现有留学人员企业19家，从业人员515人，其中留学人员23人

续表

省份	留创园名称	成立时间	基础设施情况	留学人员创业情况
四川（2个）	成都留学人员创业园	1998	首期启动面积4000平方米，后又完成新建面积9000平方米	截至2012年，682名留学人员和博士创办了474家企业
	绵阳留学人员创业园	2002	—	截至2010年，50多位归国留学博士、硕士创办的高新技术企业60余家
重庆（1个）	重庆留学生创业园	2000	有孵化场地22万平方米	截至2011年，留学人员86名，共创办了67家企业，年收入达20亿元
甘肃（1个）	甘肃省兰州留学人员创业园	2001	建筑面积16000平方米	2011年，已吸纳留学人员创办企业55户，引进留学美国、英国、法国、德国等国家的高精尖核心人才77名，其中博士25人、硕士38人
宁夏（1个）	宁夏留学人员创业园	2003	—	2011年，已有11家留学人员企业入园创业，留学人员有39名（其中博士24名，硕士10名）
新疆（2个）	乌鲁木齐留学人员创业园	2003	现有孵化场地面积26900平方米，其中供孵化企业使用场地26500平方米	截至2009年底，已累计孵化企业329家，当前入驻企业142家，科技创业企业117家。在孵企业中，留学人员创业企业39家，博士创业企业26家
	乌鲁木齐经济技术开发区留学人员创业园	2010	—	—
云南（1个）	云南留学人员创业园	2001	总占地面积8.66万平方米，总建筑面积15万平方米，绿地面积3万平方米，绿地率34%，容积率1.97	有来自英国等国家的18家留学人员办的企业入园，企业总投资达13亿元
贵州（1个）	贵阳留学人员创业园	2010	首期2万平方米，其中，3000多平方米为依山傍水、造型别致、环境优雅的独立别墅式孵化楼，每栋建筑面积250～450平方米	截至2011年，累计吸引海内外高层次人才入园创立20余家创业企业，高新区给予创业扶持资金近600万元
广西（4个）	桂林留学人员创业园	1999	现有孵化场地9358平方米，另有12000平方米两栋孵化大楼正在建设之中	已经拥有了3000多项科研成果和1300多位学有专长的博士和硕士研究生，并建立了留学人员、博士创业园

续表

省份	留创园名称	成立时间	基础设施情况	留学人员创业情况
广西（4个）	南宁留学人员创业园	2000	拥有孵化场地4000平方米。目前,创业园已建立了完善的孵化培育服务体系	现有18家分别来自美国、英国、日本的留学归国人员创办的企业,20余个高新技术项目在园内孵化
	北海留学人员创业园	2006	建筑面积7200平方米,提供法律、工商、税务、培训、财务、技术转移、科技项目中试、实验检测等全方位服务	—
	柳州市留学人员创业园	2007	创业园现有场地1300平方米,可提供给进驻企业用于研发和办公的场地近1200平方米	开园有5家企业进驻,截至2008年底,已有8家企业进驻

B.15
海归创业指导机构

一　中国留学人员回国创业专家指导委员会

近年来，随着回国热潮的高涨，留学人员带着技术、专利、项目回到国内创业也成了热潮。留学人员企业具有技术起点高、市场前景好、海外联系广等诸多优势，也逐渐成为提升自主创新、推动经济社会发展的重要力量。由于回国创业的留学人员普遍面临着不熟悉国内市场、不熟悉国内管理法规等不接地气的问题，创业初期在融资、市场开发、企业管理等方面压力也比较明显。为了给留学人员创业提供必要的创业辅导，帮助回国创业的留学人员成功实现从“科学家”向“科技企业家”的转变，同时也为了配合实施国家“千人计划”和“中国留学人员回国创业启动支持计划”，2011 年 1 月，人力资源和社会保障部决定会同欧美同学会成立中国留学人员回国创业专家指导委员会（以下简称“专家委员会”），以进一步加大对留学人员回国创业的支持力度。

专家委员会成员由下列人员担任：风险投资专家，市场营销专家，世界五百强企业以及著名跨国企业的高管，创业成功的留学人员企业家，全国省部共建国家级留学人员创业园负责人，从事企业咨询、人力资源管理以及会计师事务所、律师事务所等可为海归创业提供服务与咨询的相关领域专家。

专家委员会的主要服务对象包括入选国家“千人计划”及“中国留学人员回国创业启动支持计划”的创业人才，以及各地人力资源和社会保障部门与留学人员创业园推荐的具有较大发展潜力的留学人员创办企业。

专家委员会秘书处设在人力资源和社会保障部留学人员和专家服务中心。

专家委员会服务项目包括以下几个方面。

①创业培训。举办留学人员回国创业培训班，邀请专家委员会成员以及其他国内外优秀的企业家、知名专家学者、金融领域的知名专家，对回国创业的

留学人员进行创业培训与辅导。

②创业咨询。组织专家委员会相关专家到留学人员创业园对企业开展创业咨询服务，现场调研，现场诊断，现场解决问题，传授成功经验，进行针对性辅导，提供个性化服务。

③创业指导。由各地或省部共建留学人员创业园推荐具有发展潜力并有创业服务需求的留学人员企业，提交给专家委员会，各位专家根据不同产业方向和市场前景以及创业者的需求，选择1～3家创业企业进行对接服务，给予企业全面创业指导，协助解决问题，推动企业发展。

④深度合作。鼓励专家委员会专家与留学人员企业开展投资、入股、贸易、技术交流、合作开发等不同形式的深度合作，做到优势互补，加快国际先进技术与国内市场运作的交流，加大上下游产品的相互促进，加快技术和产品的转化。

⑤企业推介。每年由专家委员会根据创业指导情况，推出一批最具成长潜力的留学人员企业，为留学人员企业创造良好的环境，助推留学人员企业快速成长。

二　最具成长潜力的留学人员创业企业

为总结留学人员回国创新创业成功经验，探索中国发展的转型之路，寻找和实现创新创业人才的中国崛起梦想，中国留学人员回国创业专家指导委员会于2012年9月推介了首批21家“最具成长潜力的留学人员创业企业”，这些企业具体如下。

北京伊科曼生物技术有限公司

北京阳光谷地科技发展有限公司

天津爱迪通智科技有限公司

内蒙古博特科技有限责任公司

展唐通讯科技（上海）有限公司

浙江方大智控科技有限公司

普尼太阳能（杭州）有限公司

英飞特电子（杭州）股份有限公司

浙江卓旺农业科技有限公司

思科涡旋科技（杭州）有限公司

合肥创想能源环境科技有限公司

厦门嘉裕德汽车电子科技有限公司

福建格通电子信息科技有限公司

清源科技（厦门）股份有限公司

厦门绿信环保科技有限公司

烟台一诺电子材料有限公司

大邦（湖南）生物制药有限公司

成都易态科技有限公司

成都天钥科技有限公司

西安元智系统技术有限公司

陕西艾迪慧讯信息科技有限公司

B.16
后　记

《中国海归发展报告（2013）No. 2》的编写，得到了多方面的支持、启发、帮助和指导。本书首先需要感谢的是欧美同学会/中国留学人员联谊会、中组部、人力资源和社会保障部、统战部、国务院侨办、科技部、教育部、国家外专局、中国侨联、中国留学人员创业服务联盟、中国留学人员回国创业专家指导委员会、中国留学人员与专家服务中心、广州留交会、中关村管委会、昆山市委组织部、东莞留学人员创业园、中国国际人才专业委员会和中国与全球化研究中心等单位的有关领导和同仁。

在本书成书过程中，要感谢中国与全球化研究中心和南方国际人才研究院有关人员对相关章节撰写的参与。书稿的具体组织和撰写分工如下：主编、总思路和总体框架（王辉耀、苗绿），总报告（王辉耀、郑金连、董庆前、邓莹），调查篇（郑金连、邓莹、杨丽娟、董庆前），专题篇和园区篇的约稿（马林、邓莹），附录（徐磊、程庆伟），调研问卷的设计（崔大伟、郑金连），调研问卷的收集（郑金连、郑巧英、董慧、邓莹、董庆前、程庆伟、徐磊、吴雪宝、陆征、赵映曦），郑巧英博士也为本书的框架和主要观点提供了很好的参考意见，郑金连对书稿进行了统稿，陈亮博士对书中英文部分进行了审校。

本书专题部分得到了中国人事科学研究院柳学智副院长，蔡学军副院长，范巍副研究员，香港科技大学人文社会科学学院副院长、南方国际人才研究院副院长崔大伟，耶鲁大学博士、中国与全球化研究中心副研究员郜秋卿，北京双高人才发展中心李倩女士的大力支持和帮助；园区篇得到了来自中关村管委会、昆山市委组织部、东莞留学人员创业园相关人员的帮助，在此特别感谢。

借此机会，还要感谢社会科学文献出版社谢寿光社长、邓泳红主任、郭峰副主任、陈帅编辑对本书的顺利完成提供的积极支持。此外，还要感谢海内外的留学人员对我们研究调研和座谈等活动的积极参与，感谢各地留学人员创业园和国内各地各有关部门对海归回国创业与发展的支持。最后，也借此机会向奋斗在创业创新第一线的广大中国海归致谢。

由于写作时间匆促，书中难免出现纰漏，欢迎社会各界批评指正。

王辉耀

2013 年 9 月 9 日于北京

国际人才蓝皮书

“国际人才蓝皮书”是国内第一套介绍中国国际人才跨国流动与发展的皮书系列，该系列目前包括三本蓝皮书，分别为《中国海归创业发展报告》《中国留学发展报告》《中国国际移民报告》，另外，相关的还有《中国区域人才竞争力报告》，这一系列报告的出版引起了社会的广泛关注，产生了较大的社会影响力。

中国留学发展报告（2013）No.2

王辉耀　苗绿／编著
2013年9月出版／69元

本书综述了今年全球留学的发展现状与特点，并在调研的基础上，分析了中国留学发展的最新情况，如留学生生活发展状况、低龄留学的现状及需求、热门留学国家的留学状况，并对留学赤字、海外留学生回国、海外留学生权益保护、国际游学热、野鸡大学、留学中介评价等进行了深入研究。

中国国际移民报告（2012）No.1

王辉耀　刘国福／主编
2012年11月出版／69元

本书从我国海外投资移民、海外技术移民、对外劳务输出人员、出国旅游人员、在华投资移民、在华技术移民、在华留学生、在华旅游人员等方面深入分析了我国当前跨境流动人员的内涵和现状、对我国和世界相关国家带来的影响，以及未来的发展趋势，并评选出了2011年度我国移民中介机构30强。

中国区域人才竞争力报告No.1

桂昭明　王辉耀／著
2013年6月出版／69元

本书阐述了区域人才竞争力评价的理论，构建了中国区域人才竞争力的评价体系，对中国四大板块、八大综合经济区、31个省市区（不含港澳台）、32个副省级及省会城市的人才综合竞争力、分项竞争力进行了测算、评价、聚类分析和排名，提出了提升区域人才竞争力的八大战略。

皮书数据库
中国社会科学院 社会科学文献出版社

首页 数据库检索 学术资源群 我的文献库 皮书全动态 有奖调查 皮书报道 皮书研究 联系我们 读者荐购

权威报告　热点资讯　海量资源

当代中国与世界发展的高端智库平台

皮书数据库 www.pishu.com.cn

皮书数据库是专业的人文社会科学综合学术资源总库，以大型连续性图书——皮书系列为基础，整合国内外相关资讯构建而成。包含七大子库，涵盖两百多个主题，囊括了近十几年间中国与世界经济社会发展报告，覆盖经济、社会、政治、文化、教育、国际问题等多个领域。

皮书数据库以篇章为基本单位，方便用户对皮书内容的阅读需求。用户可进行全文检索，也可对文献题目、内容提要、作者名称、作者单位、关键字等基本信息进行检索，还可对检索到的篇章再作二次筛选，进行在线阅读或下载阅读。智能多维度导航，可使用户根据自己熟知的分类标准进行分类导航筛选，使查找和检索更高效、便捷。

权威的研究报告，独特的调研数据，前沿的热点资讯，皮书数据库已发展成为国内最具影响力的关于中国与世界现实问题研究的成果库和资讯库。

皮书俱乐部会员服务指南

1. 谁能成为皮书俱乐部会员?

- 皮书作者自动成为皮书俱乐部会员；
- 购买皮书产品（纸质图书、电子书、皮书数据库充值卡）的个人用户。

2. 会员可享受的增值服务：

- 免费获赠该纸质图书的电子书；
- 免费获赠皮书数据库100元充值卡；
- 免费定期获赠皮书电子期刊；
- 优先参与各类皮书学术活动；
- 优先享受皮书产品的最新优惠。

社会科学文献出版社 皮书系列
SOCIAL SCIENCES ACADEMIC PRESS (CHINA)
卡号：4572697631335488
密码：

（本卡为图书内容的一部分，不购书刮卡，视为盗书）

3. 如何享受皮书俱乐部会员服务?

（1）如何免费获得整本电子书?

购买纸质图书后，将购书信息特别是书后附赠的卡号和密码通过邮件形式发送到pishu@188.com，我们将验证您的信息，通过验证并成功注册后即可获得该本皮书的电子书。

（2）如何获赠皮书数据库100元充值卡?

第1步：刮开附赠卡的密码涂层（左下）；

第2步：登录皮书数据库网站（www.pishu.com.cn），注册成为皮书数据库用户，注册时请提供您的真实信息，以便您获得皮书俱乐部会员服务；

第3步：注册成功后登录，点击进入“会员中心”；

第4步：点击“在线充值”，输入正确的卡号和密码即可使用。

皮书俱乐部会员可享受社会科学文献出版社其他相关免费增值服务
您有任何疑问，均可拨打服务电话：010-59367227　QQ:1924151860
欢迎登录社会科学文献出版社官网(www.ssap.com.cn)和中国皮书网（www.pishu.cn）了解更多信息

法律声明

“皮书系列”（含蓝皮书、绿皮书、黄皮书）由社会科学文献出版社最早使用并对外推广，现已成为中国图书市场上流行的品牌，是社会科学文献出版社的品牌图书。社会科学文献出版社拥有该系列图书的专有出版权和网络传播权，其 LOGO（ ）与“经济蓝皮书”、“社会蓝皮书”等皮书名称已在中华人民共和国工商行政管理总局商标局登记注册，社会科学文献出版社合法拥有其商标专用权。

未经社会科学文献出版社的授权和许可，任何复制、模仿或以其他方式侵害“皮书系列”和 LOGO（ ）、“经济蓝皮书”、“社会蓝皮书”等皮书名称商标专用权的行为均属于侵权行为，社会科学文献出版社将采取法律手段追究其法律责任，维护合法权益。

欢迎社会各界人士对侵犯社会科学文献出版社上述权利的违法行为进行举报。电话：010－59367121，电子邮箱：fawubu@ssap.cn。

社会科学文献出版社